深圳红十字会 40年

SHENZHEN HONGSHIZIHUI SISHINIAN

张英姬 王振耀◎主编

中国言实出版社

图书在版编目（CIP）数据

深圳红十字会40年 / 张英姬，王振耀主编. -- 北京：
中国言实出版社，2023.9
ISBN 978-7-5171-4553-0

Ⅰ.①深… Ⅱ.①张… ②王… Ⅲ.①红十字会—历
史—深圳 Ⅳ.①D632.1

中国国家版本馆CIP数据核字（2023）第147819号

深圳红十字会40年

责任编辑：代青霞
责任校对：郭江妮

出版发行：中国言实出版社
   地 址：北京市朝阳区北苑路180号加利大厦5号楼105室
   邮 编：100101
   编辑部：北京市海淀区花园路6号院B座6层
   邮 编：100088
   电 话：010-64924853（总编室） 010-64924716（发行部）
   网 址：www.zgyscbs.cn 电子邮箱：zgyscbs@263.net

经 销：新华书店
印 刷：北京温林源印刷有限公司
版 次：2023年12月第1版 2023年12月第1次印刷
规 格：710毫米×1000毫米 1/16 20印张
字 数：304千字

定 价：39.80元
书 号：ISBN 978-7-5171-4553-0

编委会

主　编

张英姬　深圳市红十字会党组书记、常务副会长
王振耀　北京师范大学中国公益研究院理事长

成　员

高华俊　北京师范大学中国公益研究院院长
王元彬　深圳市红十字会党组成员、副会长、一级调研员
崔　健　深圳市红十字会党组成员、副会长
尚　德　海南亚洲公益研究院特聘专家
柳永法　民政部原救灾司巡视员
黄浩明　北京师范大学中国公益研究院特聘教授、
　　　　海南亚洲公益研究院执行院长
来伟伟　深圳市红十字会业务部副部长、三级调研员
钟　智　深圳市红十字会办公室副主任
程　芬　北京师范大学中国公益研究院副院长
黄浠鸣　北京师范大学中国公益研究院助理院长、慈善研究中心主任
赵延会　北京师范大学中国公益研究院慈善研究中心执行主任
尹力子　北京师范大学中国公益研究院慈善研究中心高级政策分析师
孙晓舒　中国儿童中心助理研究员

序 言

时间，记录着奋斗者的足迹。

数字，浸透着城市的温暖与荣光。

2023 年，深圳市红十字会迎来了 40 周岁生日。自 1983 年成立以来，在浓厚的人道主义城市文化浸润和特区改革创新精神引领下，她伴随着特区崛起而稳步发展，与城市同生共长。40 年，是一段非凡的岁月，她以非凡的成就印证着特区红十字事业的闪光足迹；40 年，也是一个时代的注脚，她以突出的贡献助力深圳经济社会发展写下恢宏篇章。

40 年来，初心如磐，奋楫笃行。人道事业服务经济特区发展，搭建基层组织网络，推动健全组织结构，拓展急救宣传普及，发起主办"深、港、澳、穗、珠"五地红十字青少年交流营活动，为守护深圳市民生命健康、民生幸福和城市文明做出重要贡献。

40 年来，风雨兼程，砥砺前行。从救灾款物募集到开展多项人道救助，从募集境外防疫物资到支援香港抗疫，从推动无偿献血、造血干细胞捐献与器官捐献起步到加强法治建设，推动地方立法创造多个全国"第一"，受到各方高度肯定。

40 年来，锐意进取，臻于至善。勇敢直面挑战，敢为人先，推动理顺管理体制，深化深层次改革，拓展人道服务覆盖，搭建平台枢纽，提升工作显示度，彰显红十字精神，激发出红十字事业发展新动力新活力。

　　载梦而生,逐光前行。借此小序,我谨代表深圳市红十字会向长期关心和支持深圳市红十字事业发展的各级领导,向热心参与红十字会工作的广大红十字会会员、志愿者及社会各界爱心人士表示诚挚感谢。本书真实反映了深圳市红十字会40年来改革发展历程,充分展示了深圳红十字人昂扬向上、锐意进取的精神风貌,是深圳城市精神文明建设成效的缩影。

　　携手同心,我们与爱同行。

张英姬

2023 年 11 月

摘　要

自 1983 年创立以来，深圳市红十字会充分发挥深圳城市特色，广泛开展无偿献血、造血干细胞捐献、人体器官与遗体捐献、应急救护、水上救生、心理救援等人道领域服务，在深圳城市发展过程中，起到了人道主义支撑作用。尤其在"三献"事业方面，深圳市红十字会在全国实现多个首创，发挥了示范引领作用：深圳市在国内率先喊出无偿献血口号，制定全国第一个地方无偿献血法规，是全国唯一一个连续 14 届获得"无偿献血先进城市"荣誉称号的城市；在全国率先成立了"深圳骨髓基因信息库"，成功实现全国首例非血缘关系无偿捐献造血干细胞移植，是国内造血干细胞捐献库容使用率最高的城市；在国内首个发出了捐献眼角膜倡议，颁布实施全国首部地方人体器官捐献移植条例，率先在国内成立红十字会器官捐献工作办公室；成立全国首支红十字会无偿献血服务队和首支红十字会器官捐献志愿者服务队。

40 年来，深圳市红十字会认真履行党和政府人道领域的助手职责，服务党和国家工作大局，在推进粤港澳大湾区建设、建设中国特色社会主义先行示范区中，发挥着不可替代的人道支撑作用：中国特色社会主义法治城市示范建设的组成部分，"弱有众扶"民生幸福标杆建设的人道力量，现代城市文明典范建设的人道文化基础，粤港澳大湾区人道事业共同体建设的引擎。深圳市红十字会运用较少的行政资源，发挥社会引领作用，开拓红十字会的价值，赋能深圳市整体人道事业；动员深圳志愿者资源，拓展红十字会在基层的触及面，推进全民健康提升与优质高效医疗服务体系建设；依托各合作单位及志愿者团队，成功开发设计丰富多彩的人道品牌项目，满足深圳市民日益增长的人道需求。

在新时代新征程中，深圳市红十字会应当抓住发展机遇，以打造建设组织体系健全、机制科学高效、专业能力突出，更具凝聚力、公信力和影响力的红十字组织，实现中国特色的特大城市红十字事业发展的先行示范为目标，弘扬"人道、博爱、奉献"的红十字精神，持续改革创新，完善政策、人道服务、文化交流、治理、资源动员、公信力建设等各方面体系，开创新时代深圳红十字事业的新局面。

目 录

第一篇　总报告

开创新时代深圳红十字事业新局面

一、深圳市红十字会发展历程与成就

40 年来，深圳市红十字会从无到有，推动无偿献血、器官捐赠地方立法工作，实现造血干细胞、人体器官捐献、水上救生、心理救援等特色业务百花齐放，聚焦基层红十字组织建设，重塑红十字会系统公信力，是深圳市人道主义救助团体的"领头羊"，其开展的特色人道服务项目已成为深圳市乃至全国城市建设的典范。

（一）1983—1992 年：筚路蓝缕，完善组织体系与治理结构、促进民间交流

深圳市红十字会成立于 1983 年 9 月，距离深圳建市不过 4 年，可以说在创立伊始就与深圳城市发展密不可分。深圳市在设立初期便注重经济与人文共同发展，在 1979 年到 1984 年间，用于精神文明基建投资额占地方财政用于全市基建投资总额的 47%①，而红十字会所代表的人道主义精神正是精神文明的重要组成部分。在此背景下，深圳市红十字会得到市委、市政府的大力支持，在成立后的十几年间，从零开始，逐步完善组织体系与治理结构，成立福田、南山、宝安等区级红十字会，发展医院、学校等团体会员，开展

---

① 李小甘：《猴子·孺子牛与大鹏鸟》，《深圳文史》（第一辑），深圳市政协网，http://www.szzx. gov.cn/content/2013-04/24/content_8987141.htm，最后访问时间：2023 年 2 月 6 日。

涉外人道事务，为深圳市早期城市发展与精神文明建设做出了卓越贡献。

深圳市红十字会成立初期设在深圳市卫生局内，因无专职工作人员，未能正常开展工作。1987年，深圳市红十字会召开第一届会员代表大会，选举市卫生局、市财政局、市民政局等单位的领导担任副会长，选出常务理事21名，理事41名，深圳市红十字会治理结构得到初步完善，着手开展各项人道工作。

1987年8月，深圳市红十字会发展深圳市人民医院等20家医疗卫生单位为第一批团体会员单位，并在同年12月，发展罗湖区的7所中学成立红十字青少年基层组织，初步建立起团体会员和基层组织体系。1988年5月，上步区（现福田区）在区政府的支持下，率先成立区级红十字会、深圳市红十字会在此后的10年间陆续成立南山、宝安、龙岗和罗湖区级红十字会，再加上2003年成立的盐田区红十字会，形成了跨越深圳经济特区管理线（1980年划定）的市区两级红十字组织网络。

深圳市红十字会在创始初期就肩负起了通过民间人道交流合作，承接港澳台同胞人道服务需求，服务国家大局的职责。1987年，深圳市红十字会正式开始对台事务服务，受理台湾台胞、台属查人转信、涉台婚姻、产权证明、善后事宜等工作；1988年，深圳市红十字会参与发起并举办首届"深、港、澳、穗、珠"五地红十字青少年交流营，旨在强化大湾区青少年人道主义教育协同。此后，五地交流营活动每2年举行一次，由5个城市轮流主办，一直持续至今。1990年，深圳市红十字会与市卫生局联合在罗湖口岸海关出入境处设立红十字急救站，为出入境的港澳台胞服务，并协助香港红十字会护送危重病患者出入境，深化了对港澳台同胞的人道服务。

（二）1993—2005年：乘风破浪，推动无偿献血等地方立法，建立基层救护网络

在千禧年前后，深圳市经济进入高速发展时期，市民对于精神文明的追求也日益丰富。深圳市红十字会抓住机遇，开展志愿无偿献血和器官捐献宣传和教育工作，带动社会整体的志愿捐献氛围，成为深圳城市文明的重要组成部分，并推动无偿献血和器官捐赠的地方立法工作。此外，深圳市红十字会与社区、商场、超市、银行网点开展合作，初步打造市区基层卫生救护站网络。

深圳是中国内地无偿献血第一市，在1993年第一次开展自愿无偿献血工作。到1998年10月，就已实现了无偿献血100%满足临床用血需求。市民踊跃上街，在血站和采血车排队无偿献血的场景，已成为深圳街头的一景，是深圳城市文明建设的重要体现。深圳市红十字会亦借助1992年深圳特区被授予地方立法权、1993年人大通过《中华人民共和国红十字会法》的东风，推进无偿献血和人体器官捐赠的地方立法工作，分别于1995年和2003年推动《深圳无偿献血及血液管理条例》《深圳经济特区人体器官捐献条例》的颁布，并以此带动了《中华人民共和国献血法》和《人体器官移植条例》的实行，为全国人道主义工作做出了典范。

深圳市红十字会早在1999年6月就以女教师向春梅身后无偿捐献眼角膜为契机，开始接受市民身后捐献器官的登记。2000年10月接收第一例遗体捐献，用于医学科研教学，并制作完成由遗体捐赠者生前填写歌词的纪念歌曲，引起社会强烈反响。在市民捐献氛围日益浓厚的背景下，2003年8月全国首部人体器官捐献移植地方法规在市人大表决通过，有力推动了全国人体器官捐献移植走向法治化。截至2008年末，深圳市红十字会已接受社会各界爱心人士6000多份器官及遗体捐献登记，帮助279人身后捐献眼角膜，500多名国内外角膜病患者受益。

深圳市红十字会在20世纪90年代末着手搭建基层卫生救护站网络，1995年在全市50多个公共场所设置红十字急救供氧箱，1997年在市莲花北、鹿丹村等6个安全文明小区建立了小区红十字急救站，2002年正式启动"顾客紧急救护系统"，先后在天虹商场、岁宝百货、家乐福超市、农业银行深圳分行等人流密集的公共场所建立了20多个红十字急救站，基层卫生救护站形成初步网络。

（三）2006—2018年：勇立潮头，特色人道服务得到拓展

随着我国国民经济在21世纪初腾飞起步，深圳市作为改革开放的先行

者，到 2005 年末已初具国际大都市风貌，民众对于人道服务的需求也相应逐步增多。在这种背景下，深圳市红十字会机关于 2006 年 3 月由挂靠市卫生局改为单独设置，为后续独立自主开展各项工作创造了良好的条件。在 2006—2018 年间，深圳市红十字会着手发挥深圳市人道资源丰富、市民资源服务意识高涨的优势，利用志愿者及个人会员的资源，陆续成立了关怀地中海贫血患儿、心理救援、水上救生等志愿者服务队，特色人道服务百花齐放，有力地拓展了红十字会的社会触及面，为深圳城市文明建设增光添彩。

2008 年 5 月 12 日，四川汶川发生 8.0 级特大地震，给当地民众的生产生活带来了极大破坏。深圳市红十字会充分发挥其市人道服务领军者的示范作用，一方面完成救灾款物募集转运工作，另一方面充分发挥应急救护和心理救助领域优势，第一时间派出医疗救援队及心理关爱援助队，奔赴灾区前线。

深圳市红十字会在 5 月 12 日当天成立抗震救灾领导小组，统一明确职责分工，第一时间向四川灾区捐赠了价值 200 万元的救灾款物；在 6 月开始接受社会认捐，广邀市民、企业参与募捐计划，并提供一对一或一对多的多元化援助方式；5 月 16 日，选派骨科、外科、麻醉科等科室的精干医护人员，组成深圳市红十字医疗救援队奔赴灾区一线，开展灾区医疗救援工作；并于一周后选派由 26 名心理咨询师和 5 名记者组成的深圳市红十字心理关爱援助队，发挥深圳人道特色服务，通过心理干预，消除灾民灾后的恐惧感。

（四）2019 年至今：继往开来，加强基层组织和公信力建设

对比我国同级城市的主要红十字组织，深圳市红十字会面临着编制人员、下属机构、区级组织未理顺的情况。截至 2022 年 10 月，深圳市 10 个行政区，只有南山、宝安、龙岗、盐田 4 个区设有区级红十字会，且是挂靠在区卫健局旗下，专属办公人员普遍只有 1—2 人，深入基层的触及面有

限。① 近年来，中国红十字会各级组织普遍受到了公信力不足的制约，导致业务拓展、品牌开发方面未能凸显红十字组织的潜力。有效增强公众和政府部门对于市红十字会的信任，是深圳市红十字会持续发展的关键。

2019年，深圳市红十字会完成换届工作，选举张英姬为深圳市红十字会常务副会长兼秘书长。换届以来，深圳市红十字会凭借着近40年的基层业务积累，加快基层红十字组织建设工作，一方面借助志愿者的力量，开展养老护理、社区健康服务，另一方面通过与社区卫生健康服务相结合，将红十字工作站深入社区，聚焦基层红十字组织建设。2021年，深圳市红十字会成立第一届监事会，确定监事会规则与年度工作计划，选举产生1位监事长和4位监事，将律师、报社记者和其他社会贤达人士纳入红十字会监督机制内。在疫情防控期间圆满完成了支援香港抗疫物资转运工作，树立起公众对于红十字会的信任，公信力建设初见成效。

二、深圳市红十字会发展经验与特点

深圳素来是一座有文明温度的城市，自2005年获评首届"全国文明城市"以来，已连续6次荣膺该称号；2021年，在全国30个省会、副省级全国文明城市中，深圳市年度测评排名第二，再次获得中央文明办通报表扬；深圳街头无偿献血站常年排队、志愿服务"红马甲"随处可见，已成为深圳城市亮丽的风景线。正是在这样的城市环境中，深圳市红十字会作为人道事业的标杆，为深圳城市建设提供了宝贵的发展经验，其开展的特色人道服务项目，为深圳打造"城市文明典范"增光添彩。

深圳市红十字会在全国红十字事业发展中发挥了勇于探索、勇于创新的先锋作用，尤其在"三献"工作方面，在全国首开先河，并一直走在全国前列。深圳市红十字会在国内率先发起无偿献血倡议，颁布实施首部无偿献血地方法规和器官捐献移植条例，首批开展造血干细胞捐献工作，诞生全国首

---

① 数据来源：深圳市红十字会汇总提供。

位非亲缘造血干细胞捐献者。在应急救护方面，深圳市红十字会近年来积极推动应急救护知识在基层的推广普及。在抗疫方面，深圳市红十字会除了积极参与应急本地疫情，还主动承担全国红十字系统援港抗疫捐赠物资相关工作，有力支援了香港抗疫。

（一）发挥党建引领示范作用，当好党和政府人道领域的助手

深圳是一座非常"年轻"的城市，从改革开放前的小渔村，发展到如今的国际大都市不过40多年，是中国特色社会主义发展模式和中国共产党发挥引领作用的典范。深圳市红十字会作为建市初期就成立的人道社会团体，亦充分发挥党的引领示范作用，将党建融入组织和业务发展中，积极发挥党和政府人道领域的助手职责，为深圳建设中国特色社会主义先行示范区做出了贡献。

1988年，深圳市红十字会发起"深、港、澳、穗、珠"五地红十字青少年交流营活动，将传播红十字精神和大湾区青少年统战工作有机结合，积极联动湾区各地红十字会，通过开展各类红十字主题活动，促进来自不同地区红十字青少年的相互了解、友谊和合作，培养优秀的红十字青少年骨干，更好地动员和凝聚人道力量。

深圳市红十字会将人道服务项目融入党建工作中，2019年开展了"红鹰行动——红十字应急救护知识与技能进机关"项目，利用自身在应急救护培训师资上的优势，和中共市委党校合作，将应急救护知识和技能带入党校处干班、科干班，赋能深圳市党员干部队伍，打造针对公职人员懂急救、会急救的品牌项目。

2022年除夕期间，深圳因本土散发病例进入抗疫"战时"状态，而一河之隔的香港同胞也遭遇第五波疫情。深圳市红十字会在危急时刻，承担深圳市委和全国红十字系统援港物资通关任务，在会党组领导下紧急组建了援港抗疫党员先锋队，在深圳各口岸各陆路接驳点因防疫已关闭或暂停的情况下，通过深圳大铲湾码头的"水上快线"海运企业，打通过境运输通道。

（二）"小政府、大社会"定位决定红十字会发动社会力量开展工作的特性

总结深圳市红十字会的发展经验，就不能不提深圳市独特的城市环境。相比其他副省级城市，深圳呈现"小政府、大社会"的特性。自1981年行政体制改革以来，至2009年已进行了8次机构改革，精简了15个政府部门，在优化政府结构、推动建立服务型高效率政府方面，走在了全国的前列。对比类似体量的直辖市或副省级市的红十字组织，深圳市红十字会无论是机构编制人数还是内设机构数量都处于末位。截至2022年底，深圳市红十字会编制12人、内设机构2个，对比之下北京、上海、青岛红十字会的编制人数分别是150人、28人、20人，内设机构分别是8个、5个、4个。

编制的局限性，决定了深圳市红十字会必须发挥党的领导作用，引领社会力量介入人道事业发展，才能更好地服务公众的需求。深圳毗邻香港，其积极借鉴20世纪80年代香港蓬勃发展无偿献血和志愿服务的做法，在以香港为窗口吸收境外经验后，逐渐摸索建立了适合自身城市特色的人道主义事业，40年来，始终注重动员社会力量参与无偿献血、人体器官捐赠、应急救护培训等领域，开展颇具特色的项目。

无论是依托社区党群服务中心架设基层红十字会站点直接服务居民和周边企业，还是借助深圳市卫生健康能力建设和继续教育中心的场地与专业设备开展社会应急救护培训，或是引入腾讯和慈善会系统的资金支持推广安装AED（自动体外除颤器）设备，深圳市红十字会充分运用"不为我所有，但为我所用"的理念，在既有的社会服务和组织架构上，开拓红十字会的价值，赋能深圳市整体人道事业。

（三）发挥深圳市志愿者之城的独特优势，弥补市红十字会在资源上的短板

2022年底，深圳市注册志愿者已达351万人，平均每5个深圳市民里就有1个志愿者，平均年龄为36岁，其中约66.00%为非深圳户籍居民，

大专及以上学历者占 69.41%，^①是名副其实的志愿者之城。相比其他内陆城市，深圳市志愿服务开展较早，1989 年就诞生了全国第一个志愿组织，诞生了全国第一批国际志愿者、全国第一个"义工服务市长奖"。且志愿氛围浓厚，认可、自尊和社会交往已成为深圳志愿者参与志愿服务的主要动机。

正是在此浓郁的志愿氛围下，深圳市红十字会自 2000 年成立第一支志愿服务队——深圳市红十字无偿献血志愿服务队以来，截至 2022 年底，已陆续成立 23 支志愿服务队，覆盖器官捐献、地贫患儿关怀、心理救援、青少年等领域，有效缓解了编制员工人手不足的问题，并依托志愿者个人的社会资源和专业技能，拓展了红十字会在基层的触及面。

以深圳市红十字水上安全救生志愿服务队为例，起源于资深无偿献血志愿者潘庆伟在 2010 年被省红十字会选中赴台湾参加水上救生联合演练，又与其他志愿者为深圳市 2011 年世界大学生夏季运动会做水上赛事安全保障，最终在 2012 年正式发起成立深圳市红十字会水上安全救生志愿服务队，常规开展水救知识普及教育工作和水上赛事安全保障，既服务到了深圳市广阔的水域，又为深圳市红十字会增光添彩。水救队员利用工作的闲暇，开展专业志愿服务，所凭借的正是自身的内在驱动力，以及深圳市红十字会和水救队自发的荣誉表彰制度。队长潘庆伟利用自己职业设计师的技能，打造资深水救志愿者专属的纪念戒指，将 20—30 名活跃队员团结起来，开展服务。

（四）发挥合作机构和志愿服务队的特色，开展丰富多彩的人道品牌项目

截至 2022 年底，深圳市红十字会依托各合作单位及志愿者团队，成功开发设计 32 个特色人道项目（正在实施项目 26 个，计划开展 6 个），业务涵盖"三救""三献"和青少年板块，内容包括心理疏导、水上救生、应急救护培训、无偿献血知识普及、器官遗体捐献者家属关怀等，以有限的资源投入，满足深圳市民日益增长的人道需求。

---

① 《深圳：注册志愿者突破 351 万"志愿者之城"再升级》，百家号网站，https://baijiahao.baidu.com/s?id=1751357998335960268&wfr=spider&for=pc，最后访问日期：2023 年 3 月 27 日。

其中较为典型的项目包括与深圳市血液中心合作，主推无偿献血传播的"热血"系列品牌，通过"热血跑""热血英雄"等5个子品牌，将无偿献血的普及工作和马拉松运动、捐献者表彰结合起来，场景覆盖军营、校园、消防队，取得了良好的宣传效果。此外，还与晶报联合开展"红十字安全第一课"系列，针对深圳市中小学生暑假、寒假、放学等生活场景，通过丰富多彩的活动方式，将自救互救覆盖到孩子们生活的每一处细节上，助力打造健康中国"深圳样板"。2021年发起的"天使爱妈妈"项目，则是通过捐献者家属利艳深度参与，为项目提供场地和资源，以其切身的经历，开展器官遗体捐献者家属尤其是捐献家庭的母亲关怀活动。

三、深圳红十字事业在"双区建设"中具有人道支撑功能

在深圳建市40周年的2019年，中共中央、国务院先后印发《粤港澳大湾区发展规划纲要》和《关于支持深圳建设中国特色社会主义先行示范区的意见》，对深圳这个中国首个经济特区和改革开放的先锋与窗口，进行城市再定位和发展再部署。深圳市迎来"双区驱动"和综合授权改革试点的重大历史机遇，进入创建具有全球影响力的创新创业创意之都和社会主义现代化强国城市范例的历史发展新征程。这为深圳红十字事业的改革创新发展创造了前所未有的历史契机，也对发挥深圳红十字事业在"双区建设"的人道支撑功能和建设红十字事业的先行示范提出了迫切的时代需求。

（一）中国特色社会主义法治城市示范建设的组成部分

深圳市红十字组织在国际国内人道主义立法框架下开展红十字工作和组织治理，也曾在全国人道主义相关事业立法中发挥探索引领作用，在全面提升城市民主法治建设水平过程中具有不可忽视的地位。2017年全国人大常委会修订的《中华人民共和国红十字会法》明确规定，中国红十字会是中华人民共和国统一的红十字组织，是从事人道主义工作的社会救助团体。在我

国的法律体系中，红十字会是唯一有专项立法的社会团体。同时，《中华人民共和国红十字会法》规定，各级政府对红十字会有支持和资助的义务，以保障红十字会依法履行人道主义服务的职责。作为国际红十字与红新月运动的一员，深圳市红十字组织遵循并宣传国际红十字和红新月运动的基本原则和《日内瓦公约》及其附加议定书。作为中国红十字会的地方会员，深圳市红十字组织遵守《中华人民共和国红十字会法》与《中国红十字会章程》。作为社会团体，深圳市红十字会的慈善募捐和接受捐赠行为受《中华人民共和国慈善法》和《公益事业捐赠法》的规范。因此，深圳市红十字组织是依法治会并具有普法宣传职责的组织。深圳也是全国首个为无偿献血和人体器官捐献立法的城市，在推动全国无偿献血和人体器官捐献法治化建设发展方面发挥了特区改革创新、示范引领的作用。

深圳市红十字组织是促进"双区建设"社会治理现代化的重要力量。中国红十字会是党和政府在人道领域的助手和联系群众的桥梁纽带。深圳市红十字组织在开展"三献"服务方面在全国具有先发优势，积极开展如地贫患儿救助、器官捐献者家属关爱、"博爱送万家"等救助活动，积极开展新冠疫情防控款物募集、疫后人道主义救助工作，充分发挥红十字组织协助政府维护人的生命健康与尊严的功能，必然是"双区建设"中政府联系群众的纽带。深圳市红十字组织是中国共产党领导下的群团组织，是从事人道主义工作的社会救助团体。深圳市红十字会在市、区和基层红十字会三级组织体系建设，会员和志愿者发展，人道主义资源动员等方面的经验，对于社会组织的培育、社会资源动员方面可以发挥引领作用，在公信力建设方面具有风向标意义；深圳市红十字组织广泛联系卫生、应急、民政等政府部门，血液中心、能教中心等事业单位，以及多个学校、社会组织，具有平台枢纽的功能。它是"双区建设"中改革创新群团组织、社会力量参与社会治理模式的重要示范。同时，深圳市红十字会逐步推动应急救护培训进校园、进社区、进机关、进企业，将有助于优化"双区建设"中的基层服务格局。深圳市红十字会大力发展各类志愿服务队，开展红十字志愿服务，有助于"双区建设"中基层志愿服务制度的完善和志愿服务模式的创新。此外，作为先行示范区的红十字组织，对全国红十字组织的改革创新具有示范作用。

（二）现代城市文明典范建设的人道文化基础

红十字人道主义精神有助于深圳模范践行社会主义核心价值观。红十字运动的理念精神、宗旨目标和核心业务都体现了社会主义核心价值观，与社会文明进步、公民道德建设、社会责任养成有着密切的关联。红十字是一种精神，更是一面旗帜。人道主义是能够凝聚不同文明的最大共识。国际红十字与红新月运动确立的人道、公正、中立、独立、志愿服务、统一、普遍七项基本原则，是红十字人道主义的核心内容和行动纲领，强调红十字人道主义是全人类共有的思想财富，是推动社会良性运行和协调发展的重要力量。[①] 红十字人道主义精神与社会主义核心价值观高度契合。"人道"体现国际红十字与红新月运动的宗旨，即保护人的生命和健康，保障人类尊严，促进人与人之间的相互了解、友谊与合作，促进持久和平。人道在中国的实践，将有助于培育和践行社会主义核心价值观。"公正"即不歧视，是红十字人道精神和社会主义核心价值观的共同价值。在深圳"双区建设"过程中，充分弘扬"人道、博爱、奉献"的红十字精神，大力发展红十字人道事业，将有助于社会主义核心价值观的模范践行、丰富其内容。

国际红十字与红新月运动遵循的人道、公正、中立、独立、志愿服务、统一和普遍七项基本原则，是其价值基础和行动纲领。中国红十字精神是人道、博爱、奉献。这些价值精神是人类高级的道德精神，因为它首要表达的是对人类的深切关注。[②] 无论是在国际红十字与红新月运动七项基本原则中，还是在中国红十字精神中，人道是红十字运动的核心价值，是最高的精神境界和一种世界观[③]，爱护人的生命、关怀人的幸福、尊重人的人格尊严、维

---

① 池子华：《红十字运动：历史与发展研究》，合肥工业大学出版社 2013 年版，第 81 页。

② 孙博：《红十字文化在社会主义核心价值观建设中的价值》，载北京师范大学中国公益研究院编著《红十字人道主义精神与首都治理体系现代化》，社会科学文献出版社 2016 年版，第 167 页。

③ 郝如一：《"大慈善"还是"大人道"》，载池子华主编《红十字运动研究》2009 年卷，安徽人民出版社 2009 年版。

护人的正当权利。

红十字人道事业助力全面提升深圳城市文明水平。深圳市红十字会把志愿服务作为开展人道工作的基本方式、重要载体和主要抓手，强化志愿服务管理，壮大志愿者队伍，组建了 25 支专业志愿服务队，开展无偿献血、器官捐献、应急救护、人道救助、应急救援、赛场救护等各类服务，共同助力"关爱之城""志愿者之城"建设。红十字会深入学校、社区、机关，推广红十字文化和应急救护知识，有助于提高城市文明程度，为城市发展注入新活力，在城市精神文明建设中发挥红十字会生力军作用。

红十字人道文化助力深圳公共文化服务体系建设。深圳市红十字会在内容、层次方面对于深圳公共文化服务体系建设是不可或缺的组成部分。在内容方面，深圳红十字人道文化的弘扬、人道服务的普及、服务产品的推广，将在很大程度上丰富深圳城市公共文化服务内容，完善服务体系。在多层次公共文化服务体系方面，深圳市红十字会在中小学、高校、医疗机构、"两新"组织、街道、机关建立基层红十字会，依托社区、社区健康服务中心（以下简称社康中心）、党群服务中心、红色驿站建立红十字基层工作站，开展红十字阵地工作，依托合作伙伴建立人道传播及教育基地，将红十字文化服务触角广泛延伸、深入基层，扎牢基层公共文化建设基础。此外，深圳市红十字会打造"深红有你"信息化管理平台，积极探索构建智慧化的数字文化平台建设。

（三）"弱有众扶"民生幸福标杆建设的人道力量

作为党和政府人道领域的助手，深圳红十字组织有效利用城市优势资源，充分发挥人道资源动员职能，在社区治理、化解社会矛盾、民生兜底、第三次分配等方面发挥助力先行示范区建设独特作用，积极探索可全国推广和复制的经验。

"健康深圳"建设的人道事业基础。深圳红十字组织在人道主义精神指导下，依法开展无偿献血，造血干细胞捐献，遗体与人体器官捐献，应急救援与抗疫等工作，在救助病患、挽救生命，完善公共医疗服务体系，推动医学学科建设等方面具有不可替代的地位；开展心理救援、应急救护、防灾避险和卫生健康知识宣传、普及与培训等工作，在促进居民精神健康、提升居民全生命周期健康水平方面发挥长远积极的作用。

深圳民生保障体系建设的补充力量。深圳红十字组织开展地中海贫血患儿救助，有效防治深圳市地中海贫血的发病，并辐射周边区域；开展人体器官捐献家属关怀行动，有效抚慰器官捐献者家属心理并促进器官捐献宣传。深圳市红十字会在学校开展青少年红十字工作，宣传人道主义精神文化、普及人道主义知识，将有助于完善深圳"党委领导、政府主责、群团协同、社会参与"的青年发展格局，助推深圳青年发展型城市建设。"深、港、澳、穗、珠"五地红十字青少年交流营从1988年开始至2023年，已连续举办16届，拓宽了粤港澳青年人才交流渠道，培养了具有开阔视野与人道主义理念的青年人才。

（四）粤港澳大湾区人道事业共同体建设的引擎

深圳红十字事业在粤港澳大湾区发展中的功能定位，可以分解为两个层次。第一层是红十字会在粤港澳大湾区建设中的功能定位；第二层是深圳红十字组织在粤港澳大湾区红十字人道事业中的功能定位。

红十字会是推进粤港澳大湾区建设的人道中坚力量。第一，红十字会是建设人文湾区的重要力量。人道主义精神的弘扬、红十字文化在粤港澳大湾区的广泛传播、红十字事业的蓬勃发展，有助于塑造和丰富大湾区人文精神，增强大湾区文化软实力，红十字志愿服务和捐赠的广泛参与，有助于提升居民文化素养。第二，红十字会是建设健康湾区的重要力量。红十字会是粤港澳大湾区在紧急医疗救援、突发疫情应对、造血干细胞和器官的捐献与移植等方面联动的重要参与成员。第三，红十字会是实现大湾区社会治理体系现代化的重要力量。红十字会在粤港澳大湾区开展人道资源动员，有助于完善湾区人道救助体系和志愿服务体系，增强湾区公益慈善氛围，促进第三次分配作用的发挥。红十字会参与大湾区应急救援协同，也将大大提升大湾区应急救援能力。第四，红十字会是扩大湾区对外交流的重要力量。红十字会的国际性基因以及港澳红十字会开展国际交流的优势，将为湾区对外交流创造良好的条件，促进湾区国际文化交往中心建设。

深圳市红十字会在大湾区人道事业共同体建设中具有引擎地位。从城市定位来看，深圳是粤港澳大湾区发展的四大引擎城市之一，深圳市红十字会在大湾区人道事业中的定位应该与城市定位相匹配。从地理位置来看，深圳毗邻香港。深圳市红十字会应该是内地与港澳红十字人道交流的前沿阵地。从过往交流来看，2022 年香港疫情防控期间，深圳市红十字会主动承担起全国红十字系统援港抗疫捐赠物资相关工作，有力支援了香港抗疫。因此，深圳市红十字会在大湾区红十字人道事业协同发展过程中，应当具有引擎地位。

四、展望：实现中国特色特大城市红十字事业发展的先行示范

在新征程中，深圳市红十字会应当抓住发展机遇，以打造建设组织体系健全、机制科学高效、专业能力突出，更具凝聚力、公信力和影响力的红十字组织，实现中国特色特大城市红十字事业发展的先行示范为目标，弘扬"人道、博爱、奉献"的红十字精神，持续改革创新，完善政策、人道服务、文化交流、治理、资源动员、公信力建设等各方面体系建设，开创新时代深圳红十字事业的新局面。

（一）完善"双区建设"中深圳红十字会政策体系

1. 在国家层面争取发挥"双区建设"人道支撑功能的政策保障

为贯彻落实《中共中央 国务院关于支持深圳建设中国特色社会主义先行示范区的意见》和《粤港澳大湾区发展规划纲要》，推动"双区建设"过程人道事业的发展，需要在政府层面明确深圳市红十字事业的这一功能定位，给予深圳市红十字会改革创新、先行先试的政策支持。如对应"双区建设"的发展目标，出台《先行示范区红十字发展规划》《粤港澳大湾区红十

字事业发展规划》，明确"双区建设"中红十字事业的发展方向和具体措施；中国红十字会总会与深圳市政府签订合作协议，在"三献"工作、备灾救灾、应急救护、人道救助、人道资源动员、志愿者与会员的发展管理、组织体系与治理模式等方面开展综合改革试点探索；在与港澳红十字会交流合作方面，在中国红十字会总会与港澳红十字会的合作协议中，将深圳市红十字会作为内地与港澳红十字会交流的纽带，向其部分授权与港澳红十字会的交流与业务合作，完善合作机制，畅通交流渠道。深圳市红十字会应加强与省级红十字会的联系，争取上级红十字会的支持。

2.完善深圳市人道事业相关法律政策

制定《深圳市红十字会条例》，先行示范地级市红十字人道事业综合性地方法规；根据《人体器官捐献和移植条例》，修订《深圳经济特区人体器官捐献移植条例》，在法规层面完善人体器官和遗体捐献的管理机制；出台地方应急救护法规或政策，推进深圳市应急救护知识的普及与城市应急救护能力的提升。

（二）完善深圳特色的人道服务体系

1.创新优化"三献"工作机制，再树人道核心新优势

深圳市红十字会在过去对全国无偿献血、造血干细胞捐献、遗体和人体器官捐献工作具有改革创新、示范引领的作用。深圳市未来可基于城市特色，发挥先发优势，围绕服务健康深圳建设，继续完善"三献"工作体系。持续推动无偿献血，打造深圳精神文明金字招牌。通过多样化、差异化的宣传方式和渠道，将无偿献血的理念和科学知识，精准触达不同人群，增强公众自愿参与无偿献血的意愿；继续优化无偿献血志愿服务队管理和培训，吸纳更多元的群体参与无偿献血志愿服务。继续加强造血干细胞捐献宣传动员，丰富动员方式；加强造血干细胞捐献者资料库建设，扩充造血干细胞捐献者资料库容量；做好捐献服务及跟踪随访工作，提高规范化和信息化水平，努力提高有效库容率和捐献率。提高器官捐献工作法制化、规范化水平；加强和规范红十字人体器官捐献协调员管理，提高人体器官捐献协调员

的综合能力；加强器官捐献的宣传力度，让更多市民群众了解和接受器官捐献理念，提高器官捐献的登记率和捐献率；建立器官捐献缅怀纪念场所，弘扬器官捐献者的无私奉献精神。

2. 全面启动应急救护普及，打造城市文明新名片

应急救护培训是深圳市各级红十字组织开展最多的业务，也真正做到了进校园、进社区、进机关、进企业。未来可继续完善应急救护工作体系，使深圳成为一个应急救护知识和技能普及的城市，提高全民自救互救能力，使应急救护成为深圳城市文明的一张名片。完善应急救护课程体系，创新红十字应急救护培训及考核机制，将应急救护培训教学与考核认证分离，重点制定红十字救护员考核标准开展考核认证。结合城市特点，持续推进水上救生知识培训课程完善和宣传普及。加强红十字应急救护培训师资队伍建设与信息化管理。加强应急救护培训阵地建设，探索与有条件的区政府或机构合作共建人道传播及教育基地；推广"5分钟社会救援圈"模式，加强社区阵地建设，扩大AED在公共场所、社区、办公区域等地方的配置。积极参与大型赛事、会议的安全保障工作。打造深圳应急救护特色品牌，持续增强安全第一课、红十字"'救'在身边"、"红海豚"等项目品牌的社会影响力。有重点、分步骤、讲策略、差异化地面向不同年龄、不同职业的人员普及应急救护知识，如推动党政机关公职人员接受应急救护培训全覆盖，积极争取将红十字应急救护和应急避险知识纳入中小学公共安全教育范畴。

3. 转型升级人道救助体系，探索助力民生新模式

深圳市红十字会以维护人的生命健康、保障人的尊严、促进人的幸福为目标，以解决最易受损害群体的境况为起点，积极探索人道救助新模式。优化围绕红十字主责主业开展的社会救助工作内容，突出关爱器官捐献者家属、困难志愿者、贫困的血液疾病患者等，持续推进"天使爱妈妈"品牌项目，将关爱地中海贫血患儿项目的成功经验更好地推广至血液疾病及其他病种的救助，加强艾滋病预防宣传和关爱。

基于深圳城市特征和社会需求，积极探索为老年人、残疾人、城中村困难人群服务等社会救助新领域。深圳市老龄化呈增强趋势，预计到2029年

正式步入老龄社会，养老服务相关诉求与日俱增。《关于红十字会参与养老服务工作的指导意见》提出，红十字会要积极参与养老服务工作。深圳市红十字会理应发挥政府人道助手的作用，以先行先试的勇气和智慧，主动应对社会养老需求。深圳市红十字会可运用在应急救护、志愿服务方面的优势，为家庭照护者、养老服务人员、养老服务志愿者开展应急救护培训，探索养老服务培训体系。在救助贫困老人之外，深入开展老人关爱行动。加强深圳市红十字养老护理志愿服务队建设，依托社工等力量打造深圳红十字养老服务专业队伍。此外，深圳市红十字会可与具备条件的社会力量合作，积极参与兴办公益性养老机构。可率先在红十字会基层组织发展较为成熟的南山区、宝安区试点，将养老服务融入基层服务工作站点内。深圳市有 27898 位残疾人，其中有 14202 个重度残疾人[①]的托养照护困难、6829 个精神障碍患者[②]的养护康复困难、自闭症儿童的社会融合等，其照护问题亟待解决。深圳市红十字会积极参与残疾人保障服务，继续利用各级红十字会在协同民政、医保、社会组织等社会资源共同开展活动方面具有的得天独厚的优势，在为残障人士提供平等参与并获取社会和经济福利机会的同时，更重要的是致力于消除妨碍他们参与社会生活的障碍，并改变人们的心态和行为。深圳城中村密集，容纳全市一半以上人口，且他们多为外来劳动群体，获得社会保障资源稀少。结合这一特殊情况，深圳市红十字会可面向城中村外来人口倾斜开展如"博爱送万家"等救助行动。

在救助方式上，资助与服务并重。在继续为困难群体提供现金资助与物资帮助的同时，充分发挥红十字会专业和志愿服务优势，开展如护理服务、康复服务、心理支持、知识普及等。在救助地域上，在过去积极参与对口扶贫基础上，深圳市红十字会可结合自身特色和实力，主动融入国家乡村

---

① 截至 2019 年 2 月 19 日，深圳市各类户籍持证残疾人为 27898 人，其中一级残疾 7978 人、二级残疾 6224 人。来源：《构建新时期多元化、多层次的社会救助帮扶体系研究报告》。

② 截至 2019 年 2 月 19 日，深圳市各类户籍持证残疾人中，残疾类别分布为：视力残疾 1572 人、听力残疾 2998 人、言语残疾 355 人、肢体残疾 11158 人、智力残疾 3434 人、精神残疾 6829 人、多重残疾 1552 人。来源：《构建新时期多元化、多层次的社会救助帮扶体系研究课题》。

振兴战略，持续辐射广东省乃至全国其他地区，助力全国支援帮扶样板城市打造。

4. 完善人道应急救援体系，促成可持续发展新格局

创新人道应急救援服务工作机制，重视发挥红十字会在突发事件特别是重大自然灾害和公共卫生事件应急救援方面的作用，将红十字应急救援体系纳入政府应急救援体系，充分发挥红十字人道应急救援在深圳可持续发展新征程中的作用。

壮大应急救援队伍，提升应急救援专业能力。深圳市红十字会依托深圳公益救援联合会建立应急救援志愿服务队，弥补自身队伍的空白。深圳市红十字会依托志愿者队伍建立水上救生志愿服务队，在保障深圳水上赛事安全、应急救护知识普及等方面发挥重要作用。应完善合作机制，加强对既有应急救援类志愿队伍的支持，提升应急救援能力。在已有水上救生、心理救援志愿服务队基础上，根据红十字会自身条件优势，逐步组建红十字医疗、大众卫生、城市搜救救援队，完善救援装备配置。与政府救援队伍、其他社会救援队伍建立共同训练、联合演练、合作救援机制。完善应急救援队伍管理制度，加强救援队应急救援和日常管理工作。

加强市红十字备灾救灾中心硬件设施建设。将红十字会备灾仓库建设工作纳入深圳市政府自然灾害综合应急救援基地项目建设方案。在与深圳市应急管理局合作，借用其减灾备灾中心开展红十字救灾物资储备的基础上，深圳市红十字会未来条件成熟时建立自己的救灾物资储备库。按照国家《红十字物资储备库等级评定办法》，完善救灾物资管理。在备灾机制方面，可探索与企业合作开展协议储备、产能储备等方式。同时，可开展鼓励和推动以家庭为单位储备救灾物资的项目。在应急物流方面，总结参与疫情防控和支援香港抗疫的有效经验，形成应急物流管理制度和规程。

开展防灾减灾公众教育，提升基层减灾能力。结合城市特点，加强水域救援和台风、洪灾、地震、滑坡、火灾等灾害的防范与紧急避险知识的科普推广。推动建立深圳市防灾减灾体验馆，成为全国防灾减灾教育示范与交流基地，加强市、区级红十字防灾减灾教育基地建设。参与制定市级综合减灾

社区建设标准，提升基层社区减灾能力。

以紧急突发自然灾害以及公共卫生事件等应急救援为重点，主动融入政府应急救援体系，积极与各部门配合形成红十字快速反应机制。与卫生健康、民政、教育、宣传、公安、应急管理等部门密切合作，开展人道宣传、应急救护、应急救援等，构建多部门联动工作机制。

（三）完善红十字人道文化交流传播体系

1. 推动大湾区红十字事业协同发展

围绕落实国家"一带一路"倡议和推进粤港澳大湾区及中国特色社会主义先行示范区建设，深化与港澳地区红十字会以及粤港澳大湾区各市红十字会人道事务合作，发挥深圳粤港澳大湾区核心引擎功能。加强与国内其他地区红十字会交流合作，积极参与"一带一路"红十字人道事业交流，主动承担中国红十字会委派的国际交流工作。

探索推动大湾区红十字应急体系、应急救援协同体制机制建设。结合深圳市红十字会在水域救援、心理救援、搜救方面的优势，重点发展相关红十字专业救援队，与大湾区其他地区红十字应急救援队伍实现优势互补。轮流承接举行大湾区红十字应急救援联合培训演练，加强救援队伍专业交流与能力提升。积极参与大湾区内自然灾害和突发公共卫生事件救援，接受中国红十字会总会调遣，参与国内和国外灾害救援行动。

主动参与构建大湾区红十字人道救助合作机制。在人道资源动员、特色项目开展等方面，充分调动深圳市各级红十字会、志愿者、爱心企业和爱心人士的积极性，加强与大湾区内红十字会人道救助领域交流合作，助力大湾区人道救助特色项目和大湾区红十字会参与社会治理的先进模式建设。

密切与港澳台红十字组织交流互动，在人道救援、志愿服务、灾后重建、红十字青少年、老年照护等方面，加强经验交流和项目合作，并以人道交流为桥梁，服务深圳经济社会发展大局。在持续开展"深、港、澳、穗、珠"五地红十字青少年交流营基础上，进一步推动扩展大湾区九市红十字青少年共同参与，丰富交流内容与方式，深化红十字青少年交流机制建设。

建立粤港澳大湾区红十字人道交流互动平台，举办学术研讨和人道论坛等高端品牌活动。在中国红十字会总会和深圳市政府支持与组织下，主动参与开展国际性人道项目，参加与承办国际性和国内红十字人道会议、红十字文化展览，充分发挥民间外交渠道作用。

2. 加强人道文化传播，践行社会主义核心价值观

策划拓展人道文化传播。做好大型主题活动宣传策划，紧扣新时代红十字特点，结合世界红十字日、世界献血者日、世界急救日主题宣传活动等，加强与深圳本地主流媒体合作，充分利用网络直播、设置分会场等，突出人道特色亮点，拓展宣传渠道，扩大宣传影响。探索实施线上人道传播途径，拍摄红十字工作宣传片及各领域工作专题片。强化与各类媒体深度合作，策划主题宣传、特色工作、先进典型及感人故事视频短片。

承接建设红十字人道文化博物馆，建设城市公共文化地标和全国红十字文化宣传基地。打造深圳红十字会文化 IP（Intellectual Property，网络流行语，直译为"知识产权"），统一文化标识设计，开发红十字文化周边。

创新开展红十字文化建设和人道宣传，弘扬红十字无私奉献大爱精神，提升城市温度，为社会文明和谐营造良好氛围。

（四）健全组织治理体系，提高专业能力

形成理事会决策、执委会执行、监事会监督的现代治理结构。丰富常务理事结构，增加常务理事会议频率，增强常务理事职能；设立执委会；优化监事配备，争取全职监事，监事构成多元化。形成理事会决策、执委会执行、监事会监督的现代治理结构和综合监督体系。完善理事会、执委会和监事会工作机制，建立健全红十字会工作履职服务制度。提高红十字会领导机构中基层会员代表比例，优化红十字会领导机构人员组成。

优化职能配置，加强人员激励。根据业务需要，优化和完善深圳市红十字会职能配置，科学合理配置人员。加强红十字会专职工作人员能力和队伍建设，加强人员培训，提高干部专业化能力水平，完善激励机制和保障措施。

加快理顺区级红十字会，发挥基层组织作用。遵照《中华人民共和国红十字会法》，分步分级推动区级红十字会理顺管理体制，推进罗湖区和福田区红十字会实现"三有"，加快龙华区、坪山区、光明区、大鹏新区成立区级红十字会，鼓励和积极推动区级红十字会独立自主开展工作。选举或换届区红十字会理事会，设立监事会，实现区红十字会治理的规范化。在继续依托基层社区、社康中心、党群中心等广泛建立基层红十字工作站的同时，推动街道/乡镇、学校、企事业单位、行业红十字基层组织的推广建立。可以"博爱家园"为轴心，以建设韧性社区、服务型社区为目标，开展满足民生需求的人道服务，增强基层红十字组织的活力与可持续性。

理顺与政府部门的关系。深圳市红十字会应在"三献"、救护培训、应急救援救助、学校红十字教育、养老等民生服务、基层组织建设、红十字文化宣传、国际交流等方面，加强与卫生健康、民政、教育、宣传、公安、应急管理等部门的联络合作，构建多部门联动工作机制。

（五）完善人道资源动员体系，创新动员模式

深圳市红十字会人道资源体系由政府支持、财物、人力与服务、媒体等各类资源组成。深圳市红十字会未来可始终围绕红十字人道事业的主责主业，加强人道资源动员体系顶层设计，制定操作性强的人道资源动员策略，创新人道资源动员方式，提高人道资源动员能力，为红十字人道事业发展提供可持续的资源基础。

1.争取支持，形成政府综合支持体系

深圳市红十字会应抓住"双区建设"的机遇，积极推动红十字人道事业融入深圳市"双区建设"的大局中，争取更多政策支持。聘请深圳市委书记或市长担任深圳市红十字会的名誉会长。推动各级政府定期听取红十字会工作汇报，专题研究和指导红十字会的工作；积极参与政府应急救灾、健康民生建设等相关议事协调机制，建立职能部门间信息共享、定期会商、协调联动等工作制度。争取市、区两级红十字会更多的人员编制及其他类型专职人员。积极参与、设计"双区建设"重点支持的健康、民生、文化等项目，争

取政府购买服务。

2. 创新模式，形成多元筹款格局

《中华人民共和国红十字会法》第十七条规定："红十字会财产的主要来源：红十字会会员缴纳的会费、境内外组织和个人捐赠的款物、动产和不动产的收入、人民政府的拨款、其他合法收入。"从近年收入结构来看，深圳市红十字会资金主要来源为政府拨款和社会捐赠。2021—2022 年，深圳市红十字会年度财政拨款收入近 1300 万元。社会捐赠整体受自然灾害和疫情等突发公共事件影响较大，常态捐赠规模不大且资金低于物资，如 2018 年和 2019 年捐赠款物收入分别为 421.12 万元和 887.14 万元，其中捐赠资金收入分别为 189.21 万元和 102.75 万元，见图 1-1-1。

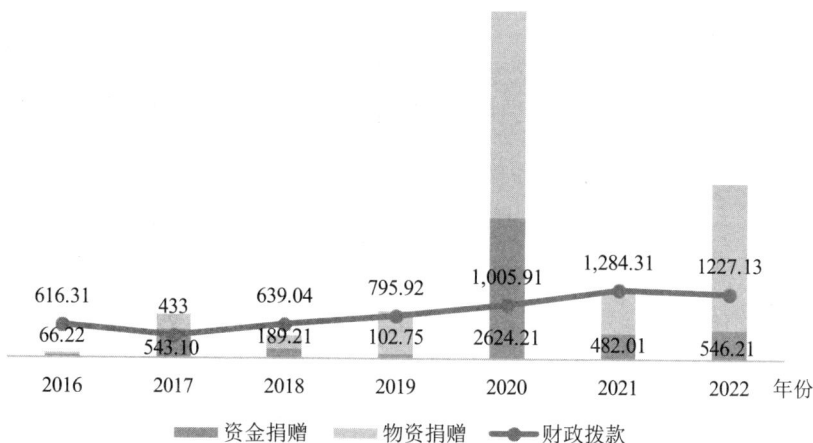

图 1-1-1　2016—2022 年深圳市红十字会财政拨款与社会捐赠收入情况（单位：万元）

数据来源：根据 2016—2022 年深圳市红十字会部门决算情况、深圳市红十字会捐赠款物财务收支情况（专项审计）报告 / 社会募捐账户财务收支审计报告整理，深圳市红十字会官网，https://www.szredcross.org.cn/cms/budget/index.html，https://www.szredcross.org.cn/cms/DonateTrends/index，最后访问时间：2023 年 9 月 1 日。

为此，深圳市红十字会可以发展常态品牌筹款项目，开拓可持续的社会捐赠。一方面，加强已有项目的筹款功能，如在开展"热血"系列项目、"天使爱妈妈"等项目时，增加筹款环节的内容设计；另一方面，发展核心筹款品牌项目，比如社区发展项目"博爱家园"、应急救护项目"'救'在身边"和"博爱"系列的社会救助项目。发展多元潜在捐赠伙伴，主动挖掘企业资源，发展大额捐赠；开发"月捐"项目，培养忠实的个人捐赠者，积累稳定的小额捐赠。拓宽募捐渠道，设计"人道公益日"筹款品牌，如在每年5月8日的世界红十字日、6月14日世界献血者日或8月19日的世界人道主义日等开展系列公开筹款活动，增强社会公众参与度；也可积极参与腾讯公益的"99公益日"、广东省"扶贫日"等大型筹款活动，以及中国公益慈善项目交流展示会等慈善行业交流活动，扩大项目和红十字组织宣传，提高社会的认知度。搭建数字化捐赠平台，提供快捷方便的捐赠通道。加强"深红有你"平台筹款功能，对接中国红十字会总会"博爱通"捐赠系统，增强捐赠接受账户二维码等信息的露出。创新捐赠方式，探索股权、证券、房产等新型捐赠方式，鼓励企业、商家在物资、活动场地和仓库使用、物流运输服务等方面的多样态捐赠，或以成本价出售物资与服务等。加强捐赠工作机制建设，如捐赠人维护机制，定期向捐赠人反馈捐赠使用、项目开展和红十字会动态等信息，增强与捐赠人的联系；加强对捐赠人的激励与表彰，如在每年"人道公益日"对捐赠人予以公开表彰，开展类似腾讯公益"小红花"集花活动，开发线上荣誉体系。

在筹款体制上，可建立深圳市红十字基金会，与红十字会在筹资上有明确分工。红十字会注重获得政府资源的持续支持，基金会则注重社会资源的开拓，开发政府资源不足的领域。建立专业筹款团队，加强筹款部门和业务、财务管理等各部门的合作分工，形成完备的人道资源动员链条。

加强资金保值增值，如设立"人道基金"、慈善信托等方式，增强红十字人道资金的可持续性。

3. 加强服务和表彰激励，扩大志愿者和会员规模

2020年，深圳市15—59岁人口占全市常住人口的79.53%，比全国平均水平高16.18个百分点。[①] 深圳市红十字会可以充分利用深圳市人口的"年

---

① 数据来源：《深圳市第七次全国人口普查公报 [1]（第四号）——人口年龄构成情况》，深圳市统计局官网，http://tjj.sz.gov.cn/ztzl/zt/szsdqcqgrkpc/szrp/content/post_8772119.html，最后访问时间：2023年6月10日。

轻"优势，广泛发展志愿者和会员。创新体制机制和方式方法，改进对红十字会会员、志愿者管理服务，优化发展团体和个人会员。加强志愿者团队发展与建设，提高志愿者服务专业水平，做好志愿者注册、培训和长期互动工作，激发志愿者参与人道传播的积极性，让志愿者成为社群动员的重要骨干。推动志愿服务制度化、社会化、专业化，使红十字志愿者成为打造"关爱之城""志愿者之城"升级版的重要力量。

针对全国红十字会与会员和会员单位没有互动和联系机制，会费收入不足理论值的 20% 的普遍情况[1]，以及深圳红十字会会员数量少的情况，需进一步开发和优化会员相关服务，切实将会员权利和专业化水平提升、荣誉感、归属感落到实处。

4. 深化合作，加强多方伙伴关系建设

在媒体合作方面，深圳市红十字会有良好的基础。可以继续发挥这种优势，在加强与当地传统媒体合作之外，开拓省级、中央级媒体的合作关系，同时加强与网络平台合作。可以共同设计和开展宣传活动、推出合作项目，运用媒体平台开展应急救护等红十字人道知识传播，建立良好的媒体生态。可以聘请深圳市红十字会爱心大使或形象大使。

继续深化与深圳市血液中心、深圳市第三人民医院和中国医学科学院阜外医院深圳医院、深圳市卫生健康能力建设和继续教育中心等伙伴的合作，同时开拓在"三救""三献"业务方面的其他合作伙伴，如开发市、区两级应急救护培训基地。

加强与公益慈善行业内外其他机构交流，开展项目合作，进行项目设计与运作、筹款、传播等各方面的经验交流。

（六）完善公信力建设体系，打造高效透明规范红十字会

健全信息公开制度，规范信息发布工作，建立完善法律监督、政府监督、社会监督、自我监督的综合监督体系，做到捐赠信息公开透明，保障捐

---

[1] 数据来源：北京师范大学中国公益研究院红十字会系统人道资源动员模式研究项目组调研数据。

赠人和社会公众的知情权、监督权。强化红十字会财产的监督管理，完善内控体系。加强红十字工作规范化、制度化管理，强化制度约束，提高组织执行能力。推进市红十字会网络信息化建设，充分发挥官网、微信公众号、视频号等网络平台作用，促进红十字工作公开透明。积极推广使用灾害管理系统、财务信息系统和志愿服务信息管理系统，着力打造"网上红十字会"。健全舆情处置应急响应机制，强化对网络舆情的应对和修复，不断加强宣传和舆论引导，赢得公众信任与支持。

第二篇 分报告

分报告一
深圳市红十字会 40 周年历程

自 1983 年创立以来,深圳市红十字会 40 年来与深圳城市建设共同成长,广泛开展无偿献血、人体器官捐献、心理救援、应急救护培训、地贫患儿关爱等特色服务,是深圳市人道主义救助团体的"领头羊"。1983 年到 1992 年间,深圳市红十字会从无到有,完善组织体系与治理结构;1993 年到 2005 年间,在全国人大授予深圳立法权之际,推动无偿献血、器官捐赠地方立法工作;2006 年到 2018 年间,编制由挂靠市卫生局改为单独设置,造血干细胞、人体器官捐献、水上救生、心理救援等特色业务百花齐放;2019 年至今,深圳市红十字会完成换届,聚焦基层红十字组织建设,重塑红十字会系统公信力,深圳市红十字会及其开展的特色人道服务项目已成为深圳市乃至全国城市建设的典范。

一、1983—1992 年:完善组织体系与治理结构,促进民间对外交流

深圳作为中国最早实行对外开放的四个经济特区之一,设立伊始便注重经济发展与人文建设双翼齐飞,在 1979 年到 1984 年间,深圳市用于精神文明基建投资额占地方财政用于全市基建投资总额 47%[①]。正是在此背景下,

---

① 李小甘:《猴子·孺子牛与大鹏鸟》,《深圳文史》(第一辑),深圳市政协网,http://www.szzx. gov.cn/content/2013-04/24/content_8987141.htm,最后访问时间:2023 年 2 月 6 日。

深圳市红十字会于 1983 年成立，在此后的十几年间逐步完善组织体系与治理结构，成立福田、南山、宝安区级红十字会，发展医院、学校等团体会员，开展涉外人道事务，为深圳市早期城市发展与精神文明建设做出了卓越贡献。

（一）深圳市红十字会初设，理顺治理结构，完善组织体系

深圳市红十字会成立于 1983 年 9 月，距离深圳建市不过 4 年、经济特区设立不过 3 年，可以说深圳市红十字会的发展离不开深圳城市的成长。深圳市红十字会在草创时就明确了现任副市长担任会长的原则。会址早期设在深圳市田贝一路 21 号市卫生局内，因无专职工作人员，未能正常开展工作，其部分主要工作由中华医学会深圳分会代理。1987 年，深圳市红十字会召开第一届会员代表大会，在完成会长换届的同时，选举了市卫生局、市财政局、市民政局等单位的领导担任副会长，并选出常务理事 21 名、理事 41 名，深圳市红十字会治理结构得到初步完善，同年着手开展各项人道工作。

1988 年 5 月，上步区（现福田区）在区政府的支持下，率先成立区级红十字会。深圳市红十字会在此后的 10 年间陆续成立南山、宝安、龙岗和罗湖区级红十字会，再加上 2003 年成立的盐田区红十字会，形成跨越深圳经济特区管理线（1980 年划定）的市区两级红十字组织网络，为后续的特色人道项目开展提供了支持。

1987 年 8 月，深圳市红十字会发展了深圳市人民医院等 20 家医疗卫生单位为第一批团体会员单位，并在同年 12 月，发展罗湖区的 7 所中学成立红十字青少年基层组织，初步建立起团体会员和基层组织体系。在来年的第一届世界红十字日纪念活动期间，深圳市红十字会动员市人民医院等 12 家医疗卫生单位的团体会员及罗湖区滨河中学等 6 所学校的红十字青少年走上街头，宣传红十字会的性质、任务、宗旨，为市民开展义诊、义演、便民服务等活动。

（二）发挥地缘优势，链接港澳台，开展民间交流

深圳市与香港地区隔河相望，并在 1980 年成立经济特区，从发展定位上就凸显了对外交流合作的功能，为完成一国两制、国家统一的夙愿发挥作用。深圳市红十字会在创始初期就肩负起了通过民间人道交流合作，承接港澳台同胞人道服务需求、服务国家大局的责任。1987 年，深圳市红十字会正式开始对台事务服务，受理台湾台胞、台属查人转信、涉台婚姻、产权证明、善后事宜等工作。

1988 年，深圳市红十字会参与发起并举办首届"深、港、澳、穗、珠"五地红十字青少年交流营，旨在强化大湾区青少年人道主义教育协同。此后，五地交流营活动每两年举行一次，由 5 座城市轮流主办，一直持续至今，为港澳粤青少年跨境交流提供了平台。1990 年，深圳市红十字会与市卫生局联合在罗湖口岸海关出入境处设立红十字急救站，为出入境的港澳台胞服务，并协助香港红十字会护送危重病患者出入境，帮助部分在深独居的香港老人解决生活上、就医上的困难，深化了对港澳台同胞的人道服务。

二、1993—2005 年：推动无偿献血和器官捐赠地方立法，拓展应急救护业务

在千禧年前后，深圳市经济进入高速发展时期，市民对于精神文明的追求也日益丰富。深圳市红十字会借助 1992 年深圳特区被授予地方立法权、1993 年人大通过《中华人民共和国红十字会法》的东风，开展志愿无偿献血和器官捐献宣传与教育工作，并分别于 1995 年和 2003 年推动《深圳无偿献血及血液管理条例》《深圳经济特区人体器官捐献条例》的颁布，带动了社会整体的志愿捐献氛围，成为深圳城市文明的重要组成部分。此外，深圳市红十字会与社区、商场、超市、银行网点开展合作，初步打造市区基层卫生救护站网络，启动卫生救护师资培训班，拓展应急救护相关业务。

（一）中国无偿献血第一城市，群众自发自觉推动立法

深圳市因其特殊的地理位置和历史定位，是中国对外开放的第一窗口。在 20 世纪 80 年代及 90 年代早期，受香港红十字会无偿献血氛围的影响，深圳广大市民敢于尝试人道服务创新，对在本市开展无偿献血有较高积极性。深圳市红十字会于 1993 年先行去香港红十字会考察，借鉴境外经验，并在同年 5 月世界红十字日期间，第一次开展无偿献血活动，拉开了深圳市乃至全国无偿献血的序幕。在此后的几年时间，市民无偿献血氛围愈发浓烈，到 1998 年 10 月便已实现了无偿献血 100% 供应临床需求，改变了深圳市血液供应依靠外省市调度和联系名单买血的历史。

深圳市无偿献血工作从伊始就秉持无偿、利他的工作理念，主要通过精神表彰的形式激励市民踊跃献血，真正做到了"无偿"献血，有力地营造了深圳乃至全国无偿献血的氛围。1995 年 9 月 15 日，在深圳市红十字会的协助下，市人大颁布了《深圳经济特区公民无偿献血及血液管理条例》，率先在全国开启了无偿献血法治化工作。1997 年 11 月，中央电视台在对深圳市红十字会和市血液中心开展了为期一周的无偿献血专题采访后，在全国播出了 45 分钟的《热血无价》专题电视片[①]，引起强烈反响。深圳的成功做法对 1998 年《中华人民共和国献血法》的正式颁布起到了促进作用，为全国人道主义工作树立了典范。

（二）拓展造血干细胞与器官捐献业务，"三献"业务格局逐渐形成

深圳市红十字会在无偿献血走上正轨、红十字会的品牌力得到市民认可后，在 2000 年左右逐步开拓造血干细胞与器官捐献业务。到 2009 年底，已初步完成造血干细胞资料库建设，开通网上献血、献器官及遗体预约登记服务，为市民的人道主义需求提供了更为丰富的服务。

深圳市红十字会早在 1999 年 6 月就以女教师向春梅身后无偿捐献眼角

[①] 中央电视台《新闻调查》栏目制作的《热血无价》专题电视片于 1997 年首播。

膜为契机，开始接受市民身后捐献器官的登记。2000年10月接收第一例遗体捐献，用于医学科研教学，并制作完成由遗体捐赠者生前填写歌词的纪念歌曲，引起社会强烈反响。在市民捐献氛围日益浓厚的背景下，2003年8月全国首部人体器官捐献移植地方法规在市人大表决通过，中央电视台一套对该条例审议和表决过程进行了现场直播，有力推动了全国人体器官捐献移植走向法治化。截至2008年末，深圳市红十字会已接受社会各界爱心人士6000多份器官及遗体捐献登记，帮助279人身后捐献眼角膜，500多名国内外角膜病患者受益。

深圳市红十字会在2000年正式启动深圳造血干细胞资料库建设，当年便实现424例造血干细胞资料入库，并在来年8月成功实施首例非血缘关系无偿捐献造血干细胞移植手术，是我国首次采用分子生物学基因配型方法进行造血干细胞移植手术。截至2008年末，深圳造血干细胞志愿捐献者入库人数突破2万人，位列全国同等城市前列，已有70人捐献了造血干细胞，占了全国捐献者总人数的10%。

（三）打造公共场所红十字急救站网络，启动卫生救护师资培训班

在2000年之前，深圳市红十字会便零星开展应急救护业务，如在公共场所设置红十字急救供氧箱，为香港、澳门回归培训酒店服务人员急救能力等，但系统性开展应急救护还是在2000年后，逐步在公共场所搭建救护站系统，开展进校园、进社区、进机关、进企业的"四进"急救培训工作，举办首届卫生救护师资培训班，应急救护业务已成为深圳市红十字会的优势品牌项目。

深圳市红十字会在20世纪90年代末就着手搭建基层卫生救护站网络，1995年在全市50多个公共场所设置红十字急救供氧箱，1997年在市莲花北、鹿丹村等6个安全文明小区建立小区红十字急救站，2002年正式启动"顾客紧急救护系统"，先后在天虹商场、岁宝百货、家乐福超市、农业银行深圳分行等人流密集的公共场所建立了20多个红十字急救站，基层卫生救护站形成初步网络。

此外，深圳市红十字会在 2000 年到 2008 年间着手开展进校园、进社区、进机关、进企业的急救培训工作，其间多次发动各级红十字会对海滨救护员、医院急诊科医生护士、社康中心医务人员等专业救护人员，校医、体育老师等特殊从业人员，及外企员工、社区居民等有需求的群众开展急救技能培训；并于 2007 年首次举办市红十字会卫生救护师资培训班，多次开办针对学校需求的学校红十字会师资培训班，逐步打造救护师资培训体系，形成品牌效应。

三、2006—2018 年：红十字会机关单独设置，特色人道服务得到拓展

随着我国国民经济在 21 世纪初腾飞起步，深圳市作为改革开放的先行者，到 2005 年末已初具国际大都市风貌，常住人口超 800 万[①]，国民生产总值超 0.5 万亿元[②]，人均可支配收入超 2 万元[③]，人民生活水平得到了极大提升，民众对于人道服务的需求也相应逐步增多。在这种背景下，深圳市红十字会机关于 2006 年 3 月由挂靠市卫生局改为单独设置，为后续独立自主开展各项工作创造了良好的条件。在 2006—2018 年间，深圳市红十字会着手发挥深圳市人道资源丰富、市民资源服务意识高涨的优势，利用志愿者及个人会员的资源，陆续拓展与完善地贫患儿关怀、心理救援、水上救生等领域，特色人道服务百花齐放，有力地拓展了红十字会的社会触及面，为深圳城市文明建设增光添彩。

（一）市红十字会机关单独设置，释放志愿者服务机制优势

早在 2004 年，深圳市委组织部、编委、卫生局、红十字会就举行联合会议，专题研究市红十字会机构问题，主要是关于市红十字会编制理顺问

---

① 深圳市 2005 年常住人口为 827.8 万人。
② 深圳市 2005 年国民生产总值为 0.5 万亿元。
③ 深圳市 2005 年人均可支配收入为 2.15 万元。

题；2006年1月，时任中国红十字会会长彭珮云专程来深听取深圳市红十字会的工作汇报，并与深圳市政府主要领导沟通，解释全国红十字会理顺管理体制情况。2006年3月31日，深圳市编制委员会正式下发文件，将市红十字会机关由挂靠市卫生局改为单独设置，深圳市红十字会由此走上独立自主开展各项工作的道路，为红十字事业的发展奠定了坚实的基础。为了解决人员编制短缺以及在基层缺少抓手的问题，深圳市红十字会在2006年12月成立红十字志愿工作者委员会，陆续成立了关怀地贫患儿、心理救援、水上救生等志愿者服务队，有力地拓展了红十字会的社会触及面。

在21世纪初，深圳市红十字会注意到一些家庭困难的地中海贫血症患者急需社会的介入和支持，并在2001年12月推动成立了深圳市红十字关怀地中海贫血患儿志愿服务队（简称地贫服务队），鼓励患者家属以志愿者的身份加入，在开展互救的同时，也向社会普及地贫这一罕见病的危害和防治知识。2003年，深圳市红十字会、深圳市关爱行动组委会办公室和深圳晚报共同发起关爱地中海贫血患儿公益行动——"燃料行动"，号召社会各界积极参与。该项目在2017—2018年连续两年作为全国社会组织示范项目获得中央财政资助，20年间累计筹集善款1000多万元，为深圳300多个地贫儿点燃了生命的希望。

深圳市红十字会较早意识到心理干预在救援、救助工作中的重要作用，在2008年汶川地震期间，就委派了2名具有心理咨询资质的专业志愿者前往灾区，深入灾民安置点开展心理疏导工作。在2011年，正式成立深圳市红十字心理救援志愿服务队，专注于心理知识在校园以及社区的普及工作，设立"向阳花计划——积极心理进校园，护航青春助成长"项目。截至2021年底，共开展75场线下"心理健康知识进校园"公益培训活动，为20449名青春期学生护航。

深圳市作为滨海城市，有着丰富的水上赛事活动。深圳市红十字会以2011年深圳世界大学生夏季运动会为契机，组织拥有水上救生资质的志愿者参与水上赛事保障，并于2012年正式成立深圳市红十字水上安全救生志愿者服务队，队员由具有水上救援专业技能的志愿者组成，开展水上安全救生师资培训与管理、灾害应急救援、大型赛事水上活动安全保障、进行专业性与群众性水上安全救生知识普及等工作。截至 2022 年底，参加各类赛事保障活动 380 场，受益人数达 60 万人次。

（二）从救灾款物募集到灾区紧急救援，抗震救灾彰显人道文化

2008 年 5 月 12 日，四川汶川发生 8.0 级特大地震，给当地民众的生产生活带来了极大破坏。深圳市红十字会充分发挥其市人道服务领军者的担当，一方面完成救灾款物募集转运工作，另一方面充分发挥应急救护和心理救助领域优势，第一时间派出医疗救援队及心理关爱援助队，奔赴灾区前线。

深圳市红十字会在 5 月 12 日当天成立抗震救灾领导小组，统一明确职责分工，第一时间向四川灾区捐赠了价值 200 万元的救灾款物；在 6 月正式始接受社会认捐，广邀市民、企业参与募捐计划，实现一对一或一对多的多元化援助方式，截至同年 11 月底，市红十字会接收社会捐赠救灾款物共计 2.65 亿元。[①] 所有救灾款物全部及时送往灾区，为地震灾区紧急救援和灾民安置做出了积极贡献。

深圳市红十字会在 5 月 16 日选派骨科、外科、麻醉科等科室的精干医护人员，组成深圳市红十字医疗救援队奔赴灾区一线，开展灾区医疗救援工作；并于一周后选派由 26 名心理咨询师和 5 名记者组成的深圳市红十字心理关爱援助队，发挥深圳人道特色服务，通过心理干预，消除灾民灾后的恐惧感。

四、2019 年至今：加强基层组织阵地建设，重构红十字会公信力

2019 年，在完成理事会换届工作之后，深圳市红十字会加快基层红十字组织建设工作，一方面借助志愿者的力量，开展养老护理、社区健康服

---

① 数据来源：深圳市红十字会汇总提供。

务，另一方面与社区卫生健康服务相结合，将红十字工作站深入社区，聚焦基层红十字组织建设。2021年，市红十字会成立第一届监事会，响应探索建立红十字监事会的倡议，并在疫情防控期间接受、转运抗疫捐款捐物工作，受到市民与市委、市政府领导的好评，有力提升了红十字会系统的公信力。

（一）着力加强基层组织阵地建设，广泛动员组织人道力量

对比我国同级城市的主要红十字组织，深圳市红十字会面临着编制人员、下属机构、区级组织数量都偏少的情况。截至2022年10月，深圳市10个行政区，只有南山、宝安、龙岗、盐田4个区设有区级红十字会，且是挂靠在区卫健局旗下，专属办公人员普遍只有1—2人，深入基层的触及面有限。[①] 在此情况下，深圳市红十字会在2019年后，借助社康中心的资源，构建社康红十字工作站；并依靠志愿者的力量，成立养老护理、社区健康志愿者服务队。

2019年11月，深圳市首家红十字工作站——龙岗区龙西社康红十字工作站挂牌成立，并在此后的2年间借力社康服务中心、社区工作站、党群服务中心等成立多个红十字工作站，在2023年继续增加14个社康工作站，进一步探索红十字精神与社区卫生健康服务相结合，开展多种形式的红十字人道传播与"三救""三献"工作，构建基层社区治理体系。

2020年，深圳市红十字会新组建养老护理、社区健康、赛场救护等多支红十字志愿者服务队，并借助社康中心、社区工作站、党群服务中心等基层组织，拓展红十字志愿服务覆盖面，顺势成立基层红十字工作站，提升了社区群众的获得感和幸福感。

（二）开发网络信息平台，成立第一届监事会，重构红十字会公信力

近年来，中国红十字会各级组织普遍受到了公信力不足的制约，导致业

---

① 数据来源：深圳市红十字会汇总提供。

务拓展、品牌开发方面未能凸显红十字组织的潜力。如何有效提升公众对市红十字会的信任，是深圳市红十字会下一步发展的关键。深圳市红十字会自2017年后加快公信力建设进展，通过开发信息化管理平台，摸索建设监事会机制，重新树立公众对于红十字会的信任，并在疫情防控期间圆满完成了支援香港抗疫物资转运工作，公信力建设初见成效。

为解决会员与志愿者的信息化管理，深圳市红十字会近年来与平台数据开发商合作，打造"深红有你"信息化管理平台，以微信小程序的形式将会员的注册与缴费、志愿者的服务时长、活动信息发布、无偿献血及器官捐献登记等常规服务内容整合至一个平台统一管理。这样一方面提升了红十字会的工作效率，节省了宝贵的人力资源；另一方面提供了一个集中展示深圳市红十字会工作的窗口，有助于提升民众的信任度。

深圳市红十字会于2021年成立第一届监事会，确定了监事会规则与年度工作计划，响应将监事会纳入全国红十字系统监管制度里、进一步提升公信力的号召。截至2022年5月，监事会已召开2次工作会议，对于监事会的功能作用做了初步的定义，在全国市级红十字会监事会成立率不到40%的情况下[①]，对于监督的内容、频次与行动进行试点，将律师、报社记者和其他社会贤达人士纳入红十字会监督机制内。

（三）助力抗击新冠疫情

在2020年春节前，深圳市面临新冠疫情的重大考验。市红十字会在工作机制上加强春节应急值守、开通24小时咨询热线并建立每日防控工作汇报机制，同时第一时间通过深圳各大媒体、官网及公众号上发布募集有关医疗防护物资的号召，及时拨付支援防疫一线。自2020年疫情发生以来至2022年5月31日，深圳市红十字会共接收新冠疫情防控捐赠款物8866.84

---

① 数据来源：深圳市红十字会汇总提供。

万元。其中，捐赠资金 2760.39 万元，捐赠物资价值 6106.45 万元。[①]

2022 年初，市红十字会圆满完成了深圳市政府、中国红十字会总会交办的支援香港疫情防控工作，配合办理援港物资接收、调度、出境清关及发送运输等事务。在人手有限的情况下，通过成立工作专班的形式，完成了与红总会省红十字会、市港澳办、香港中联办、海关等机构部门的沟通工作，打通了援港物资捐赠渠道。2022 年 1—4 月，共接收援港抗疫的口罩、防护服、药品、消毒机等捐赠物资 30 批次 1026.34 万件，折合人民币 3230.0 万元，已全部转运至香港并派发社区市民。[②]

---

① 数据来源:《深圳市红十字会新型冠状病毒肺炎疫情防控社会捐赠款物收支情况审计报告（2020 年）》，深圳市红十字会网站，https://www.szredcross.org.cn/cms/DonateTrends/5442.html，最后访问时间：2022 年 10 月 26 日。
② 数据来源：深圳市红十字会。

分报告二
深圳红十字事业特色

应急救援、应急救护、人道救助（以下简称"三救"）和无偿献血、造血干细胞捐献、人体器官捐献（以下简称"三献"）是《中华人民共和国红十字会法》赋予红十字会的法定职责。深圳市红十字会自1983年成立，便主要围绕"三救""三献"等业务开展工作。40年来，深圳市红十字会在各级党委和政府的领导、支持下，发扬"人道、博爱、奉献"的红十字精神，探索出深圳市红十字会独特的"三救""三献"业务特色（见表2-2-1）。

一、应急救援：融入政府应急响应体系，活跃在救灾第一线

开展救援救灾工作，建立红十字应急救援体系，是红十字会法赋予红十字会的一项重要职责。经过多年的发展，深圳市红十字会的应急救援工作已经成为政府应急救援体系的有益补充。

在应急救援制度规范方面，深圳红十字会制定了《深圳市红十字会自然灾害应急预案》和《深圳市红十字会新冠肺炎聚集性疫情应急处置预案》。

深圳市红十字会的应急救援工作，主要有以下几类：

募集款物，支援灾区。自成立以来，深圳市红十字会便积极应对国内外大小灾害，1998年洪水、张北地震、梅州台风、印度洋海啸、九江地震、汶川地震、玉树地震、新冠疫情、英德洪水等灾区都能看到深圳市红十字会

的身影。深圳市红十字会严格遵守相关制度，一方面组织义演、义卖、赈灾晚会、设置募捐箱等活动，接受社会各界的款物捐赠，另一方面及时将款物运往灾区，严格遵照捐赠人的意愿分发、使用和管理捐赠款物。截至2020年底，深圳市红十字会共募集救灾款物6亿元，为28个受灾省（自治区、直辖市）援建50个灾后重建项目，为印度尼西亚、海地、日本、斯里兰卡等国家提供援助。①

依靠专业队伍，开展现场救援。在灾害救援方面，深圳市公益救援志愿者联合会（以下简称联合会）承担了深圳市红十字会的部分灾害救援工作，其前身为深圳山地救援队，由深圳市登山户外运动协会于2008年5月汶川大地震中发起，成员全部为志愿者。2013年，深圳山地救援队正式独立登记为联合会。2022年，深圳市红十字会为联合会颁发团体会员单位牌匾，并为深圳市红十字会应急救援队授旗。

联合会设置了山地救援队、高空救援队、医疗辅助队、城市搜救队、水上救援队、应急通信救援队6支专业队伍。目前，联合会共有志愿者2000多人，其中正式入队的队员600多人。深圳市红十字会应急救援队自成立以来，多次对深圳市、广东省乃至外省市发生的各类户外事故实施救援行动。共参与山野环境的救援行动和大型自然灾害救灾行动48次，帮助和营救身处困境的市民近百人。同时响应了2013年雅安地震、2013年汕尾潮南与英德水灾、2014年粤北水灾、海南风灾、云南地震等各种大型自然灾害的救援、救助工作。在国际救援方面，联合会响应了2015年尼泊尔8.1级地震、2017年的伊朗7.3级地震、2018年老挝溃坝、苏拉维西7.7级地震和2023年的土耳其地震，初步具备了一定的国际灾害响应能力。

另外，深圳市红十字会一直致力于普及卫生救护与水上安全救生工作。2012年，深圳市红十字成立水上安全救生志愿者服务队，隶属于广东省红十字水上应急救援服务队。2013年，广东省红十字会派水上应急救援队赶赴汕头潮南水灾现场，积极参与救援。

---

① 《深圳市红十字会基本概况》，2021年11月更新。

配合政府，积极抗疫。在抗击新冠疫情的工作中，深圳市红十字会作为深圳市疫情防控指挥部成员单位之一，积极参与到外事港澳组、宣传信息组和物资储备组3个工作组的工作中。在疫情发展初期，面临防控期国内、国际航班减少的情况，深圳市红十字会通过香港—前海之间的航空联运跨境运输，不断优化提升境外捐赠防护物资通关服务效率，保障境外防护物资及时入境。同时，及时了解防疫一线物资需求，在捐赠物资接收阶段就做好物资分配工作，优化物资存储和转运环节，大幅度提高物资分配工作效率。在香港抗击奥密克戎变异株过程中，深圳市红十字会成立支援香港疫情防控工作专班，与香港中联办、深圳海关迅速建立协调机制，在红十字系统内部开展援港物资转运工作。在深圳抗疫工作中，深圳市红十字会为防疫一线及时拨付捐赠款物，在社区招募志愿者开展服务，针对特殊敏感人群开展心理疏导服务等。

二、应急救护：根据城市发展需要，开展身边的救护模式

开展应急救护培训，普及应急救护和卫生健康知识，组织志愿者参与现场救护是《中华人民共和国红十字会法》赋予各级红十字组织的重要职责。深圳市红十字会根据城市自身发展需要，着力编织一张覆盖全市街道、社区、学校、各行各业的应急救护安全网络，在应急救护领域探索出了深圳特色模式。

（一）融入政府应急响应体系完善相关制度

深圳市红十字会积极回应城市发展需要，努力融入政府应急响应体系，立足自身业务，于2020年密集出台了一系列应急救护制度，如《深圳市红十字会应急救护物品管制规定》《深圳市红十字会应急救护师资管理办法》《深圳市红十字会应急救护师资培训班工作流程》《深圳市红十字会应急救护培训证书管理办法》《深圳市红十字会应急救护培训基地管理办法》《深圳

市红十字会红十字应急救护培训示范基地自评表》《深圳市红十字会红十字救护员培训教学检查和教学反馈制度》。上述制度的制定，是在深圳市红十字会多年应急救护实践经验的基础上总结凝练而成的，涵盖了红十字会应急救护工作的各个方面。

（二）根据水情需要，开发水上应急救护业务

深圳市红十字会根据深圳水情的需要，积极开发水上应急救护业务。深圳市的台风暴雨频繁，年均受台风影响 3.5 次。由于城市化进程在一定程度上破坏了自然水系，加上现有防洪排涝基础设施建设标准不高，局部区域排涝设施不够完善，受洪涝灾害的威胁较大。[①]针对这一现实情况，深圳市红十字会于 2012 年成立水上安全救生志愿者服务队，并制定了《深圳市红十字水上安全救生志愿者服务队管理办法》，确立了"因地制宜、规模适度；志愿服务、一专多能；统筹规划，分步实施"的管理原则和"传播红十字运动精神、涉水自然灾害救援、推广普及水上安全救生知识、溺水高危地区志愿服务、水上安全救生师资培训与管理、培训水上安全救生员、大型水上活动安全保障"等职责范围。

多年来，深圳市水救队走进校园、企业、社区等场所进行水上救生安全宣讲培训。如"红海豚"在行动——水上安全救生知识进校园项目，就是由水救队在学校开展的水上安全救生系列活动，并开展了技能实操演习等，以实现"传播安全救生理念，保护生命健康安全"的项目愿景。截至 2021 年底，累积已进学校 460 多所，普及学生 39 万人次。

针对水上高危行业人群，如海事、航道、特警、消防、救援队伍，水救队开展了"牢固生命安全防线"——水上安全救生技能培训项目，提高他们的自救互救能力。目前，水救队已经提供 27 期专业水上技能培训，培训人数达 1500 人。

水救队还开展了"保驾护航"——水上安全救生保障服务，为深圳市的

---

① 《深圳基本水情》，深圳市水务局官方网站：http://swj.sz.gov.cn/xxgk/zfxxgkml/szswgk/szjbsq/index.html，最后访问时间：2023 年 7 月 27 日。

所有大型水上赛事提供水上安全保障。截至 2021 年 8 月，深圳市红十字水上安全救生志愿者服务队共为各类大型水上赛事保障 195 场次，服务人群达 35 万多人次。水救队也派出队员参与广州、北京等地的赛事安全保障服务。另外，水救队还多次派出队员参加水域救援演练。

（三）在城市公共场所铺设 AED 救援网

公众急救知识和技能的普及率是现代社会文明的重要标志，AED 的普及水平不仅反映一个城市、地区及国家对心脏急救的重视程度，也反映该城市、地区及国家的文明发展水平。

深圳市自 2017 年开始启动"公众场所配置 AED 项目"，在全市公共场所配置 AED，并于 2019 年将该项目纳入政府民生重点工程，从立法和政策等层面给予全方位保障。为了方便市民找到 AED，深圳市急救中心还联合腾讯发布了覆盖全城、一键可查的深圳市"AED 地图"。截至 2022 年 7 月底，已有 1 万多台 AED 成功安装在公共场所，成功救治 54 人。[1] 目前，深圳市以平均每 10 万人 80 台成为中国内地 AED 普及率最高的城市。

深圳的 AED 模式得到了全国的认可。近年来，全国各地医疗卫生与急救系统纷纷组织人员到深圳市急救中心参观交流，学习深圳市的成功做法。据不完全统计，2021 年深圳市急救中心接待全国考察团达 20 余批次。如今，黑龙江、海南、安徽、北京、上海等地都在加大 AED 的配置力度，"深圳模式"正在走向全国。

（四）以社区为单位，建构"5 分钟社会救援圈"

在社区开展应急救援工作方面，深圳市红十字会支持和指导宝安区红十字会探索建立了"5 分钟社会救援圈"模式。2017 年，深圳市红十字应急救护培训宝安基地成立，并建立了"政府主导、部门协同、专家指引、科技支撑、社会参与"的全覆盖社会急救培训体系。培训工作由红十字会、卫健

---

[1]《急救设备 AED 普及加速，"深圳模式"走向全国》，新浪新闻官方网站，https://news.sina.com.cn/sx/2022-08-31/detail-imizitaw0505937.shtml，最后访问时间：2023 年 7 月 28 日。

委、应急办协调政法委、组织部、人力资源局、党校、公安、消防、交警、教育、团委、文体旅游、义工联、网格办及各街道办等部门，以全社会动员的方式进行。为了保障培训工作的可持续，遴选、培训了具有良好医学教育背景的急救培训导师队伍。在学员端，学员可充分享受互联网科技带来的便利，在微信公众号、小程序就可实现报名、考核、领取证书、复训等。宝安区红十字会还在社区试点"5分钟社会救援圈"，构建"一键呼救"应急响应系统，以小区为单位，构建最小应急单元，激活物业及急救志愿者参与每次救援，填补120专业医护人员到达前的10分钟空窗期。这样一方面解决了救护员和突发情况求救者信息断链的问题，变"偶遇式"急救为"精准式"急救；另一方面解决了急救志愿者需要快速响应的需求，同时采用数据自动同步的方式保障了志愿活动的数据库的统一性。

截至2022年底，宝安基地共开展培训3663期，受益人数28万人次，急救学员覆盖宝安区97.5%的区域。

宝安区应急救护培训把第一目击者变成第一响应人，逐步降低了宝安区突发事件的死亡率和致残率。据不完全统计，有52名学员在不同场合利用所学的急救技能成功救人。根据宝安区院外心搏骤停登记数据库数据显示：宝安区旁观者心肺复苏实施率由2017年的5%提升至目前的17.87%（一线城市平均水平约5%，深圳为6.7%），院外心搏骤停患者出院存活率达到4.65%（国内平均水平约1.39%，深圳市为2.47%），在国内领先。

（五）下沉到社区开设红十字工作站

2021年，《深圳市红十字工作站管理办法》出台。红十字工作站作为服务社区群众的前沿阵地和抓手，是提供红十字人道救助、普及应急救护及健康防病知识、关爱服务进社区的阵地。

近年来，为进一步加强红十字基层组织阵地建设，探索红十字人道服务与社区服务共建共享，深圳市红十字会在全市范围内先后成立了56个社区工作站，其中南山区36个、宝安区14个、龙岗区5个、盐田区1个。

下沉到社区建立红十字工作站，将应急救护知识普及工作深入基层，提高社区居民急救能力，是红十字精神与社区卫生健康服务的完美融合。而依托各级党群服务中心阵地，辖区内的物业、企业可深入工作站开展活动，打造"区、街、社区"三级安心驿站网络，为居民群众提供心理健康等各种便民服务。

据不完全统计，2020—2022 年，仅南山区红十字会就开展应急救护普及活动共 448 场，普及总人数 24931 人。

（六）技能"四进"：最大程度普及应急救护知识

为了最大程度普及应急救护知识，深圳市红十字会广泛开展红十字应急救护知识与技能进校园、进社区、进机关、进企业（简称"四进"）普及活动。

在"进校园"方面，深圳市红十字会联合晶报开展了系列红十字安全第一课，其中包括"暑假安全第一课""寒假安全第一课"和"放学安全第一课"，将自救互救知识覆盖到学生生活的每一处细节。

在"进机关"方面，深圳市红十字会"红鹰行动——红十字应急救护知识与技能进机关"项目，助力党员干部队伍建设，提高公职人员应对突发公共事件的处置能力，从而最大限度地保障市民与公众安全。

深圳市红十字会积极推广"人人学急救、急救为人人"公益理念，开展各类应急救护宣传、普及活动 3000 多场，受益市民群众、在校学生等达 300 多万人次，培训合格红十字救护员 13 万多名，开展应急救护师资培训班 12 期，516 人取得应急救护师资证书。

三、人道救助：回应现实关切，为贫困家庭提供人道救助

红十字会是从事人道主义工作的社会救助团体，切实关注与改善最易受损害人群的境况。

（一）发挥人道主义精神，为困难人群设置"救命钱"

2004 年，在深圳市红十字会的建议下，市政府设立"深圳市红十字医疗救助专项资金"。专项资金得到了市、区财政与彩票公益金的支持，并从企业、个人处募集善款。为了保证被誉为"救命钱"的专项资金的正确使用，深圳市红十字会制定了《深圳市红十字医疗救助资金管理办法》，对救助对象、资金使用、申请流程、拨付方式、救助金额等方面做出了详细的规定。

（二）"燃料行动"12 年来持续帮助地中海贫血患儿

针对南方各省最常见、危害最大的遗传病地中海贫血患者，深圳市红十字会也做出了人道主义回应。2003 年起，深圳市红十字会联合多家单位向社会发起为地贫儿募捐的"燃料行动"，每年为地贫患儿提供可免费输血 12 次的"燃料卡"，挽救了身处贫困家庭的地贫患儿，也挽救了一个个陷入困窘的家庭。受助的患儿多数来自外来务工家庭，在深圳没有医疗保险，是抵御风险能力最差的人群，"燃料行动"为患儿生命的延续、家庭的存续兜底。2019 年，深圳市红十字会又将"燃料行动"延伸至深圳市对口帮扶的广西百色、广东河源等地，使更多的患儿、家庭受益。

"燃料行动"于 2016 年 8 月 19 日在腾讯公益平台上线，截至 2023 年 7 月 25 日，已经在该平台募集善款 4473774.95 元。[1] 截至 2023 年 2 月，"燃料行动"累计筹集善款超千万元，为 600 余名孩子获医疗帮助。[2]

"微笑工程"让唇腭裂患者再展笑颜。自 2003 年起，深圳市红十字会与富士康集团联手启动了"微笑工程"，免费为贫困唇腭裂患者进行手术，换他们正常的容颜和灿烂的笑容。截至 2021 年 11 月，已为来自全国 20 个

---

[1] 数据来源：深圳市关爱行动基金会募捐页面，http://m.igongyi.org.cn/Project/Detail/Index/52，最后访问时间：2023 年 7 月 25 日。

[2]《深圳市关爱办引领，深圳晚报倡议发起的关爱地贫儿公益行动爱心接力 20 年 筹款超千万元助 600 多患儿点燃希望》，新浪网站，http://k.sina.com.cn/article_1895096900_70f4e24402001jbtj.html，最后访问时间：2023 年 7 月 25 日。

省市的 3000 多名的唇腭裂特困患儿实施了手术。

（三）开展医疗救助关爱，参与贫困地区脱贫攻坚

此外，深圳市红十字会自 2015 年对深圳市龙岗区智康特殊儿童康复中心进行帮扶。在第十三届深圳关爱行动公益项目评选中，深圳市红十字会的"智爱行动——脑瘫重症患儿康复训练"项目荣获百佳市民满意项目，为地贫患儿、癌症患者、麻风病人、艾滋病患者等送去了社会的温暖和关爱。同时，深圳市红十字会为广东河源、贵州、四川、云南、广西等贫困地区开展脱贫攻坚帮扶。

四、无偿献血：发挥年轻城市优势，献血工作成为全国窗口示范

深圳是全国"最年轻的城市"。深圳市第七次全国人口普查主要数据显示，其常住人口 1756.01 万人，其中 15—59 岁人口为 1396.60 万人，占 79.53%，表明深圳人口比较"年轻"，处于旺盛的"人口红利"期。[①]

（一）人口构成对献血工作的挑战与机遇

对于献血工作来说，深圳市的人口构成既是挑战也是机遇。随着城市高速建设，意外伤害发生率高等综合因素使深圳成为医疗用血大户。1995 年之前，深圳市的临床用血几乎靠外地买血，一旦发生意外事故，深圳的医疗用血便告急。深圳市红十字会及时化危机为机遇，系统规划了无偿献血工作，在制度的引导下，不断加强宣传，与多部门共同合作，建立了稳定庞大的无偿献血志愿工作者服务队，争取到了深圳年轻人的支持，最终将其转变为优势，不仅在 1998 年就以"深圳速度"完成了无偿捐献血液 100% 满足临床医疗，还进步一步实现了无偿献血工作的"四个转移"，即一次献血

[①]《深圳市第七次全国人口普查主要数据解读》，深圳市统计局官方网站，http://tjj.sz.gov.cn/ztzl/zt/szsdqcqgrkpc/szrp/content/post_9138049.html，最后访问时间：2022 年 11 月 17 日。

200毫升向400毫升转移、献全血向献成分血转移、一次献血向定期献血转移、献血向献骨髓转移。

（二）无偿献血工作模式的全方位影响

深圳市无偿献血工作模式的影响是深远和全方位的。

在政策方面，《深圳经济特区公民无偿献血及血液管理条例》是我国第一部无偿献血的地方性法规。它的颁布充分引起了原卫生部、国务院、全国人大常委会的关注。由全国人大组成的献血法调研组到深圳市开展无偿献血的调研和取证工作，并直接促进了《中华人民共和国献血法》在1998年的颁布和实施。

在事业交流方面，深圳市红十字会探索了"无偿献血志愿工作者服务队"模式，由服务队代表社会、协助政府、配合血液中心参与献血献髓宣传、招募和服务，充分发挥了志愿精神，并以志愿服务的优势大力推动了无偿献血工作。深圳市红十字会先后接待了400多个城市前来考察，学习开展无偿献血工作的经验，使无偿献血的"深圳模式"真正在各城市红十字事业发展中起到了窗口、示范和辐射作用。

（三）无偿献血精神塑造新的城市文化

如今，无偿献血已成为深圳市的一项"讲文明、树新风"的群众性创建活动，成为深圳市精神文明建设的一个亮点，在特区建设20周年之际，被深圳市政府列为1998—1999年精神文明建设10件大事之一。①

深圳市红十字会更是抓住机会，加强对无偿献血者、造血干细胞捐献者、志愿者的表彰和激励，创新宣传模式，提高市民参与度，创建了系列"热血"品牌活动，顺利地将无偿献血理念塑造为深圳城市文化的重要组成部分。"热血"既是无偿献血的概念，也有热心、热爱的含义。目前，"热血"系列项目由"热血英雄""热血跑·沸全城""热血军魂""热血公益广

---

① 《深圳市文明委公布1998—1999年精神文明建设10件大事》，广东数据库官方网站，https://gdxk.southcn.com/sz/dsj/content/post_763738.html，最后访问时间：2022年11月17日。

告""热血主题曲""热血蓝朋友""热血青春"等系列特色活动组成。其中，于 2015 年启动的"热血跑·沸全程"活动将"献血 + 运动"相结合，将马拉松运动与无偿献血公益理念的宣传融为一体，目前已从深圳辐射到全国 20 余个省（自治区、直辖市），150 余个城市，活动总参与人数达 30 多万人次。

五、造血干细胞捐献，创造多个"第一"

造血干细胞是所有造血细胞和免疫细胞的起源细胞，具有自我更新、多向分化和归巢（即定向迁移至造血组织器官）功能。它不仅可以分化为红细胞、白细胞和血小板，造血干细胞还可跨系统分化为多种组织器官的细胞，是多功能干细胞。在医学领域，目前造血干细胞移植是一项重要的治疗手段，应用于治疗多种严重疾病，如恶性血液病、骨髓功能衰竭、部分非血液系统恶性肿瘤、部分遗传性疾病等。目前，我国等待造血干细胞移植的患者有数百万，仅白血病患者每年就新增 4 万以上。要成功地进行造血干细胞移植治疗，捐献者与患者之间的 HLA（人类白细胞抗原）型别要相合。所以，必须建立中国人的造血干细胞捐献者资料库，并且是参加的志愿者越多，库容量越大，患者找到相合捐献者的机会就越多，"生机"就越多。[1]

（一）以"深圳速度"创造出多项纪录

为了提高捐赠意愿，深圳市红十字会将无偿献血和造血干细胞捐献工作结合在一起开展，取得了良好的效果，创造了多项全国"第一"。全国首个造血干细胞库，即深圳造血干细胞资料库于 2000 年正式启动，当年就有 424 例造血干细胞资料入库。2001 年，深圳市成功实施首例非血缘关系无偿捐献造血干细胞移植手术，其干细胞捐赠者成为中国造血干细胞管理中心的第一位捐献者。2006 年，中国造血干细胞捐献者资料库广东省管理中心在

---

[1]《血液里的秘密——造血干细胞》，搜狐网站，https://www.sohu.com/a/364512092_120406390，最后访问时间：2023 年 8 月 22 日。

深圳正式设立工作站,这也是我国第一个造血干细胞资料库。2018年,深圳志愿者将造血干细胞捐献给法国友人,成为广东首例与法国配型成功并捐献的志愿者。2020年,深圳志愿者成功捐献,实现了广东非血缘关系造血干细胞捐献总数在全国率先突破1000例。2021年,深圳志愿者创下了骨髓捐献的最快纪录,这是自中华骨髓库成立以来,从配型成功到捐献时间最短的捐献案例。2022年,深圳再次创下纪录,仅用10个月时间就成为全国首个年度捐献造血干细胞达到100例的城市。

2023年4月3日,深圳市非亲缘造血干细胞已成功完成了第600例捐献。[①]据统计,深圳造血干细胞志愿捐献者已达6万人。随着造血干细胞捐献工作的完善,深圳市红十字会在该领域也展现出了"深圳速度"。从第1例到第100例捐献用了近10年时间,从第101例到第200例用了5.5年时间,从第201例到第300例用了3年时间,从第301例到第400例用了1.5年时间,从401例到第500例用了1年时间,从500例到600例仅用了11个月。

(二)深圳首例造血干细胞捐赠者的红十字会情缘

2001年8月27日,深圳市民潘庆伟捐献了造血干细胞,成为我国首位"非亲缘采集外周血造血干细胞"捐献者。

1995年,在一次无偿献血过程中,潘庆伟偶然了解到造血干细胞捐献可以挽救白血病患者的生命。抱着单纯想帮助别人的想法,潘庆伟报名加入了中华骨髓库,成为一名造血干细胞志愿捐献者。[②]2001年,患白血病的湖南籍打工青年毛某急需移植骨髓,与其骨髓基因配型成功的是潘庆伟。经过两次采集,110多毫升外周血干细胞混血液被成功移植,潘庆伟成功地挽救了患者的生命。潘庆伟不仅分文未取,还将营养补助费、奖金等共4万余元

---

① 《以大爱诠释文明典范之城 深圳非亲缘造血干细胞捐献突破600例》,深圳市血液中心官方网站,http://wjw.sz.gov.cn/szsxyzx/xxgk/xwdt/content/post_10525124.html,最后访问时间:2023年8月22日。

② 《广东首位造血干细胞捐献者潘庆伟:帮助别人让生命有了特殊的精彩》,南方网,https://news.southcn.com/node_54a44f01a2/08def6c1dd.shtml,最后访问时间:2023年8月23日。

全部捐赠给了受捐患者。潘庆伟并没有止步于此，而是将这次捐献作为起点，呼吁更多人加入捐献骨髓的志愿者的行列中。2007年，中华骨髓库在西藏筹建分库，他奔赴西藏，克服了高海拔带来的自然压力，深入机关高校医院宣传，在捐血车上为无偿献血者服务，用真心去感动和引导适龄者加入中华骨髓库西藏分库。他离开拉萨前，西藏分库已经开始正常运作，并向总库邮寄两批次血样，经北京实验室确认合格。

1998—2006年的8年中，潘庆伟共献血28次，并于2004年和2006年两次获国家"无偿献血奉献奖"金奖，还于2007年获得国家"无偿献血促进奖"。除了无偿献血、造血干细胞捐献以外，潘庆伟还投入红十字应急救护事业中来。2012年，他出任深圳市红十字水上安全救生志愿者服务队队长，此后多次参与水上救援、保障志愿服务。[①]

十几年来，从简单的无偿献血到加入志愿者队伍，从单纯的捐献造血干细胞到为中华骨髓库做宣传工作，潘庆伟的志愿精神、奉献精神得到了充分的发扬。"非亲缘成功捐献造血干细胞第一人"这一特殊的身份，激励着潘庆伟不断号召更多的志愿者加入捐献造血干细胞的队伍中。

六、人体器官捐献：规范与关怀，深圳模式向全国推广

捐献人体器官，被誉为"献上生命的礼物"。器官移植技术为许多终末期疾病患者带来了生命的福音，其所追求的生命价值观是用一个逝去的生命来挽救另一个生命，是一种生命的延续。因为受到中国传统伦理观念的影响，长时间以来，中国民众的捐献意愿不高，导致我国器官移植供体来源不足，大量患者在苦苦等待中离世。目前，人体器官捐献大致需经历8个步骤：报名登记、捐献评估、捐献确认、器官获取、人道救助、缅怀纪念、遗体处理及器官分配。其中，器官获取、遗体处理和器官分配这3个环节深受文化、宗教、习俗、观念的影响。

---

① 中国造血干细胞捐献者资料库管理中心编：《造血干细胞捐献者，你还好吗？》，商务印书馆2019年4月版，第124-129页。

面对器官捐献工作的重重困难，深圳市红十字会积极探索工作模式，在人体器官捐献的各个步骤都做出了卓绝的努力，在中国人体器官捐赠的历史上写下浓墨重彩的一笔。

（一）以真实故事推动人体器官捐献宣传工作

深圳市红十字会抓住各种时机，开展宣传工作。早在1999年，深圳出现第一位眼角膜捐赠志愿者时，深圳市红十字会便抓住宝贵时机，连同市原卫生局发出《留下光明在人间——关于捐献角膜的倡议》，短短半个月便吸引1000余名市民前往红十字会填写志愿表。在每年的世界红十字日、世界献血者日、《献血法》纪念日、国际盲人节等各种纪念日，深圳市红十字会都会展开系列宣传活动，传播器官捐赠知识。另外，红十字会还在深圳各家医院门诊大厅和车管所驾驶员服务大厅摆放器官捐赠资料台，为市民提供了解器官捐献、参与器官捐献的渠道。

除了向普通公众普及器官捐献知识，深圳市红十字会还抓住关键人群，与市卫生部门紧密合作，针对全市各医疗机构ICU科室主任等医务人员举办器官捐献培训班，普及器官捐献理念，收到了明显的效果。

（二）制度规范与人文关怀共同推进器官捐献工作

深圳市红十字会推动相关地方法规出台。在深圳市红十字会的推动下，《深圳经济特区人体器官捐献移植条例》于2003年经深圳市第三届人民代表大会常务委员会第二十六次会议通过。红十字会还邀请律师事务所对《深圳经济特区人体器官捐献移植条例》进行细化，起草了《深圳经济特区器官捐献移植保密规定》《深圳市红十字会角膜捐献分配细则》《深圳市红十字会器官捐献公益岗位职责》《深圳市红十字会人体器官捐献协调员管理规定（试行）》等，进一步规范了深圳市人体器官捐献和移植工作的开展，令深圳市的人体器官捐献、移植工作日趋规范。

在机构设置方面，2008年，广东省红十字会授权深圳市红十字会成立专业化器官捐献办公室试点，这是全国首个器官捐献办公室，负责宣传、协调、管理等工作。2010年，深圳市红十字会成立了全国首支器官捐献志愿服务队。目前注册志愿者200余人，开展宣传活动300场。2022年，深圳市红十字会在深圳市眼库、深圳大学医学部、香港中文大学（深圳）医学院建立了"志愿捐献角膜遗体登记接受站"，负责全市的角膜遗体捐献的宣传、报名登记、协调见证、事后处理、缅怀纪念、关爱慰问等工作。

在人员配置方面，深圳市红十字会设置了人体器官捐献协调员的专职岗位，为捐献者家属提供全过程全链条的陪伴和服务。协调员有规范、完整的工作流程，同时又需要在工作期间充分调动共情能力，被誉为"生命的摆渡人"。

在缅怀纪念方面，深圳市红十字会面向公众举行缅怀纪念活动，为器官捐赠者建立了"云思苑"网上墓园（www.yssn.cn），还同民政局一道，为器官、角膜、遗体捐献者举行海葬仪式，以纪念捐赠者的奉献精神。另外，深圳市器官捐献纪念园已经纳入深圳生命文化园，在统一规划建设中。

在人文关怀方面，深圳市红十字会为器官、遗体捐献者家属专门设计了关怀项目。其中，"天使爱妈妈"器官捐献者家属关爱行动还特别关注到捐献者母亲的心理状态，为其提供哀伤辅导、情绪疏导、心理支持、户外交流、搭建互助平台等服务。

截至2022年底，深圳市红十字会已帮助1368人身后捐献眼角膜，675人捐献遗体，674人捐献了多个器官。[1]

七、红十字青少年工作：多部门多地区合作，播种红十字种子

红十字青少年工作是红十字事业的重要组成部分。开展红十字青少年工作是切实推进青少年德育的有效途径。2020年，中国红十字会总会、教育

---

[1] 数据来源：深圳市红十字会。

部发布《关于进一步加强和改进新时代学校红十字工作的通知》，明确指出要"把做好红十字青少年工作作为践行社会主义核心价值观的重要抓手，作为实施素质教育、加强和改进新时代学校卫生与健康教育工作的有效途径，作为推进红十字会改革的重要举措"。多年来，深圳市红十字会积极开展青少年工作，展开了多种形式的工作。

（一）红十字青少年志愿服务队

红十字青少年志愿者服务队是在青少年中开展红十字工作的基础。深圳市红十字会设立服务总队，在各高校及中小学下设分队，并基本实现了全覆盖。

目前，深圳市红十字会联合香港中文大学（深圳）、南方科技大学、深圳大学等9所高校成立了"深圳高校红十字会联盟"。其中，香港中文大学（深圳）、南方科技大学、深圳大学均已设立红十字青少年志愿者服务队，且活动各有特色。南方科技大学还于2023年被评选为广东省红十字标准校。[①]南方科技大学红十字青少年志愿者服务队的前身是南科大应急服务队，于2021年建立了南科大红十字救援队，升级为校红十字会学生分会。目前，其共有志愿者800余名，活跃志愿者300余名，已连续6年开展急救知识科普培训，累计培训人次达4000余人次。

（二）跨部门合作，以政策促进青少年工作

2021年，教育部办公厅发布《关于开展全国学校急救教育试点工作的通知》，决定实施青少年急救教育行动计划，开展全国学校急救教育试点工作。2021年12月30日，深圳市政府印发《深圳市教育发展"十四五"规划》，明确提出要"创新开展安全应急处置培训，全面提高学校安全应急管理能力，建设高水平平安校园"。

在中小学学段，深圳市红十字会抓住机遇，于2023年联合福田区教育

[①]《南方科技大学有了新身份》，深圳市红十字会微信公众平台，https://mp.weixin.qq.com/s/8dTB3xvxsUZcPhszGSgmaw，最后访问时间：2023年7月28日。

局，促进福田区 69 所学校红十字会集体成立。与此同时，深圳市红十字会以福田区为试点，联合福田区教育局开展"校医培训项目"，实现各学校校医初级救护培训全覆盖及高中军训初级救护培训全覆盖。福田区教育局提出构建福田区生命价值观教育体系，制定《福田区强化高中军训急救教育实施方案》。该方案强调，在高一学生军训期间，深圳市红十字会选派优秀师资为军训生提供不少于 4 学时的理论与实操相结合的急救培训，培训主要内容包括：心肺复苏和自动体外除颤器的操作流程、气道异物梗阻的应急处置，以及常见意外的应对技巧等。

在高等教育学段，南方科技大学在本科人才培养方案和教育教学计划内，开设劳动教育课程，将"应急救护培训"作为技能培训的重要内容纳入劳动教育学时。目前，红十字会学生分会（应急救援队）已连续 6 年开展急救知识科普培训，累计培训达 4000 余人次。[1]

（三）组织学生夏令营活动

针对青少年的认知、学习特点，深圳市红十字会以"活动育人"的方式，开展青少年活动，并于 1988 年开启了"深、港、澳、穗、珠"五地红十字青少年交流营。该营每两年举办一次，由深圳、广州、珠海、香港、澳门 5 个地区轮流主办，各选 20 个学生和 2 个领队，开展 4 天 3 晚的特色活动，是我国红十字系统持续时间最长的交流营活动。交流营通过开展各类红十字主题活动，传播红十字精神，增进来自不同地区红十字青少年的相互了解、友谊和合作，培养优秀的红十字青少年骨干，更好地动员和凝聚人道力量。

此外，深圳市红十字会还不定期联合各部门、各地区举办或参加主题夏令营活动。如，1991 年联合市交委举办以"团结、友谊、爱心"为主题的红十字青少年夏令营活动；2004 年选派各区优秀红十字青少年参加由珠海红十字会主办的"真情博爱满珠海"主题交流营活动；2015 年，长龙、水

---

[1]《南方科技大学有了新身份》，深圳市红十字会微信公众平台，https://mp.weixin.qq.com/s/8dTB3xvxsUZcPhszGSgmaw，最后访问时间：2023 年 7 月 28 日。

径、丽湖 3 个社区联合组织儿童安全夏令营,开展水上安全技能主题培训;2016 年举办地贫青少年心理疏导成长夏令营等。

八、境外交流与合作:发挥区位优势,助力大湾区建设

作为全世界影响最大的三大国际组织(运动)之一,红十字会一直是不同国家、地区间进行国际交流合作的平台。在建设粤港澳大湾区和社会主义先行示范区的背景下,深圳市红十字会更是有着独特的身份和区位优势。一方面,红十字会是国际组织,而国家赋予粤港澳大湾区的重要任务之一也是面向国际,所以,红十字会可以发挥政府助手的作用,发挥国际人道救助团体的优势;另一方面,按照《中华人民共和国红十字会法》,作为中立的人道救助机构,红十字会要履行"三救""三献"的基本职责,排除国籍、地域、人种等因素,尽力提供帮助。

(一)参与国际救援

如前文所述,深圳市红十字会应急救援队(深圳市公益救援志愿者联合会)响应了 2015 年的尼泊尔 8.1 级地震、2017 年的伊朗 7.3 级地震、2018 年的老挝溃坝、2019 年的苏拉威西的 7.7 级地震和 2023 年的土耳其地震。

深圳市红十字会还于 2017 年派出工作人员作为中国红十字国际救援队成员,到斯里兰卡灾区参与救援。

(二)承担改革开放的窗口作用,参与构建人文湾区

深圳作为经济特区,地理位置上又紧邻香港,在政治、经济、文化、社会等多领域承担着与香港沟通合作的桥梁和纽带作用。深圳市红十字会更是如此,以特殊的机构性质,链接了企业、医疗机构、非营利组织等多个主体,为两地的困难群体提供帮助。

在应急救灾方面,深圳市红十字承担了链接中国红十字会总会、各省红十字会与香港红十字会的作用,香港捐赠的救援物资都是由深圳市红十字会

转交。如在 1991 年的华东水灾、1994 年的华南水灾的应急救援工作中，深圳市红十字会先后为香港、台湾向大陆转运救灾物资达 200 多吨，解决了灾民的燃眉之急。

2020 年新冠疫情暴发以后，深圳市红十字会作为市疫情指挥部成员之一，参与到外事港澳组的工作中，帮助香港渡过难关。在香港抗疫防疫工作最复杂、最吃紧、最关键阶段，深圳市红十字会成立援港疫情防控工作专班，重点对接香港中联办、中国红十字会总会等有关部门，对物资需求、物资接收、物资暂存、通关检验、发送运输等方面开展工作统筹。在志愿服务方面，深圳市红十字会应急救援队与香港"全港社区抗疫连线"、湾区安全应急产业创新联盟共同发起"同舟共济，一齐撑落去"活动，不到一周时间就召集了 81 人次参与爱心服务工作。

在应急救护方面，深圳市红十字会日常协调多地的海关边检部门，协助香港红十字会为病残人士办理从深圳入出境事宜，还为大型活动提供保障。如 1993 年深、广、珠高速公路深圳黄田路段通车，香港某公司组织了大型庆典仪式，由香港亚洲电视台艺人及香港歌坛"四大歌王"在通车现场举行赛车慈善捐款活动。活动规模较大，观众数量较多，为做好现场救护工作，香港红十字会委托深圳市红十字会配备救护器材、救护车及医护人员。深圳市红十字会根据需要协调了内科、骨科等有丰富经验的医护人员与香港同仁一道，保障活动安全圆满完成。

在业务交流方面，1994 年香港红十字会青年团 12 人来深圳访问，双方就卫生救护训练、社会服务工作等方面进行了交流探讨，确定市电子技术学校为与香港红十字会青年会员在卫生救护、社会服务方面业务的合作点。

在宣传纪念方面，1996 年世界红十字日，香港红十字会与深圳红十字会联合组织宣传纪念活动，双方互相遣派医护人员、青年会员进行健康推广和检查服务，扩大了双方红十字会的影响力。

表 2-2-1 "三救""三献"品牌活动 / 项目列表

"三救""三献"品牌活动 / 项目	应急救援	国内灾害救援
		国际灾害救援
	应急救护	"四进"培训
		"'红海豚'在行动"活动
		"'救'在身边"5分钟社会救援圈活动
	人道救助	"燃料行动"项目
		"微笑工程"项目
	无偿献血	热血跑
		热血英雄
		热血军魂
		热血青春
		热血蓝朋友
		"以爱回馈爱"无偿献血关爱行动
	造血干细胞捐献	深圳骨髓基因信息库
		系列宣传活动
	人体器官捐献	"天使爱妈妈"器官捐献家属关爱行动
		"大爱无言"无语体师教学公开课
		"心陪伴·续温暖"器官遗体捐献家庭关爱项目
		"四进"活动
		"捐出角膜，延续光明"行动
		"器官捐献，传递生命"行动

分报告三
深圳市红十字会治理体系建设

深圳市红十字会根据《中华人民共和国红十字会法》的要求和深圳城市发展特征，建立起精简自治、合作共治、法治先行的治理体系。深圳市红十字会未来可继续完善治理结构，推动区级和基层红十字组织建设，发展志愿者和会员队伍，加强与政府部门、社会组织的合作，打造先行先试的人道事业共同体。

一、自治：健全组织体系，改革治理结构

深圳市红十字会的组织建设与改革走过缓慢较长的过程。深圳市红十字会从挂靠政府卫生部门到独立运作，用了 23 年；再到 2020 年全面启动深化改革，用了 14 年。在 40 年发展过程中，深圳市红十字会逐步建立起一个符合深圳"小政府、大社会"理念的组织架构，通过采购社会工作服务弥补专职人员的不足，建立起理事会决策、内设机构执行、监事会监督的现代治理结构。深圳市红十字组织目前已基本形成"市—区—基层"三级红十字组织体系（见图 2-3-1）。

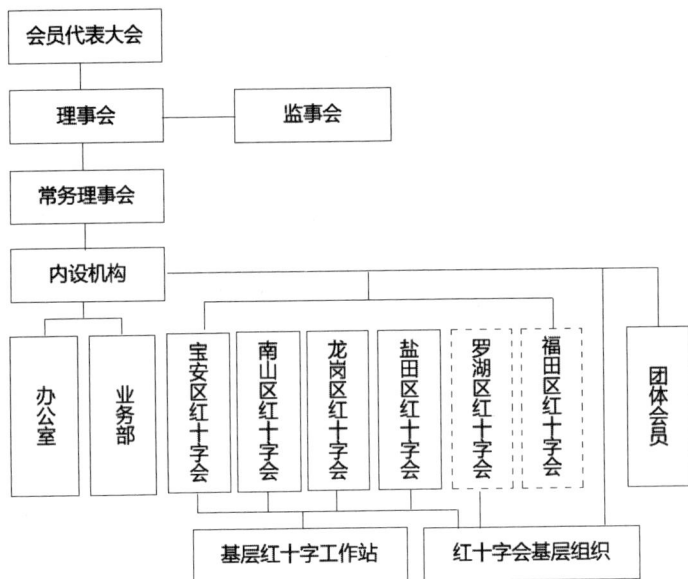

图 2-3-1 深圳市红十字会组织架构图

（一）建立务实的组织架构与人员结构

深圳市红十字会从成立至今，根据红十字工作的要求和城市发展特点，不断调整自身组织架构与人员配置。

1.组织具有行政性、社会性和国际性

深圳市红十字会成立于1983年9月26日，是中国红十字会的地方分会，是从事人道主义工作的社会救助团体，是党和政府在人道领域的助手及联系群众的桥梁纽带。深圳市红十字会具备行政性、社会性和国际性三重属性。

首先，深圳市红十字会具有行政性。深圳市红十字会被纳入政府行政机构序列，其人员纳入公务员编制体系。深圳市红十字会成立时并未独立，而是挂靠在深圳市卫生局，财务和人事均由市卫生局管理。直至近23年后的2006年1月，中国红十字会召开第八届理事会第二次会议，明确将"大力推进理顺地（市）级红十字会管理体制，进一步加强基层组织建设"作为重点工作之一，要求全国地级市尤其是副省级市红十字会从卫生系统独立出

来。当年 3 月 31 日，深圳市编制委员会正式下发文件，将深圳市红十字会机关由挂靠市卫生局改为单独设置，归深圳市委组织部直接管理，由市政府主管卫生事业的副市长担任。深圳市红十字会也是全国副省级城市红十字会中最晚独立的。从卫生系统独立出来为深圳市红十字会独立自主开展各项工作创造了良好的条件，为深圳市红十字事业的发展奠定了坚实的组织基础。当前，深圳市红十字会为副局级参公管理单位。2020 年，深圳市委明确市委专职副书记分管红十字会工作。

根据《中国红十字会章程》，中国红十字会是中国共产党领导下的群团组织。2004 年 5 月，深圳市直机关工委批复同意设立中共深圳市红十字会机关党支部。2019 年，深圳市委批复同意深圳市红十字会设立党组。2021 年，深圳市委组织部明确深圳市红十字会机关党组 3 名成员。截至 2023 年 6 月底，深圳市红十字会党组织为党支部建制，直属于深圳市直机关工委，共有 11 名党员。支部设委员会，其中书记 1 名，委员 2 名。

2020 年 3 月 2 日，深圳市委全面深化改革委员会第八次会议审议通过了《深圳市红十字会改革实施方案（送审稿）》，标志着深圳市红十字会深化改革全面启动。2020 年 5 月 12 日，深圳市人民政府办公厅印发《深圳市红十字会改革实施方案》（以下简称《方案》）。《方案》从加强党的领导、健全组织体系、加强基层建设、创新人道服务机制、扩大大湾区交流合作 5 个方面提出了改革措施。《方案》再次明确，红十字会是党领导下的群团组织，是党和政府在人道领域的助手和联系群众的桥梁纽带。

其次，深圳市红十字会具有社会性。从法律地位来看，深圳市红十字会是从事人道主义工作的社会救助团体，是具有独立法人地位的社会团体。从理念来看，无论是"人道、博爱、奉献"的中国红十字精神，还是作为国际红十字与红新月运动七项基本原则之一的"志愿服务""普遍"，都基于社会的广泛参与，体现红十字的公益性。"中华人民共和国公民，不分民族、种族、性别、职业、宗教信仰、教育程度，承认《中国红十字会章程》并缴纳会费的，可以自愿参加中国红十字会""国家鼓励自然人、法人以及其他组织参与红十字志愿服务"。从构成来看，会员和志愿者是红十字会治理和开展服务的两大主体。

最后，深圳市红十字会具有国际性。国际红十字与红新月运动由3个部分组成：红十字国际委员会、红十字会与红新月会国际联合会，以及各国红十字会与红新月会。深圳市红十字会是中国红十字会的组成部分，是国际红十字与红新月运动的一部分，遵循国际红十字与红新月运动的七项基本原则，即人道、公正、中立、独立、志愿服务、统一、普遍，具有天然的国际性。地处粤港澳大湾区，深圳市红十字会也具有参与"一带一路"建设等国际交流的地理优势和职责。

2. 从无专职人员到编制人员加社工

工作人员从无到2022年的11人。深圳市红十字会成立后的前4年里，没有专职工作人员，未能正常开展工作，其部分主要工作由中华医学会深圳分会代理。1987年，深圳市红十字会配备1名专职干部开展工作。1988—1997年，有2名专职工作人员开展工作。1997年，新增设1位专职财务人员，专职人员增加至3人，逐步健全人员编制。2007—2018年，深圳市红十字会编制人员增加至6人。2020年5月10日，深圳市编制委员会批复深圳市红十字会机关机构编制事项，增加事业编制4人，并增加领导职数。截至2022年12月底，深圳市红十字会核定参公编制12个（含军转干部带编1人），在岗11人。其中，常务副会长兼秘书长1名（副局长级），副秘书长2名（正处长级）；内设机构2个（办公室、业务部），内设机构领导职数4名（2正2副，其中正职由副秘书长兼任）（见图2-3-2）。

除了正式编制的人员外，深圳市红十字会还有另外一类工作人员，即社会工作者。深圳市红十字会通过政府购买社会工作服务的方式，来弥补编制专职工作人员数量与业务工作严重不匹配的问题。目前，深圳市红十字会共有12位社会工作者，与正式编制人员一同开展市红十字会人道工作。

3. 内设业务部和办公室两个部门

深圳市红十字会自2020年启动改革以来，内设两个处级部门，即办公室、业务部，无直属单位。

办公室主要负责6项工作，包括：文电、会务、机要、档案等机关日常工作；承担安全、保密、信访、财务、信息化、资产管理、后勤保障等工作；负责管理捐赠款项和资金；承担人才队伍和基层规范化建设工作；负责党群工作，承担干部人事、离退休人员服务等工作；承担理事会、监事会日常工作。

业务部主要开展红十字"三救"、"三献"、红十字青少年、国际交流等方面的工作，包括：承担红十字应急救援体系和红十字会备灾救灾信息系统建设工作；承担人道救助工作，开展应急救护培训和防灾避险、卫生健康等相关知识普及，组织志愿者参与现场救护；承担人道资源动员、社会筹资等工作；负责依法开展募捐活动和捐赠工作管理；承担基层红十字组织、红十字青少年、会员管理工作；承担会员队伍建设和红十字会系统专兼职干部培训工作；负责红十字志愿者队伍建设和管理服务工作；承担红十字会宣传和舆情应对工作，开展红十字工作国际交流交往及与港澳台地区红十字组织友好交流活动；负责红十字运动基本知识和国际人道法的传播工作；负责组织协调内部审计工作。

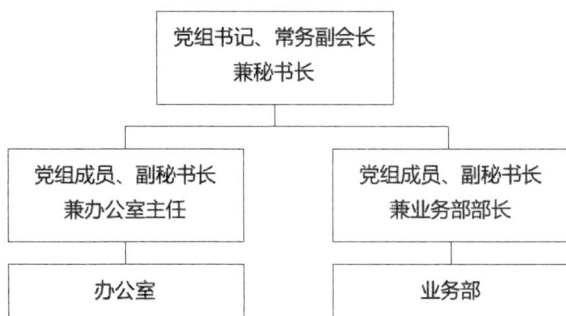

图2-3-2　深圳市红十字会内设机构

（二）逐步改革建立现代治理结构

《中国红十字会章程》明确，各级地方红十字会的权力机关是同级会员代表大会。《中华人民共和国红十字会法》规定，各级红十字会设立理事会、监事会，理事会、监事会由会员代表大会选举产生。在40年的发展过程中，深圳市红十字会不断完善治理结构，从没有任何社会团体的治理体制，到召开会员代表大会，建立和完善理事会制度，建立监事会制度，形成会员代表大会最高决议、理事会决策、内设机构执行、监事会监督的现代治理结构和综合监督体系。

1. 开会员代表大会，促民主决议

自建立至2022年底，深圳市红十字会共召开了5次会员代表大会，平均约每8年召开一次，共选举出5届理事会和1届监事会（见表2-3-1）。第一届会员代表大会在1987年召开，选举了第一任会长，副会长分别由市卫生局、市财政局、市民政局、市教委（现市教育局）、市外办等单位的领导担任。此后，深圳市红十字会分别在1994年、2008年、2015年召开第二至第四次会员代表大会。在启动深化改革后，深圳市红十字会于2021年9月14日召开第五次会员代表大会，选举产生了深圳市红十字会第五届理事会、常务理事会和首届监事会。

表2-3-1 深圳市红十字会历次会员代表大会

会员代表大会	时间	选举结果
第一次会员代表大会	1987年11月3日	选举产生第一届理事会，常务理事21名，理事41名
第二次会员代表大会	1994年7月12日	选举产生第二届理事会
第三次会员代表大会	2008年3月11日	选举产生第三届理事会
第四次会员代表大会	2015年3月19日	选举产生第四届理事会
第五次会员代表大会	2021年9月14日	选举产生第五届理事会、常务理事会和首届监事会

深圳市红十字会历任会长（见表2-3-2）均由深圳市主管卫生业务的副市长担任，因市政府领导班子调整而更替。截至2022年底，深圳市红十字会先后有14位会长，平均在任时长近3年，最长的达11年，最短的5个月。此外，在2020年，深圳市委明确市委专职副书记分管红十字会工作。深圳市红十字会在从建会后的25年里，一直没有设专职副会长。直至2008年深圳市红十字会召开第三次会员代表大会，选举第一任专职副会长，历经3次换届，任职到2018年。截至2023年6月，深圳市红十字会共先后有两任专职副会长。

表 2-3-2 深圳市红十字会历任会长

序号	在任时间	姓名
1	1983 年 9 月 26 日至 1987 年 11 月 3 日	甄锡培
2	1987 年 11 月 3 日—1990 年 2 月 19 日	邹尔康
3	1990 年 2 月 19 日—1991 年 8 月 28 日	周溪舞
4	1991 年 8 月 28 日—1993 年 12 月 27 日	林祖基
5	1993 年 12 月 27 日—1996 年 3 月 28 日	李容根
6	1996 年 3 月 28 日—1999 年 5 月 8 日	袁汝稳
7	1999 年 5 月 8 日—1999 年 10 月 15 日	卓钦锐
8	1999 年 10 月 15 日—2000 年 5 月	宋海任
9	2000 年 5 月—2002 年 8 月	王顺生
10	2002 年 8 月—2008 年 3 月 11 日	梁道行
11	2008 年 3 月 11 日—2010 年 5 月 6 日	李铭
12	2010 年 5 月 6 日—2021 年 9 月 14 日	吴以环
13	2021 年 9 月 14 日—2022 年 4 月 25 日	陶永欣
14	2022 年 4 月 25 日至今	陈清

2. 多方参与理事，优化决策机制

从 1987 年选举设立第一届理事会以来，深圳市红十字会第一、第三、第四届理事会每届约 6.5 年，第二届理事会 13.5 年。自 2021 年选举出第五届理事会至 2023 年，深圳市红十字会连续 3 年每年召开一次理事会议，主要内容为理事调整更换，监事工作规则、年度工作和款物收支情况的报告与审议，使理事会治理机制更为优化。

2023 年 7 月 20 日，深圳市红十字会第五届理事会第三次全体会议选举出常务理事、理事共 55 人。其中，常务理事 11 人，理事 44 人。从构成来源来看，理事主要由市、区红十字会机关、市政府直属单位、医疗机构、新闻媒体、学校、社会组织、爱心企业等组成。在常务理事中，会长是深圳市副市长、党组成员陈清，专职常务副会长为张英姬，5 位兼职副会长由市卫健委、教育局、财政局、应急管理局、深圳广播电台代表担任，另外 4 位常务理事为外事办、民政局、海关、企业代表。来自社会各领域及基层一线的理事占 58.18%（见表 2-3-3）。

表 2-3-3　深圳市红十字会第五届理事会成员构成分布

	类别	来源	理事人数（人）	比例（%）
1	会员单位代表	市、区红十字会、市各医院、市中小学	24	43.64
2	市、区直属机关代表	市教育局、卫健委、民政局、财政局、应急管理局、外事办、海关及各区卫健委	15	27.27
3	群众团体、新闻媒体、社会组织代表	市总工会、团市委、市妇联、市残联、市工商联、报业集团和广电集团、小黄人应急救护发展中心、减灾救灾联合会等	12	21.82
4	爱心企业代表	迈瑞生物、海王集团、巴士集团、建设银行	4	7.27

3. 建立监事会，完善监督制度

2017年《中华人民共和国红十字会法》通过修订，明确要求地方红十字会建立监事会。深圳市红十字会根据红十字会法要求，于2021年9月14日召开第五次会员代表大会，选举产生深圳市红十字会第一届监事会，完善监事会成员组成和内部监督机制。第一届监事会有5位监事，其中监事长为市政协委员会主任、副监事长为市红十字会工作人员，其他3位监事为媒体、捐赠人、志愿者的代表，涉及传播、法律、青少年等领域。截至2022年5月31日，深圳市红十字会第一届监事会共召开两次监事会议。

（三）基本形成三级红十字组织体系

深圳市有6个区建立了区级红十字会，通过建立基层红十字组织和在社区建立红十字工作站，开展红十字基层阵地建设，基本形成了"市—区—基层"三级红十字组织网络体系。

1. 区级红十字会未完全理顺

《中华人民共和国红十字会法》第七条和《中国红十字会章程》第三十九条规定，县级以上地方按行政区域建立地方各级红十字会，根据实际工作需要配备专职工作人员，并具备能够独立自主开展工作的条件。深圳市共有区级红十字会6个，且非独立运作。

截至2023年6月底，在深圳市9个行政区和1个功能区中，有6个区批准成立区级红十字会，均挂靠在区卫生健康局（以下简称卫健局）。其中，南山区、宝安区、龙岗区、盐田区 4 个区的红十字会，有"三定"方案和编制，但均非独立设置的一级单位，而是挂靠区卫健局下作为一个部门来进行管理运作，由区卫建局领导担任区红十字会会长。以上 4 个区红十字会各有专兼职工作人员 1—3 人。罗湖区和福田区成立了区级红十字会，但无"三定"方案和编制，无专职工作人员，工作由区卫健局工作人员兼职开展。龙华区、坪山区、光明区、大鹏新区 4 个区尚未成立区级红十字会。全市区级红十字会共有 13 位编制人员和 3 位聘用或购买服务人员。实际开展工作的人员 12 位，其中，全职 9 位（编制人员 6 位，聘用或购买服务人员 3 位），兼职 3 位（见表 2-3-4）。

表 2-3-4 深圳市区级红十字会组织情况

序号	单位	成立时间	批准成立单位	"三定"方案时间	挂靠情况	机构编制岗位设置及人数	实际工作人员数	成立监事会
1	宝安区红十字会	1993	宝安区人民政府	2008.10	挂靠区卫健局	2 名：专职副会长兼秘书长 1 名，综合 1 名。	2	是
2	南山区红十字会	1990.03	南山区民政局	2019.03	挂靠区卫健局	编制人数为 5 名，领导职数 1 名，科员 4 名	2	否
3	龙岗区红十字会	1996	龙岗区机构编制委员会办公室	2014.06	挂靠区卫健局	3 名：事业编制 2 名，辅助管理岗位普通雇员 1 名。设秘书长 1 名。	2	否
4	盐田区红十字会	2002.07	盐田区机构编制委员会	2019.03	挂靠区卫健局	编制 1 名、购买服务专职工作人员 2 名	3	否
5	罗湖区红十字会	1991.11	罗湖区人民政府	/	挂靠区卫健局	/	2（兼职）	否
6	福田区红十字会	1988.05	福田区人民政府	/	挂靠区卫健局	/	1（兼职）	否

针对部分区红十字会没有成立或无法独立开展工作的情况，深圳市红十字会采取季度工作会议制度，推动区级红十字工作。此外，成立区级红十字

志愿服务队伍填补区红十字会工作人员的空缺。罗湖区、福田区、龙华区经向深圳市红十字会申请并得到批复授旗，成立了区级红十字志愿服务队伍，由志愿服务队伍开展具体的红十字工作。

深圳市各区红十字会治理结构也还有待完善。宝安区和南山区红十字会建立了理事会，其他区尚未成立理事会。2023年6月6日，宝安区召开第五次会员代表大会，选举产生新一届理事会与监事会，是深圳市截至目前唯一设立监事的区级红十字会。

2.建基层组织和红十字工作站

深圳市红十字工作在基层的推动，主要依靠红十字基层组织和自2019年起陆续在社区设立的红十字工作站。

（1）建立学校红十字会推动青少年工作

截至2023年6月，深圳市共有红十字基层组织157个（见图2-3-3）。其中，学校红十字会113个，卫生系统红十字会30个（包括医院17个，区级卫监所7个及其他卫生机构），"两新"组织红十字会7个（包括企业3个和社会组织4个），街道红十字会6个，机关红十字会1个（见图2-3-4）。从批准机构来看，深圳市红十字会批准102个红十字基层组织，宝安区红十字会批准40个，龙岗区红十字会批准6个，南山区红十字会批准5个，盐田区红十字会和罗湖区红十字会各批准2个。

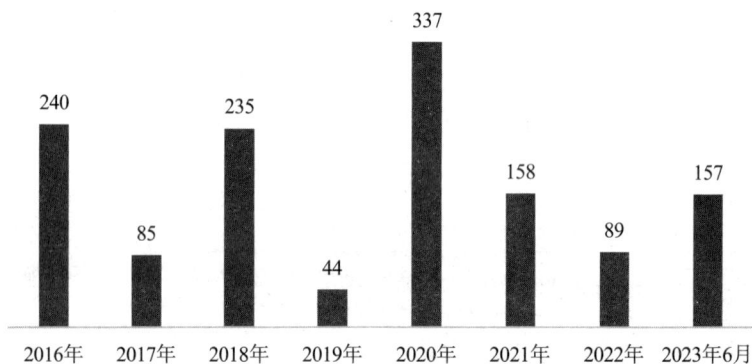

图2-3-3　2016—2023年深圳市红十字基层组织数量（单位：个）

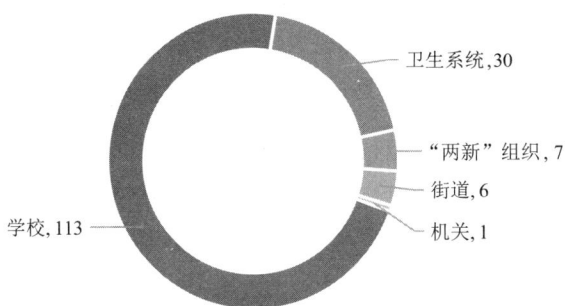

卫生系统,30

"两新"组织,7

街道,6

机关,1

学校,113

图 2-3-4　深圳红十字基层组织类型（单位：个）

　　学校红十字会建设在深圳红十字基层组织建设中更为突出。1987 年 9 月 28 日，按照国家教委有关规定，深圳市红十字会与市教委联合发文，要求成立学校红十字基层组织。当年 12 月，罗湖区辖区内的滨河中学等 7 所中学相继成立了红十字青少年基层组织，吸收部分在校学生为红十字青少年会员。到 20 世纪 90 年代，深圳全市约八成的中小学建立起学校红十字会。2005 年，中国红十字会总会、教育部、原卫生部和团中央联合发布《关于加强学校红十字会工作的指导意见》，要求加大对学校红十字会工作的支持力度，建立健全学校红十字会工作机制。2006 年 12 月 21 日，深圳市红十字会成立学校红十字工作委员会，与教育、卫生、共青团等部门合作，指导和协调全市学校开展红十字青少年工作。但由于区级红十字会未理顺，缺乏与区教育局的工作对接渠道等因素，深圳市中小学红十字会工作大部分中断。此后很长一段时间，深圳红十字青少年工作以"红十字知识进学校"的方式开展。

　　近几年来，深圳市红十字会着力重启学校红十字会发展计划。截至 2023 年 6 月底，深圳市红十字会在全市范围内设立学校红十字会 113 个，其中高校红十字会 5 个，中小学红十字会（包括 9 年制和 12 年制学校）105 个，职业学校红十字会 2 个，特殊学校红十字会 1 个。

　　近几年来，随着改革的深入，深圳市红十字会搭建以深圳市红十字青少年志愿服务队为总队，依托各高校、中小学建立学校红十字会和红十字青少年志愿服务分队的组织架构，来推动红十字青少年工作。2021 年 9 月 8 日，深圳市红十字青少年志愿服务队授旗成立。

在高校红十字会建设方面，目前深圳市红十字会共有5个高校红十字会（见表2-3-5）。其中，最早于2012年在深圳大学医学部设立红十字会。在2020年和2022年，深圳市红十字会分别在香港中文大学（深圳）、南方科技大学和深圳大学这三所高校建立学校红十字会，设立红十字青少年志愿服务分队，并以"一校一品牌"的策略，由各校结合自身优势开展红十字工作，工作经费由本校和深圳市红十字会联合支持。2023年，深圳市红十字会在深圳技术大学设立学校红十字会。

表2-3-5 深圳市高校红十字会成立情况

高校名称	成立红十字会时间
深圳大学医学部	2012年4月
香港中文大学（深圳）	2020年9月
南方科技大学	2022年5月
深圳大学	2022年5月
深圳技术大学	2023年5月

从具体工作来看，南方科技大学将原有应急救援队升级为学校红十字会学生分会，以应急救护知识普及和学校赛事会议等活动的安全保障志愿服务为工作重点。南方科技大学建立"校园第一响应人"机制，培训应急救护志愿者，以应对突发紧急状况。将应急救护培训纳入学分课程，要求所有新生须接受4小时应急救护培训。目前，南方科技大学共有应急救护志愿者800多人，其中有300多人已考取救护员证，活跃志愿者120多人；校内配置29台AED设备，其中5台可移动使用。香港中文大学（深圳）和深圳大学则结合学校医学院接受遗体捐献的工作基础，将学校红十字工作重点放在人体器官捐献和生命教育工作上。香港中文大学（深圳）红十字会借助"人生阅览室"品牌项目，邀请器官捐献者家属、无偿献血与造血干细胞志愿者讲述相关故事；深圳大学红十字会开展"心关爱·续温暖"项目，通过举办"大爱无言"无语体师（不会说话的身体老师）教学公开课，探望器官捐献者家属，在清明节向遗体捐献者鲜花等活动，开展生命教育活动。2023年3

月和 4 月，深圳市红十字会分别在香港中文大学（深圳）医学院和深圳大学医学部挂牌成立志愿捐献遗体登记接收站，开展遗体捐献宣传登记、协调、接收、火化、安葬、缅怀纪念、捐献者家属的关爱慰问等工作。

此外，在 2023 年 5 月 8 日，在"生命教育，'救'在身边——纪念深圳市红十字会 40 周年暨第 76 个世界红十字日主题宣传活动"上，深圳市红十字会与香港中文大学（深圳）、深圳大学、南方科技大学、深圳技术大学、深圳职业技术学院、深圳信息职业技术学院、哈尔滨工业大学（深圳）、中山大学（深圳）共同组建"深圳高校红十字会联盟"，促进高校在红十字领域的合作协同和创新发展，进一步推动高校红十字会活动共办、资源共享、优势互补、合作共赢，形成推动高校红十字工作合力。[①]

在中小学红十字会建设方面，深圳市共有 105 个中小学设立红十字组织。其中最早是在 1989 年在深圳小学、深圳中学等 6 所中小学设立学校红十字组织。从 2015 年至 2022 年，相继有龙华区行知小学、南山区学府中学、罗湖区翠园初级中学、福田区外国语高级中学等学校建立学校红十字会。2023 年，深圳市红十字会联合福田区教育局，在福田区推开学校红十字会的广泛建立。3 月 10 日，福田区共 69 所学校（含校区）集体成立红十字会，并授旗成立 5 支红十字青少年志愿服务队分队，旨在校内广泛组织开展红十字志愿服务，打造"一校一品牌"的志愿服务样板。[②]

（2）建立红十字工作站开展社区阵地工作

在街道社区层面，深圳市红十字会曾在 20 世纪 90 年代成立了若干镇级红十字会，如在 1995 年成立南山区招商街道办事处红十字会，这是深圳市第一家街道办事处成立红十字组织；在 1997 年在宝安区福永镇、龙华镇等成立镇级红十字会。自 2019 年启动改革后，深圳市红十字会依托社区、社

---

①《生命教育，"救"在身边 | 纪念深圳市红十字会成立 40 周年暨第 76 个世界红十字日主题宣传活动》。来源："深圳红十字会"微信公众号，https://mp.weixin.qq.com/s/rBiGU-J6bWtHuK3_WAsBhOw，最后访问时间：2023 年 5 月 15 日。

②《好消息！福田区 69 所学校红十字会集体成立》，来源："深圳红十字会"微信公众号，https://mp.weixin.qq.com/s/taFVYpI9c2FRQF6PTfb9Og，最后访问时间：2023 年 5 月 15 日。

康中心、党群服务中心、红色驿站建立红十字基层工作站，开展红十字基层组织阵地建设，探索红十字人道服务与社区服务共建共享，改变过去以单次"三献"宣传、健康知识宣导、救助慰问等活动进社区的运动战模式。

2019年11月13日，龙岗区龙西社区健康红十字工作站揭牌成立，这是深圳市首家社区健康红十字工作站，也拉开了深圳市基层红十字工作站建设的序幕。截至2023年5月底，深圳市共设立基层红十字工作站56个。其中，多数是社区健康红十字工作站，共31个，社区22个，党群服务中心2个，红色驿站1个。从各区分布来看，南山区共36个，宝安区14个，龙岗区5个，盐田区1个（见表2-3-6）。目前，龙岗区的红十字工作站依托社康中心建立，宝安区依托社区建立红十字工作站，盐田区则是依托红色驿站建立，南山区红十字工作站模式较为多元，包括依托社区、社区健康和党群服务中心。

基层红十字工作站与是归属社区的组织，借助社区原有的人员、场地和设备等资源，服务于基层社区。深圳市、区红十字会与基层红十字工作站没有隶属关系，只是业务指导联络关系，并为其添置人道服务的设备和补充救护专业师资，开展应急救护培训与宣传。目前，深圳市基层红十字工作站多以应急救护知识普及为主要工作。如南山区南头街道田厦社区红十字会工作站在每月第一周开展一次应急救护培训活动，除了在社区场所，也深入辖区内商场、物业公司、银行等企业开展。

表2-3-6　深圳市基层红十字工作站分布

区名称	红十字工作站数量（个）	类型	授牌时间
龙岗区	5	社区健康红十字工作站（1个）	2019年11月13日
		社区健康红十字工作站（4个）	2022年11月18日
宝安区	14	社区红十字工作站	2020年9月19日

区名称	红十字工作站数量（个）	类型	授牌时间
南山区	36	社区健康红十字工作站（12个）	2019年12月20日
		南山区党群服务中心红十字工作站	2021年9月8日
		社区红十字工作站（8个）	2021年9月8日
		社区健康红十字工作站（14个）	2023年5月8日
		社会办医疗机构行业党群服务中心	2023年5月8日
盐田区	1	深圳市红色驿站红十字工作站	2022年1月4日
合计	56		

2022年5月11日，宝安区海裕社区红十字博爱家园揭牌，这是深圳市首个"博爱家园"项目，将着力增强红十字基层阵地服务功能，为群众提供家门口的人道服务，打造群众身边的红十字会。

二、共治：动员社会资源，共建人道事业

在专职人员不足、区级未完全理顺、无直属事业单位、基层组织还比较薄弱的现实情况下，深圳市红十字会本着"不为我所有，但为我所用"的原则，充分与其他机构合作，运用其原有的工作基础，或成立志愿者服务队开展具体执行工作。

（一）会员志愿者规模小，志愿服务队特色显著

1.会员尚待发展

红十字会作为社会团体，会员是其基本的组成单位，会员代表大会是权力机关，会员缴纳的会费是其经费的主要来源之一。从会员数量来看，2016—2020年，深圳市红十字会个人会员年均6.2万人，但到2021年断崖式下降至不足8000人；团体会员也从上百个下降至两位数。2020年，中国红十字会总会发布《中国红十字会会员管理办法》，再次明确会员若连续两

年不参加红十字会活动，或连续两年不缴纳会费，或团体会员法人撤销、合并、解散，则视为自动退会。据此，深圳红十字会也加强红十字会员建设与管理，对长期不活跃会员作自动退会统计。截至2023年6月底，深圳红十字会的个人会员共8502人，占深圳市常住人口的万分之五[①]，低于2020年全国1.17%和2022年广东省万分之七的水平[②]。

深圳市红十字会较早发展团体会员，1987年，深圳市红十字会发展了深圳市人民医院等20家医疗卫生单位为第一批团体会员单位。但深圳红十字会团体会员的发展存在困难，尤其是在没成立区级红十字会的区，缺乏发展会员的抓手。截至2023年6月底，深圳市红十字会有团体会员79个（见表2-3-7）。

表2-3-7　2016—2023年深圳市红十字会会员数量（单位：个、人）

年份	团体会员	个人会员	
		成人会员	青少年会员
2016年	213	35988	40648
2017年	358	15047	17798
2018年	107	40374	39845
2019年	329	44239	39969
2020年	136	3610	34685
2021年	37	5046	2877
2022年	79	2552	
2023年6月底	79	8502	

[①] 2022年末深圳市常住人口1766.18万人，数据来源：《深圳市2022年国民经济和社会发展统计公报》，深圳市统计局官网，http://tjj.sz.gov.cn/zwgk/zfxxgkml/tjsj/tjgb/content/post_10577661.html，最后访问时间：2023年9月1日。

[②] 2020年底，全国红十字会会员1647万人，数据来源：《中国红十字事业发展"十四五"规划（2021—2025年）》，中国红十字会总会官网，https://www.redcross.org.cn/html/2021-05/78189.html，最后访问时间：2023年9月1日；根据第七次全国人口普查统计，2020年全国人口14.12亿人，来源：国家统计局官网，http://www.stats.gov.cn/sj/pcsj/rkpc/d7c/202303/P020230301403217959330.pdf，最后访问时间：2023年9月1日；2022年广东省红十字会会员84996人，数据来源：《广东省红十字会2022年成绩》，广东省红十字会官网，https://www.gdsredcross.org.cn/detail.html?id=8051，最后访问时间：2023年9月1日；2022年末广东省常住人口1.27亿人，数据来源：《2022年广东省国民经济和社会发展统计公报》，广东省统计局官网，http://stats.gd.gov.cn/attachment/0/517/517175/4146083.pdf，最后访问时间：2023年9月1日。

2.志愿队人道服务贡献突出

志愿服务是国际红十字与红新月运动的七项基本原则之一。深圳市红十字事业的落实执行主要依靠志愿队伍和志愿者。截至2023年6月底，深圳市共有8110名红十字志愿者，占全市常住人口的万分之五，低于全国2020年和广东省2022年0.11%的水平[1]（见图2-3-5）。

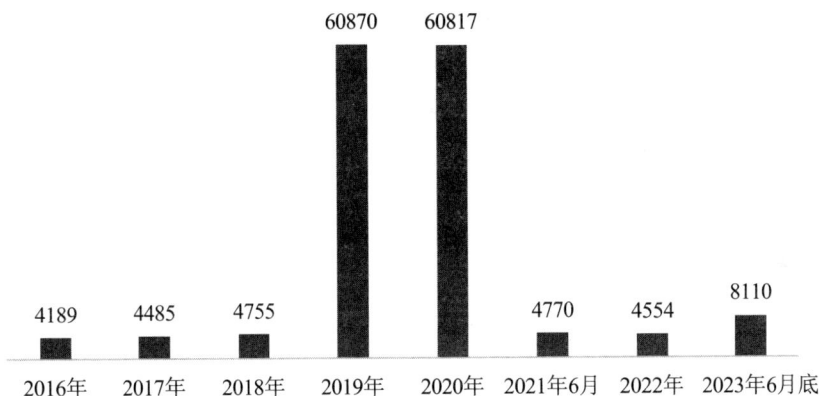

图2-3-5　2016—2023年深圳市红十字志愿者数量（单位：人）

从志愿者数量来看，深圳红十字志愿者规模不大。但通过建立志愿服务队并充分发挥志愿者开展各项人道服务作用，是深圳红十字事业的显著特点。从2000年建立第一支志愿服务队——深圳市红十字无偿献血志愿服务队，到2023年6月，深圳市一共建立25支红十字志愿服务队，其中15支志愿服务队直属于市红十字会，10支分队（见表2-3-8）。这些志愿服务队覆盖了无偿献血、器官捐献，应急救护、地贫患儿救助、水上救援、心理救援、赛场救护等各个业务领域，也涉及市、区、学校、医院。

---

[1]2020年底，全国共有注册红十字志愿者149万人，数据来源：《中国红十字事业发展"十四五"规划（2021—2025年）》，中国红十字会总会官网，https://www.redcross.org.cn/html/2021-05/78189.html，最后访问时间：2023年9月2日；2022年底，广东省共有注册红十字志愿者13.6万人，数据来源：《广东省红十字会2022年成绩》，广东省红十字会官网，https://www.gdsredcross.org.cn/detail.html?id=8051，最后访问时间：2023年9月2日。

表 2-3-8　深圳市红十字会志愿服务队名单

序号	服务队名称	成立时间	级别
1	深圳市红十字无偿献血志愿服务队	2000 年 5 月 9 日	总队
2	深圳市红十字关怀地中海贫血患儿志愿服务队	2001 年 12 月	
3	深圳市红十字器官捐献志愿服务队	2010 年 1 月 30 日	
4	深圳市红十字心理救援志愿服务队	2011 年 6 月	
5	深圳市红十字应急救援志愿服务队	2011 年 6 月	
6	深圳市红十字水上安全救生志愿服务队	2012 年 5 月 12 日	
7	深圳市红十字应急救护志愿服务队	2018 年 9 月	
8	深圳市红十字龙岗区社区健康志愿服务队	2019 年 11 月 13 日	
9	深圳市红十字养老护理志愿服务队	2019 年 11 月 13 日	
10	深圳市红十字赛场救护志愿服务队	2019 年 11 月 13 日	
11	深圳市红十字南山区社区健康志愿服务队	2019 年 12 月 20 日	
12	深圳市红十字宝安区社区工作志愿服务队	2020 年 9 月 19 日	
13	深圳市红十字青少年志愿服务队	2021 年 9 月 8 日	
14	深圳市红十字红色驿站志愿服务队	2022 年 1 月 14 日	
15	深圳市红十字方舟救援志愿服务队	2023 年 2 月 21 日	
16	深圳市红十字水上安全救生志愿服务队光明分队	2020 年 10 月 16 日	分队
17	深圳市红十字青少年志愿服务队香港中文大学（深圳）分队	2020 年 11 月 18 日	
18	深圳市红十字青少年志愿服务队罗湖区翠园初级中学分队	2021 年 11 月 30 日	
19	深圳市红十字青少年志愿服务队南方科技大学分队	2022 年 5 月 11 日	
20	深圳市红十字青少年志愿服务队深圳大学分队	2022 年 5 月 11 日	
21	深圳市红十字器官捐献志愿服务队中山大学附属第七医院分队	2022 年 6 月 11 日	
22	深圳市红十字应急救护志愿服务队龙华区卫生健康局分队	2022 年 8 月 23 日	
23	深圳市红十字器官捐献志愿服务队深圳大学医学部分队	2022 年 10 月 23 日	
24	深圳市红十字青少年志愿服务队福田区外国语高级中学分队	2022 年 10 月 28 日	
25	深圳市红十字应急救护志愿服务队罗湖区卫生健康局分队	2023 年 1 月 9 日	

从管理模式来看，深圳市红十字志愿服务队大致分三类：

第一类是由红十字会直接管理，如器官捐献志愿服务队、心理救援志愿服务队、应急救护志愿服务队、水上安全救生志愿服务队等。这类志愿服务队日常主要由志愿者独立运营，红十字会主要审核、培训，提供物资与资金支持。如成立于 2010 年的深圳红十字器官捐献志愿服务队是全国首支器官捐献志愿者服务队，由器官、遗体捐献者家属及热心器官、遗体捐献公益事业的各界爱心人士组成，队伍由深圳市红十字会授旗，设队长、副队长，由志愿者担任，接受深圳市红十字会的工作指导与直接管理。深圳市红十字会有专人负责对接志愿者服务队，共同策划活动，链接资源，支持后勤物料等，志愿服务队具体开展器官捐献的宣传动员、报名登记、缅怀纪念、家属关爱慰问等服务工作。如水救队主要由志愿者运营，深圳市红十字会设置考核机制，志愿者需参加相应的培训并通过考核后，才能由预备队员转为正式队员。深圳市红十字会有一位工作人员专门与水救队对接，共同开展队伍管理，深圳市红十字会每年拨付一定资金为水救队置办或更新装备。

第二类是以红十字会名义发起成立，由合作机构管理的志愿服务队，如无偿献血志愿服务队。深圳市红十字无偿献血志愿服务队是全国首个以无偿献血作为专业服务领域的志愿服务组织，由在1999年全国无偿献血表彰大会上获得"全国无偿志愿献血金杯奖"的27位长期开展无偿献血的深圳市民倡议，于2000年5月9日在深圳市红十字会正式成立。2009年，中国红十字会总会在深圳市红十字会无偿献血志愿工作者服务队的基础上成立中国红十字无偿献血服务总队。无偿献血志愿服务队由深圳市红十字会领导，由深圳市血液中心直接运营管理。经过多年实践，深圳市无偿献血志愿服务形成了一套成熟的管理体系和机制。无偿献血志愿服务队设队长、副队长、分队长和献血站志愿服务组。其中，队长由深圳市血液中心书记担任，由深圳市红十字会任命；5个区每个区设副队长2名，由资深无偿献血志愿者民主选出；每个区设2个分队长，在副队长和献血站之间进行工作的上传下达。每个献血站每天有一位值日长，由资深志愿者担任，负责与献血站点工作人员沟通，安排志愿者工作；献血站每天有志愿者2—4名，具体开展无偿献血宣传工作。深圳市血液中心设有无偿献血志愿服务队办公室，负责协调血液中心和志愿服务队工作。此外，无偿献血志愿服务队还有严格的培训、考核、晋升、表彰机制。

第三类是授旗独立的社会组织的志愿服务队伍，由合作的社会组织进行队伍管理，其独立性更强。如深圳市红十字应急救援志愿服务队，以深圳山地救援队（于2013年在深圳市民政局登记为深圳市公益救援志愿者联合会）为基础，于2011年6月由深圳市红十字会授旗组建。深圳市红十字应急救援志愿服务队日常由深圳市公益救援志愿者联合会管理，接受深圳市红十字会的工作指导。应急救援志愿服务队的建立在一定程度上弥补了深圳市红十字会应对突发自然灾害和公共卫生事件的应急力量。

深圳市红十字会针对志愿服务队推出"一队一项目品牌"的业务模式。目前共有25支志愿服务队打造了32个品牌项目。

（二）借力合作伙伴，发展人道事业

在没有下属事业单位的情况下，深圳市红十字会与相关机构或社会组织开展合作，充分运用其原有的工作基础，优势互补，实现"三救""三献"等工作的合力推进。

在无偿献血与造血干细胞捐献方面，深圳市红十字会主要与深圳市血液中心（独立的事业单位）合作开展相关工作。双方具有深厚的合作渊源和广泛共识。无偿献血工作最早在深圳启动便是由深圳市红十字会和深圳市血站（现为深圳市血液中心）联合推动。在分工上，深圳市红十字会主要负责无偿献血和造血干细胞捐献宣传、表彰等工作，深圳市血液中心主要负责血液的收集、分析等工作。双方共同举办无偿献血和造血干细胞捐献的宣传、慰问、表彰、志愿者交流、培训等活动，共同开展"热血跑"等项目，协作推动无偿献血志愿服务队的工作。基于在无偿献血和造血干细胞捐献工作方面的深度融合，红十字会和血液中心还在器官捐献宣传和应急救护等业务方面开展合作。可以说，红十字会和血液中心的紧密合作是"三献"工作的深圳经验之一。

在人体器官捐献方面，深圳市红十字会没有直属的人体器官捐献管理中心，而是采取与负责人体器官获取的医院和遗体接收的医学研究机构合作的方式开展相关工作。深圳市第三人民医院和中国医学科学院阜外医院深圳医院（深圳市孙逸仙心血管医院）构成广东省第七个人体器官获取组织（OPO）。其中，由深圳市第三人民医院在全国人体器官捐献管理中心指导下，负责管理第七OPO的账号，对深圳所有人体器官的捐献、获取、分配进行管

理，负责捐赠器官者的脑死亡判定、医学评估、人体器官捐献系统录入，捐献器官的获取、保存、转运等工作。深圳市红十字会负责人体器官捐献的宣传动员、报名登记、确认捐献意愿、见证捐献过程（捐赠的规范、器官的数量与类型与捐献者及家属意愿是否一致）、捐赠者的缅怀纪念、人道救助等工作。在遗体捐献方面，深圳市红十字会主要负责志愿登记、宣传、抚恤和缅怀等工作，遗体由深圳市红十字会在深圳大学医学部挂牌的遗体接收中心负责接收与管理。深圳市红十字会的具体相关工作由器官捐献协调员来开展。

在应急救护培训方面，深圳市红十字会没有直属的培训单位或基地，也没有专门的培训部门。目前推动应急救护培训的模式是深圳市红十字会依托深圳市卫生健康能力建设和继续教育中心（以下简称深圳市能教中心），于2019年9月23日挂牌成立深圳市红十字会人道传播及教育基地。工作分工上，深圳市能教中心开展应急救护培训与收费，深圳市红十字会进行培训质量监督和对培训合格者发证工作。目前开展的培训包括救护员培训和应急救护师资培训两类。

在救灾方面，深圳市红十字会没有自己的备灾中心或备灾库，采取的策略是与深圳市应急管理局签署协议，从建设中的政府减灾备灾中心中划分出一个功能区由深圳市红十字会备灾使用。

三、法治：开创立法先河，推进制度建设

在发展过程中，深圳市红十字会秉承依法治会原则，不断完善自身制度建设，同时也发挥改革创新先锋作用，推动红十字事业相关法律法规的完善。

（一）先行示范无偿献血与人体器官捐献立法

深圳市在我国内地无偿献血和人体器官捐献的法治化建设过程中具有开创性地位。1993年，深圳市拉开中国内地无偿献血的序幕。经过两年多的工作，1995年9月15日，深圳市第二届人大颁布了《深圳经济特区公民无

偿献血及血液管理条例》，率先在全国开启了无偿献血法治化工作。该条例实施后，全国人大常委会、原卫生部多次到深圳调研，探索符合全国实际情况的献血制度，并于1998年10月1日颁布《中华人民共和国献血法》。通过立法，我国确立了无偿献血的制度，促进全国献血事业的健康发展，具有划时代的意义。①2014年10月30日，《深圳经济特区无偿献血条例》经深圳市第五届人大常务委员会通过，自2015年1月1日起施行，《深圳经济特区公民无偿献血及血液管理条例》同时废止。《深圳经济特区无偿献血条例》于2019年再次进行修正。《深圳经济特区无偿献血条例》将献血者最大年龄从55岁放宽至60岁，明确了献血者体重要求，全血采血400毫升的限量，并对无偿献血者临床用血便利性进行规定。

2003年8月22日，深圳市人大常委会通过《深圳经济特区人体器官捐献移植条例》。这是全国首部地方性器官捐献移植法规，使得器官捐献移植工作有法可依，也为国家层面《人体器官移植条例》的制定提供了参考和地方实践。②2007年3月31日，国务院正式颁布《人体器官移植条例》。《深圳经济特区人体器官捐献移植条例》在颁布时便将"器官捐献"明确体现在条例名称中，凸显器官捐献的重要意义，体现自愿、无偿原则，具有很强的政策前瞻性。

在"三救""三献"核心业务领域，深圳市红十字会制度建设较为完善。在"三献"工作方面，深圳市红十字会出台了人体器官捐献工作流程、岗位职责、协调员行为规范、工作内容，以及角膜捐献合作协议、分配细则、媒体接待工作流程等详细的工作制度。在应急救援方面，深圳市红十字会制定了《深圳市红十字会自然灾害应急预案》《深圳市红十字会新冠肺炎聚集性疫情应急处置预案》和《深圳市红十字会救灾救助物资（仓储）管理规定》；在应急救护方面，深圳市红十字会在师资管理、救护物品、证书管理、基地

---

① 朱为刚口述、伊宵鸿采写：《率先开展无偿献血立法　深圳开启中国无偿献血新时代》，载于《回望四十载，深圳慈善口述史》第9页。

② 高敏口述、伊宵鸿采写：《推出全国首部器官捐献条例　深圳在全国器官捐献和移植领域起示范作用》，载于《回望四十载，深圳慈善口述史》第16页。

管理等方面制定了工作制度，也制定了相关的工作流程；在人道救助方面，深圳市红十字会制定了社会救助管理办法、专项项目（基金）管理办法；在接受捐赠与募捐方面，深圳市红十字会制定了相应的管理制度和工作流程以及捐赠信息公开制度。

（二）完善组织管理制度和工作流程

深圳市红十字会也注重组织建设制度的完善。深圳市红十字会在党建、行政管理、财务管理、会员和基层组织管理、志愿者服务队管理等方面出台68项制度文件。其中，党建9项，行政管理28项，财务管理8项，会员和基层组织管理5项，志愿者队伍管理18项。深圳市红十字会专门出台了会员管理办法、团队会员成立流程、学校红十字会成立流程、管理办法和章程等制度。在志愿者服务队管理方面，深圳市红十字会也针对不同的志愿者服务队制定不同的管理办法、工作手册等制度文件，尤其是在无偿献血志愿工作服务队管理上，从队伍整体管理到干部选举、会议管理、工作职责、工时管理、值日制度、培训、表彰奖励等各环节，形成了一套全流程完善的工作制度（见表2-3-9）。

表2-3-9　深圳市红十字会部分工作制度文件

类型	文件名称
无偿献血	《深圳经济特区公民无偿献血及血液管理条例》（1995年9月15日颁布，2014年废止） 《深圳经济特区无偿献血条例》（2014年10月30日颁布，2019年4月24日修正）
人体器官捐献	《深圳经济特区人体器官捐献条例》（2003年8月22日颁布） 《深圳市红十字会器官捐献公益岗位职责》 《深圳市红十字会人体器官捐献协调员管理规定（试行）》 《深圳市红十字会人体器官捐献工作流程（试行）》 《深圳市红十字会器官捐献新闻媒体接待工作流程》 《深圳市红十字会角膜捐献合作协议》 《深圳市红十字会角膜捐献分配细则》
应急救援	《深圳市红十字会自然灾害应急预案》 《深圳市红十字会新冠肺炎聚集性疫情应急处置预案》（2022年3月22日公布） 《深圳市红十字会救灾救助物资（仓储）管理规定》

续表

类型	文件名称
应急救护	《深圳市红十字会应急救护物品管制规定》 《深圳市红十字会应急救护师资管理办法》 《深圳市红十字会应急救护师资培训班工作流程》 《深圳市红十字会应急救护培训证书管理办法》 《深圳市红十字会应急救护培训基地管理办法》 《深圳市红十字会红十字应急救护培训示范基地自评表》 《深圳市红十字会红十字救护员培训教学检查和教学反馈制度》
人道救助	《深圳市红十字会社会救助管理办法》 《深圳市红十字会专项项目（基金）管理办法》 《深圳市红十字会"关爱地中海贫血患儿"专项资金管理办法》 《深圳市红十字会"微笑工程"专项资金管理办法》
接受捐赠 与募捐	《深圳市红十字会募捐和接受捐赠管理办法》 《深圳市红十字会捐赠工作管理办法》 《深圳市红十字会接受捐赠款物工作流程》 《深圳市红十字会合作公开募捐工作指南（试行）》 《深圳市红十字会募捐箱管理办法（修订）》 《深圳市红十字会服务捐赠人管理办法（试行）》 《深圳市红十字会捐赠信息公开制度（试行）》
志愿者 服务队 管理	《深圳市红十字会无偿献血志愿工作者服务队管理办法》 《深圳市红十字会无偿献血志愿工作者服务队队干部换届选举管理办法》 《深圳市红十字会无偿献血志愿工作者服务队会议制度》 《深圳市红十字会无偿献血志愿工作者服务队志愿服务范围及职责》 《深圳市红十字会无偿献血志愿工作者服务队志愿服务工时管理办法》 《深圳市红十字会无偿献血志愿工作者服务队值日长制度》 《深圳市红十字会无偿献血志愿工作者服务队值日长工作职责》 《深圳市红十字会无偿献血志愿工作者服务队培训管理办法》 《深圳市红十字会无偿献血志愿工作者服务队表彰奖励办法》 《深圳市红十字水上安全救生志愿者服务队管理办法》 《深圳市红十字水上安全救生志愿者服务队工作手册》 《深圳市红十字水上安全救生志愿者服务队教练员管理办法》 《深圳市红十字水上安全救生志愿者服务队水上安全救生员训练管理办法》 《深圳市红十字会应急救护志愿者服务队管理办法》 《深圳市红十字会应急救护志愿者评选表彰管理细则》
机构治理	《深圳市红十字会会议制度》 《深圳市红十字会监事会工作规则（试行）》 《深圳市红十字会项目管理规定》 《深圳市红十字会财务管理办法》 《深圳市红十字会红十字（会）名称和红十字标志授权使用审查制度（试行）》 《深圳市红十字会新闻发布及新闻发言人制度》

四、善治：完善治理体系，打造人道事业共同体

深圳市红十字会在治理结构、组织建设、社会资源动员等方面还面临着诸多挑战。在依法治会的框架下，深圳市红十字会对内可继续完善治理结构、理顺区级红十字会和加强基层组织建设，充分发挥志愿者和会员的作用；对外加强与政府部门的联动合作，同时发挥社会团体的灵活优势，广泛动员社会资源，联合打造人道事业共同体。

（一）增强常务理事职能，设立执委会，优化监事组成

如前所述，深圳市红十字会在发展历程中，会员代表大会召开、理事会换届和理事会会议召开存在不够及时的情况，2021年第五届理事会选出后，这一情况得以改善。近3年来，理事会会议每年召开一次，主要为理事更换与年度工作报告审定。可加强常务理事履职，每年召开两次以上常务理事会会议，进行阶段性工作总结，及时进行重要决策，发挥其在组织治理与事业发展中的核心职能。这也有助于增强常务理事对红十字工作的了解，以及外部常务理事所在政府部门或机构与红十字会的联系合作，为红十字会争取更多的支持。同时，常务理事除了相关政府部门代表，应吸纳更多的企业、社会组织、基层会员代表，形成多元化结构。此外，深圳市红十字会可聘请深圳市市长担任名誉会长。

当前，深圳市红十字会的治理架构中缺失执行委员会（以下简称执委会）。从实际情况看，目前主要由党组成员承担执委会的职能，直接领导内设部门开展工作。根据《中国红十字会章程》，执委会由专职常务理事组成。目前，深圳市红十字会仅有一位专职常务理事，可先由专职常务理事和两位专职理事组成执委会，但需要避免因成员相同造成执委会与党组工作的重合。

目前，监事会中有一位市红十字会工作人员兼任，存在"运动员"和"裁判员"角色冲突的风险；同时监事工作不独立，实际上大部分工作依托红十字会内部执行团队开展。因此，可优化监事过程，一是争取全职监事；

二是扩大监事来源，如政府部门、学者、社会组织、基层组织等，可涉及财务、审计、项目管理、筹款等方面，充实监事职能；三是完善监事会会议机制，充分发挥其监督职能。

（二）优化部门设置，加强人员激励

囿于机构行政级别低、人员编制少，深圳市红十字会采用精简的内设部门架构，仅设业务部和办公室两个部门，且由分管副会长兼任内设部门负责人。从各项工作的长远发展来看，职能部门需要根据业务做进一步细分。同时，深圳市红十字会当积极争取申请成为局级单位。

深圳市红十字会长期人员不足，且流动性大，人才保留率较低。一方面，通过争取更多的人员编制和社会工作者等方式，扩大人员规模；另一方面，建立人员激励机制，采取更多保障措施。

（三）加快理顺区级红十字会，发挥基层组织作用

加快理顺区级红十字会是一个必然趋势。它既是《中华人民共和国红十字会法》的要求，也符合深圳红十字事业发展的需要。依托卫健局开展红十字工作，可以借助卫健系统，获得其支持与资源，方便开展工作。但应看到，没有独立的机构和专职人员，区级红十字会无法将全部精力放在红十字核心业务上。应坚持理顺区级红十字会管理体制的发展方向，分步分级落实，推进罗湖区和福田区红十字会实现"三有"（有分管领导、有专兼职工作人员、有工作经费），加快龙华区、坪山区、光明区、大鹏新区成立区级红十字会，鼓励和积极推动各个区级红十字会的独立自主开展工作。选举或换届区级红十字会理事会，设立监事会，实现区级红十字会治理的规范化。

深圳市红十字会创建基层红十字工作站，推动红十字工作扎根社区。目前存在的问题是采用挂牌形式，组织黏性欠缺；同时多以应急救护培训为主，内容单一；搭配社区其他工作开展，辨识度和居民参与度低，难以形成独立稳定的工作格局；活动频度低，市、区两级红十字会提供的实质性支持有限，社区积极性不高。需要在继续普及应急救护培训的同时，开展更多满

足民生需求的服务与项目，增强红十字工作的独特性和公众认知度。在继续依托基层社区、社康中心、党群中心等广泛建立基层红十字工作站的同时，推动学校、机关、企事业单位、行业红十字基层组织的推广建立。

（四）加强志愿者与会员服务，创新动员模式

深圳市红十字会志愿者整体数量少，志愿者服务队伍出现"老龄化"与青黄不接现象，且有的队伍存在管理松散的情况。一方面，加强现有队伍的规范管理，可尽快出台相关的激励表彰措施，增强志愿者荣誉感与成就感；加强志愿者服务队伍的标准和规范建设，加强专业技能和服务培训，提高志愿服务的规范性和专业性。另一方面，充分挖掘深圳丰富的年轻人资源，创新工作模式，吸纳青年群体参与，扩大青年志愿者队伍规模。

当前，深圳市红十字会的会员数量少，作用几乎没有得到发挥。可以加强红十字人道文化宣传，充分发挥当前深圳人口结构优势，扩大发展团体会员和个人会员规模，改进对红十字会会员的服务，加强会员对红十字工作的了解与参与，增强会员对红十字会的认同感、归属感。继续加强与既有合作伙伴的合作，创新动员模式，扩展合作范围，发展团体会员。加强捐赠人服务，比如增强对捐赠人的信息反馈、表彰，开展捐赠人参与的项目与活动。优化网络信息平台，通过平台，做好志愿者、会员的登记，服务时间管理，开展捐赠信息反馈等。

（五）增强与政府部门的合作

深圳市红十字会与多个政府部门存在不同程度的业务联系。深圳市红十字会在发展人道事业的过程中，一方面，要继续巩固和深化细化与卫生健康、应急管理、教育、民政、文化、海关、外办、交通运输等政府部门的关系，完善合作机制；另一方面，加强与其他相关部门和残联等群众团体的联系，加强信息共享和日常沟通，从而合力推进"三献"、救护培训、应急救援救助、学校红十字教育、养老等民生服务、基层组织建设、红十字文化宣传、国际交流等人道事业的发展。

分报告四
深圳市红十字会疫情防控工作

　　突如其来的新冠疫情打破了庚子新年的祥和氛围，面对肆虐的新冠疫情，深圳市红十字会的工作者和志愿者们同全市人民一道，"疫"无反顾，"战"在一线，切实履行应急救援人道职责，勇当人民群众健康平安的守护者。由于深圳市优越的地理位置，地处珠三角前沿，连接香港与内地，深圳市红十字会主动作为，将自己定位为"全球接单、深圳通关、全国转运"的抗疫物资保障的"大客服"，得到来自各方的肯定。深圳市红十字会充分利用地缘优势，积极作为，实现了境外物资捐赠迅速通关，有序高效送往疫情前方，为全国一线疫情联防联控工作做出了突出贡献。自 2020 年疫情发生以来至 2022 年 5 月 31 日，深圳市红十字会共接收新冠疫情防控捐赠款物 8866.84 万元。其中，捐赠资金 2760.39 万元，捐赠物资价值 6106.45 万元。[①]

　　根据国家卫生健康委疫情应对处置工作领导小组对我国新冠疫情防控阶段的划分，我们将深圳市红十字会的新冠疫情防控工作（2020 年 1 月—2022 年 4 月）大致划分为三个阶段：第一阶段为突发疫情应急围堵阶段（2020 年 1 月—3 月）；第二阶段为常态化疫情防控阶段（2020 年 4 月—

[①] 数据来源：《深圳市红十字会新型冠状病毒肺炎疫情防控社会捐赠款物收支情况审计报告（2020 年）》，深圳市红十字会网站，https://www.szredcross.org.cn/cms/DonateTrends/5442. html，最后访问时间：2022 年 10 月 26 日。
《深圳市红十字会新型冠伏病毒肺炎疫情防控社会捐赠款物收支情况审计报告（2021 年 1 月 1 日—2022 年 5 月 31 日）》，深圳市红十字会网站，https://www.szredcross.org.cn/cms/Dona-teTrends/5782.html，，最后访问时间：2022 年 10 月 26 日。

2022 年 3 月）；第三阶段为支援香港疫情防控阶段（2022 年 3 月—4 月）。

深圳市红十字会在打赢疫情防控阻击战中展现新担当，实现新作为。新冠疫情防控工作中深圳市红十字会表现出组织框架完善、工作亮点突出、社会捐赠规范等特点，并且于 2022 年在中国红十字会总会领导下具体执行内地红十字系统援港抗疫物资转运等工作，全力支持香港抗击新冠疫情，为香港同胞送去全国人民的牵挂。

一、疫情防控组织框架完善

2020 年 1 月 26 日，为了进一步做好深圳市红十字新型冠状病毒感染的肺炎防控工作，积极开展疫情防控款物募集、疫后人道主义救助工作，红十字会成立新型冠状病毒感染的肺炎疫情防控工作领导小组，全面组织领导市红十字会新型冠状病毒感染的肺炎防控工作，统筹协调工作任务，始终坚持以人民健康为中心，积极、认真履职，科学评估防疫物资需求，及时开展物资捐赠接收、分配下发、存储调配工作，全力保障一线防疫需求，认真做好疫后人道主义救助工作。新型冠状病毒感染的肺炎疫情防控工作领导小组下设综合协调组、热线咨询组、评估分配组、物资运输组、宣传报道组 5 个小组，明确分工、责任到人、一抓到底（见图 2-4-1）。

综合协调组主要职能为综合统筹协调疫情防控日常事务工作；收集、编写、上报工作动态；提供有力的后勤保障支持。

热线咨询组主要职能为 24 小时在线接听、保持热线畅通、准确解答捐赠咨询；及时、准确、高效分类收集各类热线咨询及引导；做好信息登记与信息转交工作。

评估分配组主要职能为准确及时做好捐赠物资分类接收、储备以及分发评估；对接深圳海关、做好境外物资接收工作；做好款物捐赠数据统计汇总上报工作；对接深圳市联防组、做好物资入库储备、捐赠接收工作。

物资运输组分为境内与境外两部分物资接收人员，他们的主要职能为准确安全高效开展物资接收、发运、出入库管理工作；协助对接深圳市疫情防控指挥部的物资储备组开展捐赠物资接收运输、物资入库、物资调拨运输手续办理；协助做好单据签收工作。

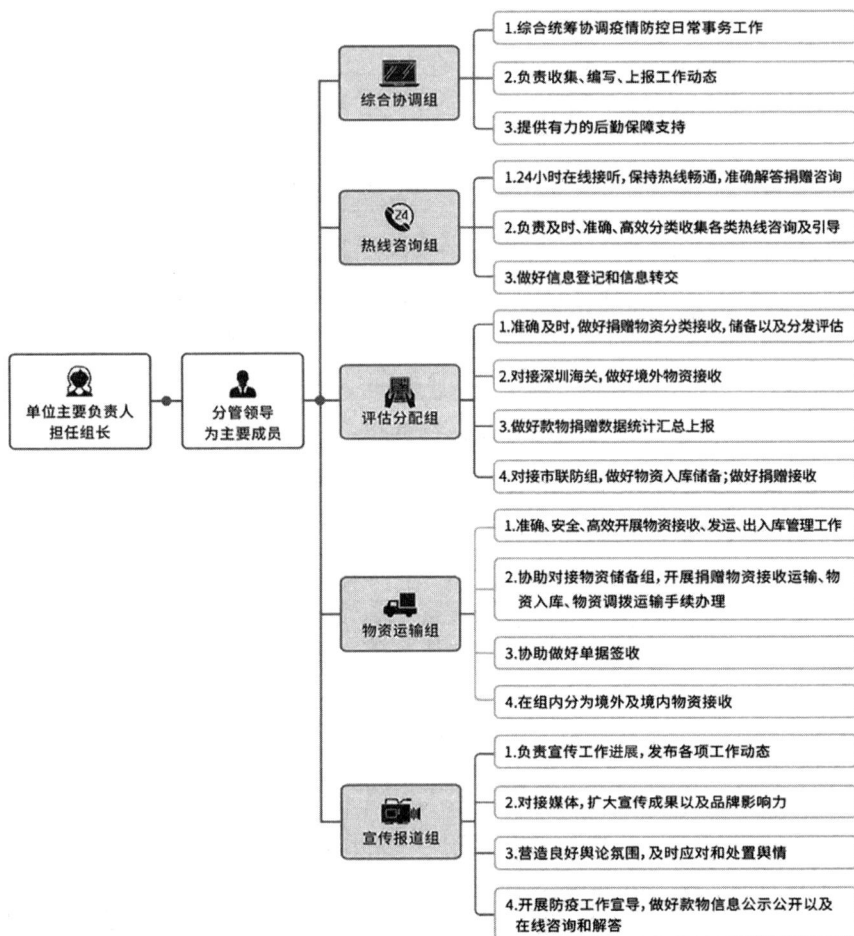

图2-4-1 深圳市红十字会疫情防控工作框架

宣传报道组主要职能为宣传工作进展，发布各项工作动态；对接媒体，扩大宣传成果以及品牌影响力；营造良好的舆论氛围，及时应对和处置舆情；开展防疫工作宣导，做好款物信息公示公开工作，并在线开展咨询解答工作。舆情监测作为防控工作的重要组成部分，红十字会完善机制、专岗专员，形成了良好的宣传效果，为疫情防控总体工作做出了积极贡献。红十字会运用灵活方式，自拍自编视频短片《助力疫情防控 红十字"救"在身边》，制作宣传图片《深圳有一群与时间赛跑的红十字人》，编辑深圳市红十字疫情防控工作简报 14 期，撰写的宣传稿件被央广网、学习强国、人民日报、新华网、中国新闻网等媒体采用报道，宣传下沉基层，贴近生活，树立优秀典型，讲好红十字故事，使读者直观了解红十字会疫情防控工作。

二、疫情防控工作亮点突出

深圳市红十字会根据深圳市疫情防控指挥部的工作部署和要求，结合红十字会工作职责，确定"依法依规、规范便捷、有序稳妥、公开透明"工作总要求，明确统一数据、统一口径、统一发布、统一报告"四个统一"原则。与此同时，积极配合审计署驻深办和深圳市审计局等部门做好深圳市红十字会捐赠款物的审计工作。深圳市红十字会在具体的疫情防控工作中实现八大工作亮点（见图 2-4-2）。

（一）疫情防控"早部署"

2020 年 1 月 20 日，国务院召开新型冠状病毒感染的肺炎疫情防控工作电视电话会议，广东省与深圳市召开疫情防控工作视频会议。1 月 21 日，深圳市红十字会紧急组织召开新型冠状病毒感染的肺炎疫情防控工作专题会议，传达上级防控工作会议精神并对疫情防控工作进行部署，及早制定了疫情防控工作方案，于 1 月 26 日成立新型冠状病毒感染的肺炎疫情防控工作领导小组，把防控工作作为首要工作，以紧急支援疫情防控一线工作为目标，积极参与疫情防控工作，积极发挥党和政府在人道领域的助手作用。红十字会坚持例会制度和专题会议制度，传达上级会议内容，研究部署疫情防控工作，统筹梳理工作事宜，及时解决棘手问题，确保疫情防控工作的有效开展。红十字会根据防控工作形势及时调整疫情防控工作小组分工、细化工作任务、增设工作岗位、招募志愿者以确保各项工作顺利高效开展。深圳市红十字于 1 月 25 日通过各大媒体平台发布《深圳市红十字会关于募集医疗队有关防护物资的公告》，迅速进入紧急状态。

（二）联动机制"早建立"

深圳市红十字会发挥地域优势与组织优势，多方动员境内外捐赠方，与市委统战部、市委外办、市委台办、市民政局、市卫健委、市海关等部门密切联系，建立工作联动机制，呼吁和挖掘境外防护物资捐赠潜力，与境外爱心捐赠方及时沟通联系。

（三）绿色通道"巧加速"

深圳市红十字会联合深圳海关紧急开通境外防控物资捐赠绿色通道，与此同时，联合蛇口海关，依托前海湾保税港区"MCC前海"新物流模式，发挥深圳的区位优势与前海自贸区的政策优势，通过香港—前海航空联运进行跨境运输，不断优化提升境外疫情防控物资捐赠通关服务效率，保障境外防护物资及时入境支援防疫一线。1月27日，深圳市红十字会紧急上报中国红十字会总会境外援助物资捐赠申请，并及时与深圳海关等部门协调，加速办理了境外捐赠物资进口证明，开通境外援助物资入境通关绿色通道，接收甲壹科技有限公司捐赠的一批境外物资。1月30日，深圳市红十字会与深圳海关就境外捐赠物资通关服务召开了专题会议，建立起密切的合作机制，深化细化合作沟通环节，将工作提前做细做够，加快境外防护物资的募集通关效率并做好服务保障。

（四）全球接单"秒回复"

截至2020年12月31日，深圳市红十字会共接收境外捐赠物资141批次，物资来自全球36个国家，其中包括巴拿马、罗马尼亚、多米尼加等全新合作国家。由于疫情特殊形势，捐赠方与货主往往处在不同国家，时差问题并未阻碍协调沟通。自2020年1月24日起，红十字会开通24小时咨询热线，重点做好防疫物资捐赠咨询。1月27日，红十字会增开一条电话接听热线，工作人员24小时在线，咨询协调服务"秒回复"，以确保第一时间开展物资捐赠对接工作，做好全球接单、深圳通关、全国转运的"大客服"

保障工作。

（五）物资转运"零延误"

深圳市红十字会创新工作机制，以防疫一线物资需求为导向，在捐赠物资接收阶段与一线做好沟通与协调后进行物资分配，优化物资存储和转运环节，物资直接从捐赠方送达受赠方，减少中间转运环节，大幅提高物资分配工作效率，高效支援防疫一线，实现了物资转运"零延误"。与此同时，红十字会积极协助其他省市做好防护物资转运工作，充分发挥深圳市的地域优势，彰显深圳市"先行先试"的特色，发挥了全国示范城市作用。

（六）接收分配"全透明"

深圳市红十字会接收到的所有捐赠款项严格按照捐赠方定向意愿执行，非定向的按照内部管理决策程序，本着优先支援一线的原则，集体研究处理，并坚持统一数据、统一口径、统一发布、统一报告"四个统一"信息发布原则，及时将捐赠资金、物资接收及分配情况进行官网、官方公众号公开公示，确保捐赠资金、物资分配"全透明"，以便民众监督。

（七）服务保障"零投诉"

深圳市红十字会制定《深圳市红十字会本级新型冠状病毒感染肺炎疫情防控捐赠款物暂行规定》，规范了捐赠款物处置流程，依法依规接收、使用、管理捐赠款物，提高了捐赠款物拨付分配效率，保障了服务效率和服务水平，真正做到了捐赠过程服务保障"零投诉"，得到了捐赠方与接收方的高度评价。

（八）专项审计"零问题"

深圳市红十字会及早部署对捐赠款物进行内部审查的工作，成立捐赠款物内部审核工作领导小组，审查工作细致到个人。会内持续开展捐赠手续、资料规范性管理，部署跟踪已拨付捐赠款物的使用情况，及时跟进接收方，做好捐赠款物后续使用管理工作。与此同时，红十字会积极配合审计署驻深办和深圳市审计局做好全流程审计核查工作，并于2021年9月发布《深圳市红十字会新型冠状病毒肺炎疫情防控社会捐赠款物收支情况审计报告（2020年）》，2022年7月发布《深圳市红十字会新型冠状病毒肺炎疫情防控社会捐赠款物收支情况审计报告（2021年1月至2022年5月）》。根据审计部门的检查反馈，深圳市红十字做到了捐赠款物规范化管理，无相关整改问题，得到了审计部门的充分肯定。

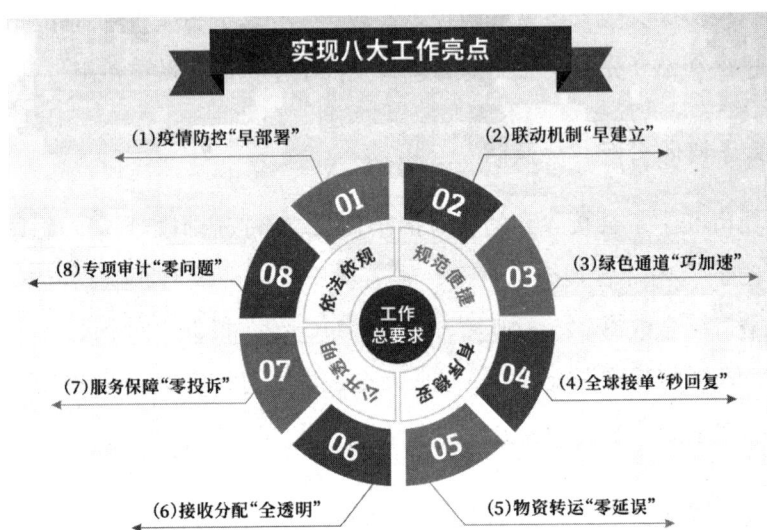

图2-4-2　深圳市红十字会应对新冠疫情八大工作亮点

三、疫情防控社会捐赠规范

深圳市红十字会于2020年1月25日通过各大媒体平台发布《深圳市红十字会关于募集医疗队有关防护物资的公告》，广泛动员境内外爱心社会力量捐赠抗疫一线急需防疫物资。

捐赠款物进入协同阶段进行细化处理，不同的捐赠具有相应的处理办法。境内物资捐赠由深圳市红十字会指导捐赠人填写捐赠意向函和物资清单；境外物资捐赠同样由深圳市红十字会指导捐赠人填写捐赠意向函和物资清单，并与深圳海关、南方航空、外事办等单位协助建立起"一站式"运输途径，为捐赠方提供优质服务，安全高效接收捐赠物资。针对境外物资捐赠，红十字会于2020年1月30日发布《境外防护物资捐赠通告》，指出为解燃眉之急，社会各界充分挖掘境外防护物资捐赠。市红十字会是深圳接受境外防护物资捐赠的主渠道，境外防护物资捐赠给深圳市红十字会的，由深圳市红十字会开具相关接收证明，中国国际航空和南方航空航班予以免运费。2020年2月22日发布《深圳市红十字会境外防护物资捐赠指引》，关于接收流程进行明确，共分为三个步骤：首先，红十字会工作人员对收集到的捐赠材料进行审核；其次，红十字会出具《受赠人接受境外慈善捐赠物资进口证明》，并向深圳海关申报先检后报绿色通关手续；最后，由红十字会统一办理清关、免税事宜。资金捐赠则可通过线上微信或银行转账进入深圳市红十字会账户、线下现金两种方式进行。

捐赠款物进入分配阶段后，深圳市红十字会将接收到的所有捐赠款项严格按照捐赠方定向意愿执行，非定向的按照内部管理决策程序，本着优先支援一线的原则，集体研究处理。接收到的境内外物资捐赠被分为定向物资捐赠与非定向物资捐赠。定向物资捐赠将由深圳市红十字会与定向受赠方在接收点现场交接捐赠物资。非定向物资捐赠将由深圳市红十字会根据物资进行评估，确认受赠方后再进行分配；或者根据相关评估转至深圳市新冠肺炎疫情防控指挥部办公室物资保障组，统一调配。定向捐赠资金会由市红十字会转至受赠方账户，非定向捐赠资金则需要经过评估后按照流程进行拨付。

捐赠款物进入公示阶段，深圳市红十字会新型冠状病毒感染的肺炎疫情防控工作领导小组坚持统一数据、统一口径、统一发布、统一报告"四个统一"信息发布原则，宣传报道组于每日下午3点在官网、微信公众号公示前一日12时—当日12时累计的款物接收及分配去向情况，以确保捐赠资金、物资分配"全透明"。

捐赠款物进入审计阶段，深圳市红十字会具有内部审计与外部审计两个审计环节。内部审计由市红十字会审计工作小组开展，会内持续开展捐赠手续、资料规范性管理，部署跟踪已拨付捐赠款物的使用情况，及时跟进接收方，做好捐赠款物后续使用管理工作。外部审计由审计署驻深办和深圳市审计局进行，红十字会积极配合做好全流程审计核查工作。深圳市红十字会于 2021 年 9 月发布《深圳市红十字会新型冠状病毒肺炎疫情防控社会捐赠款物收支情况审计报告（2020 年）》，2022 年 7 月发布《深圳市红十字会新型冠状病毒肺炎疫情防控社会捐赠款物收支情况审计报告（2021 年 1 月至 2022 年 5 月）》。根据审计部门的检查反馈，深圳市红十字会做到了捐赠款物规范化管理，无相关整改问题，做到专项审计"零问题"，得到了审计部门的充分肯定。

深圳市红十字会应对新冠疫情开展社会捐赠工作流程见图 2-4-3。

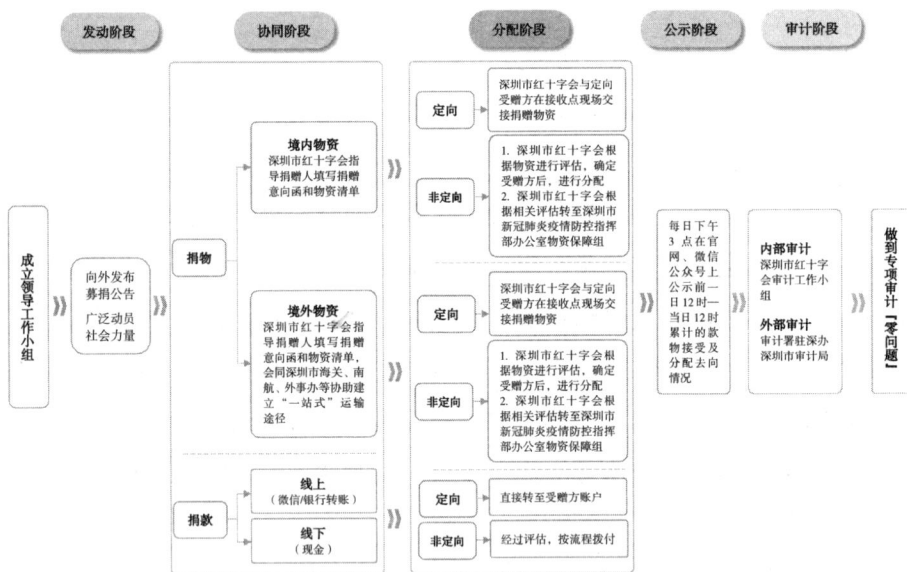

图 2-4-3 深圳市红十字会应对新冠疫情开展社会捐赠工作流程

四、疫情防控红十字会基层行动

深圳市红十字社区健康工作站作为深圳市红十字会基层组织认真履行红十字会法定职责，协助有关部门和社区落实联防联控措施，主动担任社区"三位一体"、居家隔离人员的健康管理、核酸采样、健康驿站管理、企业复工复产、学校复课应急演练、疫苗接种、健康监测数据收集、防疫知识宣传、筛查随访、全科诊疗、心理辅导等多种角色于一身的社区健康的"守门人"。

深圳市红十字青少年会员积极参与到志愿服务中去，深圳国际交流学院红十字会在微信公众号上发布《武汉挺住　国交红十字会|捐款/物资/物流渠道汇总》的推文，号召红十字青少年会员们行动起来。此外，深圳高级中学红十字会也主动加入疫情防控工作队伍。

疫情暴发，血液库存直线下降，深圳市红十字会无偿献血志愿者迅速成立街头献血宣传招募先锋队，开展街头招募，带头无偿献血，用热血铸就希望，用善举架起生命桥梁，为全面战胜疫情贡献着自己的力量。

五、主动担当，有力支援香港抗疫

2022年香港新一轮疫情暴发后，按照中国红十字会和深圳市委市政府的要求，深圳市红十字会积极主动承担起全国红十字系统援港抗疫捐赠物资相关工作。深圳市红十字会严格按照"依法依规、规范便捷、有序稳妥、公开透明"的工作总要求，快速响应，密切沟通，精准协调，实现了人道服务规范、高效、透明，达到了援港抗疫物资转运"零延误"，为支援香港抗疫凝聚起强大的人道力量。2022年1—4月，深圳市红十字会共接收援港抗疫的口罩、防护服、药品、消毒机等捐赠物资30批次1026.34万件，折合3230.0万元，已全部转运至香港并派发给社区居民。深圳市政府主要负责同志做出"很好"的批示；中国红十字会领导对深圳市红十字会援港抗疫工作做出批示："围绕中心，服务大局，主动担当作为，做出了突出贡献，发挥了重要作用"，给予了高度肯定；香港中联办、香港红十字会等相关单位发来感谢信8封；光明日报、香港文汇报、大公报、南方+、深圳卫视等中央、省、市及境外媒体进行了广泛报道。

分报告五
深圳市红十字会公信力建设

公信力是一个社会组织综合实力的体现，关系着组织内部工作人员人心的向背，关系着组织外部所能牵动的社会力量大小，需得内外兼修，方能形成效果。深圳市红十字会公信力建设较早开展，已取得不俗的成果。从内部入手，深圳市红十字会试点治理结构创新，探索监事的职责与工作流程；理顺深圳市红十字会组织体系，推进建立"市—区—街道—社区"的四级联动机制；增强服务意识，由行政指令转向服务引导。从外部着手，深圳市红十字会重构与政府职能部门、事业单位的关系，针对重大民生工程形成分工合作；重视与媒体的联系，与深圳晚报联合推出关爱地贫患儿的"燃料行动"，与晶报打造"红十字安全第一课"；引入多元力量参与红十字会项目，与深圳市慈善组织、公立医院等事业单位共享项目资源。在未来，深圳市红十字会继续针对深圳城市特色，坚持以"不为我所有，但为我所用"的理念，拉动内外力量共同参与人道事业，在项目中增进内部员工及社会各界对于红十字会的认同感，进而强化深圳市红十字会的公信力。

一、公信力体现社会对于其工作态度、能力、使命的信任

社会组织的公信力指的是社会大众对于该组织的信任程度[1]，是合作方、

---

[1] 石国亮：《慈善组织公信力重塑过程中第三方评估机制研究》，《中国行政管理》2012年第9期，第64-70页。

受益人群、监管机构和利益相关民众对于该组织能力、组织、绩效等方面的综合评价，无论是对外拉动社会资源，还是对内提高工作人员凝聚力，都是必不可少的。从公信力的构成来看，其可以拆分为三重结构，对于社会组织是否能够公正处理与捐赠人、受益人及其他利益相关者的关系，是否有足够能力有效完成交付的工作，是否能够恪守组织使命。[①]

（一）社会组织需正确处理与利益相关人士的关系，提升服务公众的工作意识

公众对于社会组织的信任感，很大程度上是建立在该组织利益相关人士的风闻口碑上。社会组织，视其设立的使命和目标，多聚焦于某一区域、某一领域或某一困难群体，除了捐赠方、受益方和关注这一地区或领域的利益相关者，其他社会接触面较为局限。一般公众对于该组织的认知，主要是建立在利益相关者的表述上，而不是根据其亲身参与该组织工作的体验。因此，社会组织有必要建立一套与利益相关者接触、互动的工作准则，工作人员在面对捐赠人、受益人和其他相关人士时，需要注意自身的工作方法和态度是否与组织的使命相匹配。若是因为未能正确处理与利益相关者的关系，导致其对于该组织的使命和目标产生了错误的判断，那么社会公众将质疑该组织的公正性。

红十字组织，更应该注重建立与利益相关者互动的原则。无论是市级红十字会、区级红十字会，还是基层红十字组织，相比其他社会组织，更具备"官民双重特性"。一方面，红十字会的工作人员，或是参公编制，或是政府购买服务，在群众的眼里更代表政府的形象、官方的声音。另一方面，根据《中华人民共和国红十字会法》，以及国际红十字与红新月运动的精神，各级红十字组织具备社会团体法人资格，理应依法独立开展相关人道工作。

法定的工作职责和义务，与实际开展工作的现状，注定了中国的红十字组织要服从党的领导，还要独立履行义务，在与利益相关方合作、沟通时，

---

① 泰安兰：《慈善组织公信力修复与重建研究》，光明日报出版社 2019 年版。

尤其要注意展现出一个目标明确、使命远大的社会组织应有的形象。红十字会工作人员应以服务意识为先，平时在与利益相关者互动时，需破除下达行政指令式的交流模式，在遇到重大人道主义事件或危机时，挺身而出，发挥党和国家赋予的法定职责。

（二）社会组织需积极开展对外宣传，提升公众对其业务能力的认知程度

一个社会组织能否按时保质完成其担负的任务，是影响公众对其信任程度的关键所在。评判一个社会组织完成工作好坏的依据，定性的描述多于定量的指标，因此并不容易做到一目了然。要做到让社会公众认可社会组织的工作能力，包括双重方向的努力，一是要提高员工本身的能力建设，并合理配备团队；二是要推动宣传工作，让民众了解组织工作的社会意义，了解评判标准的设置依据。

中国的红十字组织，多数与卫健委系统有着深厚的联系，要么业务范围曾隶属于卫生局，要么主要领导和工作人员多来自卫生系统。反映到红十字会"三救""三献"的本职工作上，各级红十字会常在无偿献血、造血干细胞捐献、人体器官捐献的"三献"工作和"三救"中的应急救护领域，业务发展顺利，也取得了不俗的社会影响力。但在社会救助等其他方面，虽已取得了不俗的成绩，但社会公众对于红十字会所取得的相关成就认知并不全面。

这一方面是因为红十字组织本身因历史原因，在"三献"和应急救护领域有较深的积累，已形成了较强的品牌效应，而对于关爱社会困难群体的救助业务等开展较晚，社会影响力相对有限。另一方面，中国民众对国际红十字与红新月运动本身的认知有限，接触到的红十字会项目也多局限于卫生健康领域，对于红十字会在人道领域的重要作用缺乏详细了解。

（三）社会组织需恪守组织目的和使命，坚守创立时的初心

社会组织设立的目的是回应社会公众多元化的需求，天然就具备一定的

社会公益性，公众的信任是其赖以生存发展的关键因素。这也导致了公众对于社会组织在工作中是否恪守组织使命、工作内容是否与组织目的相匹配，有较高的期待。

中国红十字会及各级红十字组织工作内容和职责受《中华人民共和国红十字会法》保障，品牌和影响力经历漫长历史沉淀，理应接受社会公众对于其使命的更大期待。

二、修内功，健全组织体系和治理结构，调整工作机制

为顺应社会期待，增进公众对于红十字会治理结构、工作能力、品牌价值的认可，深圳市红十字会较早就认识到了公信力建设的重要性，并自2019年起，探索建立监事会工作机制，试点"区—街道—社区—基层"的四级联动机制，提升内部工作人员的服务意识，重点从组织内部的监督、运作和工作机制着手，由内向外重塑深圳市红十字会的公信力。

（一）设立监事会、开发信息管理平台双管齐下，大力提升组织治理结构透明度

提升社会组织治理结构透明度是建设公信力的重要举措。考虑到真正参与到红十字会相关工作或项目的人群相对比较局限，公众对于深圳市红十字会的信任度取决于公开渠道所能获知的信息质量。设立监事会、开发信息管理平台无疑增加了公众了解红十字会工作的可靠途径。

2017年新修订的《中华人民共和国红十字会法》规定了各级红十字会都要依法设立监事会，明确理事会、执行委员会工作受监事会监督，形成理事会决策、执委会执行、监事会监督"三位一体"的运行机制，这是红十字会系统完善内部治理结构的重要创新举措。[1] 设立监事会有益于引入多元力

---

[1]《发挥监督作用　提升治理效能——浅谈红十字会监事会制度优化与完善建议》，中国红十字会官方网站，https://www.redcross.org.cn/html/2022-09/88587.html，最后访问时间：2023年10月9日。

量参与红十字会治理，拓展了解红十字会的渠道，从而提升社会公众对红十字会的信任度。深圳市红十字会于 2021 年 9 月成立第一届监事会，将律师、报社记者和其他社会贤达人士纳入红十字会监督机制内。

在设立监事会的同时，深圳市红十字会近年来重点开发"深红有你"信息化管理平台，扩大社会对于深圳市红十字会的信息获取渠道。该平台以微信小程序的形式将会员的注册与缴费、志愿者的服务时长、活动信息发布、无偿献血及器官捐献登记等常规服务内容纳入统一管理，未来还将进一步开发救护员线上培训、捐款捐物筹集等功能。深圳市红十字会设立监事会、开发信息管理平台的方式，双管齐下，大力提升了深圳市红十字组织的透明度。

（二）试点"区—街道—社区—基层"的组织结构，打通民众门前的"最后一公里"

一直以来，深圳市红十字会在社区、基层单位没有得力抓手的问题较为突出，导致红十字会的活动及影响力始终徘徊在区、街道层级，民众没有渠道了解红十字会的工作，进而影响了公众对其的信任度。2019 年以来，宝安区红十字会借助区政府大力普及社会急救培训工作之机，将人道传播和生命教育的红十字工作纳入"健康宝安"建设工作，逐步建立了"区—街道—社区/学校/企业"三级红十字会网络，开展了应急救护进社区、无偿献血进社区、关爱行动进社区等活动。截至 2022 年底，宝安区红十字会依托社区党群服务中心和社区健康服务中心，在布心、新乐、蚝业、南昌、桃园等 15 个社区设立红十字工作站；在其他基层组织方面，在 48 个酒店和 22 个学校设立工作站点。

在大力拓展基层组织的同时，深圳市红十字会亦注意开发一批符合民众需要的特色服务品牌进到基层，在当地形成了良好的红十字品牌效应，增进了民众对于红十字会工作的理解。在应急培训方面，开展"红海豚""红鹰行动""安全第一课"等进校园、进社区、进机关、进企业活动，让更广的社会面接触到红十字人道主义理念；在青少年活动方面，举办"深、港、澳、穗、珠"五地红十字青少年交流营，加强大湾区青少年人道主义培训交流；在急救工作站建设方面，打造"'救'在身边"5分钟社会救援圈项目，保障群众的生命安全。

（三）调整内部人员配置，增强服务意识

红十字会的工作人员是民众了解红十字会工作最直接的途径。红十字会工作人员的作风和态度，将直接影响到民众对于红十字组织的印象。2019年，深圳市巡察工作专栏公布第九轮巡察18个被巡察党组织公开整改情况，建议积极发挥深圳市红十字会党支部责任担当，常态化开展实地调研，及时掌握服务对象需求，提高服务精准度。[①]2020年，《深圳市红十字会改革实施方案》获批通过，分设办公室和业务部两个内设机构，优化内部人员配置，同时以扩编和购买服务的方式，扩充了一批年富力强、拥有基层工作经验的员工进入一线服务，大力提升了服务群众的体验。

三、练外功，强化与政府、媒体关系，引入多元参与人道事业

随着深圳市红十字会对内部在监管机制、组织结构、品牌服务开发方面不断加码，在外部亦重塑与政府职能部门、事业单位的关系，强化与媒体的合作，引入多元力量参与人道项目，由外向内，促进深圳市红十字会的社会信任，让更广泛的人群了解红十字会业务、熟悉红十字会使命，从而更精确地判断红十字会的社会价值。

（一）调整与政府事业单位的分工合作，厘清红十字会业务主线

深圳市红十字会因历史原因，与市、区卫生局有着较深的渊源，进而与深圳市血液中心、深圳市卫生健康能力建设和继续教育中心（能教中心），

[①]《六届市委第九轮巡察18个被巡察党组织公开整改情况》，澎湃新闻，https://m.thepaper.cn/baijiahao_5296178，最后访问时间：2023年3月22日。

以及各大公立医疗机构合作紧密，陆续开展无偿献血、人体器官捐献、社会急救培训等业务，极大地拓展了深圳市人道项目覆盖面。但与卫生系统深度合作，也让红十字会的独立性受到了挑战。如何在维系与政府事业单位关系的同时，向公众明确展示红十字会在项目中的定位、职责、业务和贡献，是增强红十字会外部形象，提升社会信任度的关键。

深圳市红十字会近年来紧扣《中华人民共和国红十字会法》规定的责任与义务，在业务上形成分工合作：与能教中心合作，由深圳市红十字会负责社会急救培训课程设置、教材编写和考核认定，由中心负责具体执行授课；与深圳市第三人民医院器官捐献办公室合作，由深圳市红十字会负责器官获取见证、捐献者缅怀、家属关怀，由第三人民医院负责捐献者医学评估、死亡判定，器官获取、维护、转运等；与血液中心合作，由深圳市红十字会负责进校园、进社区、进机关、进企业等宣教工作，血液中心负责血液采集、管理。在明确分工职责后，深圳市红十字会更能够将有限的资源投入自身的主责业务上，也能够更清晰地向公众阐释自身的价值与贡献。

（二）重视与媒体的合作，拓宽社会公众接触红十字会的渠道

媒体是公众了解红十字会工作的重要途径之一，因此促进与本地媒体的合作，增进媒体对于红十字会业务的了解，也是提升红十字会社会信任度的关键。深圳市红十字会较早开展与本地媒体的合作，在2003年就与深圳晚报合作，与市血液中心、第二人民医院、富士康集团共同发起"燃料行动"项目，关爱患有地中海贫血症的儿童，20年来服务300名患儿，唤起社会对于地中海贫血这一地域性罕见病的关注，有效缓解了患者家庭的经济负担，在深圳市范围内实现了重症地贫患儿零出生，造成了较大社会影响，也有效地树立了红十字会的形象。

2020年，深圳市红十字会与晶报合作，打造"红十字安全第一课"品牌活动，已成功推出"暑假安全第一课""寒假安全第一课""放学安全第一课"等系列活动，将自救互救知识覆盖到孩子们生活的每一处细节上，通过丰富多彩的活动方式，拉近了红十字会和校园之间的距离，让更多的青少年

接触到了红十字会。通过与媒体的合作，深圳市红十字会不光将自身的业务拓展到更广的社会人群中，同时也让合作媒体有机会切身体验到红十字会的工作，在以后的报道宣传中能更精确地反映红十字精神，并将其传递到社会公众中去。

（三）引入社会力量，让更广泛的社会阶层熟悉红十字会的工作

深圳市有着丰沛的社会人道力量，各类慈善基金会、社会团体种类丰富，民间志愿服务较为活跃，商业公司公益意识较强。深圳市红十字会通过引入社会力量参与，合作打造红十字会品牌项目，一方面通过外部资源弥补自身的缺陷，另一方面也通过引导更广泛的社会层面介入红十字会的工作，增进公众对于红十字会业务、运作、使命的理解。

2020年，宝安区红十字会与腾讯公司SSV部门合作，通过腾讯的技术，实现"家庭—物业—社康中心—医院急诊"的一键呼救技术，针对心搏骤停等紧急状况，5分钟内得到专业救护。2021年，深圳市红十字会与器官捐赠者家属、海南法立信（深圳）律师事务所律师利艳深度合作，开发打造"天使爱妈妈""藏医送药下乡"特色项目，运用利律师本人的社会资源，进而影响更广泛的人群。

四、公信力建设赋能红十字会开展更高质量的人道服务

深圳市红十字会作为深圳市人道领域社会团体的领军者，既有法定的社会职能，又有市政府的大力支持，更有40年来的口碑沉淀，理应在公信力建设上树立更高目标。考虑到深圳市长期的发展规划，若深圳市红十字会希望在未来有更大作为，在深圳市"双区建设"中发挥更大作用，则需要切实履行法定的红十字会义务，加强社会公众的信任度，从各方面加强公信力建设。

深圳市红十字会应当转换思路，把公信力建设看成"正向资产"，即能够为所开展的人道服务赋予更高价值的属性。当然，这需要红十字会工作人

员在日常工作中主动与利益相关方建立信任关系。

然而，公信力建设势必会是一个长期的过程，信任需要在日常工作中从点滴做起，不可能一蹴而就，最好的方法：一是从内部做起，构建有效的监督机制、理顺组织结构、注意工作作风；二是从外部着手，与政府部门分工合作、与媒体增进了解、引导社会力量参与人道事业建设，在共同的事业中建立信任。

第三篇 案 例

案例一
"热血"系列项目：推动无偿献血理念深入人心

一、项目缘起

深圳市红十字会自 1993 年开展无偿献血工作以来，依法履行主责主业，充分发挥桥梁纽带作用，开展无偿献血的宣传动员、志愿服务及表彰工作，让无偿献血的理念深入人心，形成城市文明新风尚。深圳已连续 13 届蝉联"全国无偿献血先进市"，深圳的无偿献血工作得到了中国红十字会总会、广东省红十字会、深圳市委市政府的高度肯定。

深圳的无偿献血百分百保障了全市的临床用血，血库存一直保持在良好的状态，使深圳市民的健康和生命安全得到了有力的保障，这离不开广大无偿献血者、志愿者的辛勤努力和付出。为加强对无偿献血者、造血干细胞捐献者、志愿者的表彰和激励，创新宣传模式，提高市民参与度，深圳市红十字会创建了"热血"品牌，推动无偿献血理念深入人心。

二、项目目的

"热血"系列项目是深圳市红十字会对无偿献血工作创新的尝试，将无偿献血工作思路纳入红十字会特色品牌创建过程，扩大深圳市无偿献血宣传力度和受众广度。联合深圳市血液中心，开展无偿献血、造血干细胞捐献宣传招募工作，以世界献血者日、无偿献血志愿服务队和每年例行的无偿献血表彰活动等为载体，开展形式多样、丰富多彩的宣传活动，不断扩大无偿献血及造血干细胞捐献的社会影响面，打造深圳市红十字会特色服务品牌和弘扬"人道、博爱、奉献"的红十字精神。

三、项目构成

"热血"系列项目是深圳市红十字会自 2015 年"热血跑·沸全城"活动推出后又补充的一系列公益项目的集合。"热血"品牌的发展依托红十字会"三救""三献"传统核心业务中的捐献血液和捐献造血干细胞业务，通过打造特色活动，成功吸引深圳市民和爱心企业参与到无偿献血、捐献造血干细胞的公益行动当中。

"热血"品牌由"热血英雄""热血跑""热血军魂""热血公益广告""热血主题曲""热血蓝朋友""热血青春"等一系列特色活动组成。"热血英雄"通过对志愿者在捐血献髓及志愿工作中突出表现的表彰以激励更多志愿者参与公益事业。"热血跑"针对深圳市红十字会无偿献血工作科学性宣传不足和吸引程度不高的短板，创新性将运动与无偿献血相结合，让无偿献血的理念深入人心。"热血公益广告""热血主题曲"在宣传方式上将无偿献血的理念融入深圳市民的生活之中。"热血军魂""热血蓝朋友""热血青春"等特色活动集聚了军人、消防员、学生等各类群体。之所以选择聚焦这些群体，主要考虑其较高的公益活动参与度与高度的责任担当，可以调动各行各业人员的积极性，集中社会力量参与无偿献血，帮助红十字精神更好地落实在职业实践当中。

四、项目内容

深圳市无偿献血工作在全国范围内创下多项"第一"，是全国无偿献血先进城市，也是全国造血干细胞捐献最多的城市之一，在红十字会无偿献血工作中取得突出成效，自 1998 年 10 月深圳市就已在全国范围内率先实现无偿献血基本满足全市临床用血需求。深圳市红十字会在人道主义领域工作开展的先进经验早已扩散到全国各地，发挥了深圳特区示范带动效应。"热血"系列项目运作是深圳市红十字会在探索红十字会事业向着项目化、品牌化方向发展的有益尝试。

表 3-1-1 "热血"系列项目历史发展历程 [1]

年份	"热血"系列品牌项目相关重要事件
2015 年 1 月	将"献血 + 运动"相结合，创新了无偿献血宣传思路，策划"热血跑·沸全城"无偿献血健康公益跑活动
2015 年 5 月	首届"热血跑·沸全城"无偿献血健康公益跑活动启动
2016 年 6 月	第二届"热血跑·沸全城"无偿献血健康公益跑活动开展
2017 年 6 月	第三届"热血跑·沸全城"无偿献血健康公益跑活动开展
2018 年 6 月	第四届"热血跑·沸全城"无偿献血健康公益跑活动开展
2019 年 5 月	第五届"热血跑·沸全城"无偿献血健康公益跑活动开展
2019 年 7 月	策划"热血英雄"捐血献髓及志愿服务颁奖典礼，对无偿献血、造血干细胞捐献及其志愿服务方面做出突出贡献的无偿献血者、造血干细胞志愿捐献者、志愿工作者进行表彰
2020 年 6 月	第六届"热血跑·沸全城"无偿献血健康公益跑活动开展
2020 年 12 月	第二届"热血英雄"捐血献髓及志愿服务颁奖典礼开展
2021 年 1 月	与中国人民解放军 75610 部队联合策划"热血军魂"无偿献血活动
2021 年 6 月	开展"热血军魂"无偿献血活动
2021 年 6 月	第七届"热血跑·沸全城"无偿献血健康公益跑活动开展
2021 年 11 月	第三届"热血英雄"捐血献髓及志愿服务颁奖典礼开展
2022 年 1 月	深圳市红十字会联合南方科技大学举办"热血青春"活动，号召数百名大学生加入无偿献血公益事业
2022 年 1 月	深圳市红十字会与罗湖消防联合策划"热血蓝朋友"2022 年世界献血者日主题宣传活动，旨在号召消防员参与并加入无偿献血公益事业
2022 年 5 月	第八届"热血跑·沸全城"无偿献血健康公益跑活动开展
2022 年 6 月	深圳市红十字会与罗湖区消防救援大队联合开展"热血蓝朋友"2022 年世界献血者日主题宣传活动

（一）"热血跑·沸全城"——"无偿献血 + 运动"的公益跑

2015 年以来，深圳市红十字会联合深圳市血液中心举办"热血跑·沸

---

[1] 《红十字会简介－大事记》，深圳市红十字会网站，https://www.szredcross.org.cn/cms/Memo-rabiliaInfo/index.html，最后访问时间：2023 年 3 月 14 日。

全城"无偿献血公益跑活动，将马拉松运动与无偿献血的宣传工作融为一体，创新了无偿献血宣传思路，引领了社会文明新风尚。"热血跑·沸全城"活动结合了全民健身时代要求与热心公益、无私奉献的价值诉求，传播热爱生活、珍惜生命、崇尚健康的理念，倡导用正确的方法宣传无偿献血、呼吁用健康的形式传递正能量。"热血跑·沸全城"通过将时尚、健康的跑步运动与公益相结合，旨在推动广大市民关注无偿献血事业的发展，号召爱心人士加入无偿献血的队列中。目前，活动已连续举办了8届，参与人数也从第一届的800人，发展到现在的3000人。"热血跑·沸全城"已经获得了多方面的高度关注，"热血"奔跑的脚步已经从深圳大本营出发走向了更多地方，辐射范围扩大到全国。[①]"我健康，我献血，我快乐"，这样的理念也被一群热血跑者坚守着、宣扬着。"热血跑·沸全城"向全社会传递出"献血无损健康""献血无碍运动"的理念，将健康运动与科学献血相结合，促进深圳无偿献血事业持续健康发展，营造社会鼓励无偿献血的良好氛围。

"热血跑·沸全城"活动影响范围广，覆盖20多个省区市、150多个城市；共发起活动21场，线下活动13场、线上活动8场；涉及500多家媒体，浏览量达5000多万，用户点赞传播达50万次；活动总参与30多万人次；合作品牌达300多个；覆盖全国400多个跑团，建立热血跑群100多个；共计吸引全国10万名跑友参与活动，在疫情防控期间也举办两场活动，带动11500多人参与献血，采血409万毫升，累计跑步16.5万千米，相当于绕赤道4圈；同时吸引120多家企业支持，累计提供物资与宣传支持约200万元人民币。[②]

（二）"热血英雄"——捐血献髓及志愿服务颁奖典礼

"热血"既体现无偿献血的概念，也蕴含热心、热爱的含义；"英雄"是

---

①《连主持人都感动落泪！深圳3327位"热血英雄"荣获表彰》，深圳市红十字会网站，https://www.szredcross.org.cn/cms/ActivityReview/5469.html，最后访问时间：2022年9月30日。

②《推动无偿献血成为文明新风尚》，深圳市红十字会网站，https://www.szredcross.org.cn/cms/hostNews/5463.html，最后访问时间：2022年9月30日。

对无偿献血者的崇高敬意，也是对平民榜样的推崇。2019 年以来，深圳市红十字会、深圳市血液中心联合打造深圳市红十字会捐血献髓及志愿服务颁奖典礼。颁奖典礼每年在深圳市广电集团 1800 平方米演播厅举办，对上年度在无偿献血、造血干细胞捐献及其志愿服务方面做出突出贡献的无偿献血者、造血干细胞志愿捐献者、志愿工作者进行表彰。数百名多年来为深圳无偿献血事业做出积极奉献的志愿者代表走上红地毯，接受大家的致意和祝福。

每年的表彰活动激励更多市民参与到无偿献血、无偿捐献造血干细胞及志愿服务的行列。即使在新冠疫情肆虐的 2020 年，深圳血液中心和党员干部、医护人员、热心企业仍挺身而出进行无偿献血，使得疫情最严重时期的无偿献血和临床用血需求得到满足。不仅如此，与 2019 年比较，2020 年全年无偿献血的人数和总量增长了 1.8%，血小板捐献增长了 10%，造血干细胞捐献突破历史纪录达到了 65 例。① 在疫情防控常态化的阶段，深圳血液中心加大无偿献血的宣传力度与街头宣传招募的力度，增强社会联动，让更多的深圳市民与爱心企业加入无偿献血的行动中。

颁奖典礼已连续举办了 3 届，累计受表彰人数达 19181 人次。活动同时采用直播的方式，起到了良好的宣传作用。

（三）"热血军魂"——军人参与无偿献血

2021 年，深圳市红十字会联合中国人民解放军 75610 部队举办"热血军魂"世界献血者日主题宣传活动，近百名驻港部队官兵伸出手臂，献出热血，深刻诠释了"人民有需要、我们有行动"的军队之魂。

（四）"热血青春"——青年参与无偿献血

为鼓励更多的青年加入无偿献血队伍，深圳市红十字会联合南方科技大

---

① 《"热血英雄"——深圳市红十字会 2020 年度捐血献髓及志愿服务颁奖典礼圆满举办》，深圳之窗网站，https://city.shenchuang.com/yl/20201228/1571419.shtml，最后访问时间：2022 年 9 月 29 日。

学启动"热血青春"2022 年世界献血者日主题活动，开启"热血青春说"，由无偿献血爱心大使、资深的无偿献血者及优秀志愿者代表分享他们与无偿献血的故事，号召青年参与无偿献血。100 多名大学生伸出臂膀，以青春之我，赴热血之约。

（五）"热血蓝朋友"——消防队员参与无偿献血

2022 年，深圳市红十字会联合罗湖消防救援大队举办"热血蓝朋友"世界献血者日主题宣传活动。在世界献血者日这个特殊的日子里，罗湖消防救援站队员们伸出手臂，积极参与无偿献血，103 名消防队员共献血 37100毫升。罗湖区消防救援大队对无偿献血工作极其重视，不少消防员在日常生活中也会积极参与无偿献血活动，实践"把青春融进驻地，用热血点燃希望"的理想，用实际行动为拯救生命贡献一份力量。

五、项目运作

（一）项目合作双方分工明确

深圳市红十字会与深圳市血液中心多年来共同负责无偿献血及造血干细胞捐献工作，在"双区驱动"的大背景下，发挥先行示范作用，持续优化无偿献血和造血干细胞捐献服务。深圳市红十字会负责"热血"系列项目策划和活动支持；深圳市血液中心负责捐血站建设，血液采集、检测、成分制备、储存、供应和质量控制，并面向深圳市 70 余家医疗机构提供临床用血，对接无偿献血血液的输入和使用端。双方共同加强无偿献血者招募、志愿服务队建设、捐血网点管理，持续提升无偿献血公众化社会化水平和献血者服务体验，建立完整的无偿献血工作标准规范体系，推动无偿献血公益事业取得更大发展。

（二）多层次多方面参与动力强

在"热血"系列项目的打造过程中，深圳市红十字会始终注重广泛借力并寻求各方支持。针对"热血"系列项目社会性强、群众参与度高的特点，在资金筹集方面面向企业、个人等渠道进行广泛融资；在活动参与方面积极调动各类社会主体参与度，扩大品牌项目的社会影响力。

在资金筹集方面，在"热血"系列项目创办初期和项目开展过程中，深圳市红十字会就开始积极寻求潜在的投资者与合作方。如在"热血跑·沸全城"活动中吸引多家企业提供物资与宣传支持，同时面向活动参与公众募集善款以用于无偿献血工作当中。2020年无偿献血月举行的全国"热血跑·百城百企·为爱行动"活动，吸纳了50多家企业参与，覆盖105座城市，为"热血跑·沸全城"活动提供了物资和宣传支持，在扩大"热血跑·沸全城"活动影响范围的同时也提高了企业的知名度。

在活动参与方面，"热血"系列项目面向全国吸纳社会各行业主体力量，广泛调动市民、军人、消防员、学生等不同群体参与公益事业的积极性。其中面向全国范围的"热血跑·沸全城"活动一年内吸纳超5万位"英雄"参与，500余家媒体进行了近千次报道。活跃参与者达24000余名，平均每人进行至少6千米运动，累计运动里程14.4万千米以上，相当于徒步往返北京与上海55次。其中近8000名参与者进行无偿献血，累计献血量达250万毫升以上，预计最多可为3万人提供临床血液使用。面向特定群体的活动，如"热血军魂""热血蓝朋友""热血青春"活动深入军队、消防站、校园等地点，将无偿献血理念融入日常工作学习，激发了公益热情，力求促进公共社会领域与人道主义领域之间的合作，加强两个领域的资源互相流通，推动相关合作者广泛交流。

（三）宣传渠道多样，影响力广泛

"热血"系列项目采用"名人效应"进行项目推广，采用公益广告拍摄、无偿献血主题曲制作等方式，发挥媒体力量，培育无偿献血公益慈善文化，营造无偿献血光荣的公益舆论环境。深圳市红十字会精心组织拍摄无偿献血公益广告、海报，由陈楚生、韩松、张达三位无偿献血爱心大使和国家无偿献血宣传员陈小青倾情演绎，在户外大屏、机场、地铁等进行宣传推动，向市民宣传无偿献血理念，形成社会文明新风尚。2021年世界献血者日，深圳市红十字会联合市血液中心发布无偿献血主题曲《像你一样》，由著名歌手陈楚生倾情演唱，呼吁大家参与到无偿献血的公益事业当中。

六、项目效果

"热血"系列项目的开展是深圳市红十字会打造品牌化公益活动精品的有益实践。有研究表明，机构品牌建设与保护利益相关者对组织的感知息息相关，统一管理的项目品牌与组织品牌可以增强组织品牌的影响力。[①] "热血"品牌是深圳市红十字会紧紧围绕市委、市政府中心工作，努力打造"三救""三献"的特色品牌，并积极打造"热血英雄""天使爱妈妈"等品牌项目的主要举措。抢抓"双区驱动"历史机遇，为践行深圳民生事业高质量发展和城市精神文明建设做出了贡献。"热血"品牌部分项目尽管起始时间较近，但已在深圳市各行业中产生不容小觑的影响，且其影响呈现不断扩大的态势，在实际行动中体现"人道、奉献、博爱"的红十字精神。深圳市红十字会"热血"系列项目通过公益领域的辐射作用，推动社会范围内的慈善资源惠及更多人民，形成了公益与社会之间良性与可持续的循环。红十字精神在深圳得到了很好的推广，得到了广大市民的积极响应，也表现出深圳市红十字会在扩大社会参与公益事业和推动深圳红十字事业高质量发展过程中的主导作用。深圳市红十字会引领全国无偿献血和造血干细胞捐献公益事业向更高水平、更高质量迈进，为打造健康中国"深圳样板"做出了新的贡献。

---

① 黄光、叶慧玲、周延风、罗文恩：《我国慈善组织品牌导向的维度构建研究》，《管理学报》2016年9月，第13卷第9期，第1296–1304页。

案例二
"大爱无言"无语体师教学公开课：
致敬遗体捐献者

一、项目缘起

　　"大爱无言"无语体师教学公开课项目缘起于深圳市红十字会与深圳大学医学部在 2009 年 5 月 8 日联合设立的深圳市红十字遗体捐献接收中心。"无语体师"是医学部学生对遗体捐献者的尊称，寓意不会说话的身体老师。深圳大学医学部的遗体库，是深圳市目前唯一的正式遗体捐赠接收单位。深圳市红十字会每年都会组织遗体捐献者家属、志愿者、深圳大学医学部师生，共同举办遗体捐献者追思活动，并以此作为深圳大学医学部每年新生开学的第一课，公开课的主题是解剖学教学暨纪念无偿遗体捐献者。深圳大学医学部解剖学学科自 2010 年起在临床医学本科专业中开展"大爱无言"无语体师教学公开课程体系建设，课程内容包括解剖课教学，捐献者家属讲述"无语体师"生平，学生朗诵诗歌致谢"无语体师"，捐献者家属与学生互动交流等，积极倡导以尊重和人性的方式引导医学生学习解剖学，深化医学生对生命的尊重，深化医学人文教育。

二、项目介绍

（一）项目背景

1. 医学教学人体标本缺少

人体标本受到法律和伦理道德的约束，其获得方式只能依靠社会上的无偿捐献。国内外大部分医学院校解剖学教学实施过程中由于缺少人体标本而面临巨大的困难，往往十几个学生共用一具，甚至很多学生都没有动手机会。遗体捐献数量少成为制约临床医学专业发展的主要问题之一，如何成功推进遗体接收工作，提高解剖学教学水平是医学高等教育发展亟待解决的问题。

2. 医学人文教育提高的需要

解剖学教学过程中，个别学生在品行公德、行为规范、人际交往等方面表现不佳，尤其在初次上解剖实习课时由于没有接受过医学人文教育，对遗体捐献者未给予应有的尊重，在实际操作时退避三舍或不以为意，造成了一些紧张的医患关系。为此，增强医学生人文意识，在解剖学教学中融入医学人文教育创新课程，实现医学人文素质教育与解剖学知识教育同步进行和平衡发展。

（二）项目目的

1. 加强高水平医学人文教育设计和实施

深圳大学医学部实验中心开展"无语体师"人文教育在国内属于首例。医学人文教育课程的开设强调医学生专业知识技能和科学精神培养，同时也特别注重其医学人文修养和健全人格的培养。医学人文教育将认识和理念灌输到学生的思想中并使之升华为精神和信念，同时运用于医疗实践过程当中。解剖学教学中所用的捐献遗体不仅能让学生学习到解剖学知识，而且遗体捐献者的心路历程还能促进医学生获得解读生命意义的神圣体验。融入式医学人文教育设计和实施是人体解剖学教学改革的重要内容，为形成全院师生共同关注的医学人文氛围，使教师做到既教书又育人、既授业又传道的使命，使学生在专业知识学习过程中潜移默化地接受医学人文素质教育，塑造医学人文精神奠定了基础。

2.培养塑造医学生的医学人文精神

深圳大学医学部解剖学学科在原林教授的带领和广东省解剖学会的指导下，积极倡导以尊重和人性的方式引导学生学习解剖学，打破以往解剖学教学的成规，深化学生对生命的尊重，一律要求学生对遗体尊称为"无语体师"。培养医学生对病患的责任感以及高尚人格，帮助学生树立正确的人生观、价值观，健全的思想和人格。同时拓宽医学生的学习思路和视野，改善医学生的知识结构和职业态度。通过介绍无偿遗体捐献者的事迹，推动医学生了解捐献者为医学发展所做出的巨大贡献以及无私的奉献精神，从而增强医学生医学职业素质中的人文成分，培育医学生人文精神。

3.推动无偿遗体捐献工作的良性循环

深圳大学医学部联合深圳市红十字会从2009级临床医学专业学生开始系统开展"无语体师"解剖学教学暨纪念无偿遗体捐献者课程，将无偿遗体捐献工作导入了良性循环。深圳市红十字会与深圳大学医学部一直致力于推动遗体器官捐献的宣传、教育等工作，先后建成感恩接待室、"无语体师"缅怀大厅，为捐献者家属的接待、安抚提供了场所保障。每年积极组织医学生参加海葬、"光明树"缅怀等各类活动，延伸无偿遗体捐献工作的范围，为无偿遗体捐献者家属提供更多的人文关怀，让社会上更多的人感受到无偿遗体捐献者的崇高，实现付出爱与收获爱的良性循环。

三、项目内容

（一）项目发展历程

2008年11月，深圳大学开始筹建医学院及遗体库，深圳市红十字会从

2009 年 1 月起恢复遗体接收工作。2009 年 5 月 8 日，深圳市红十字会与深圳大学医学部联合成立深圳市红十字遗体捐献接收中心，至今已成功接收 613 位"无语体师"，有 5.2 万人登记成为器官、遗体捐献志愿者。多年来，深圳市红十字会在成功推动无偿献血、造血干细胞捐献工作的基础上，致力于器官、遗体捐献的宣传动员组织工作（见表 3-2-1）。

表 3-2-1 "无语体师"项目发展历程[①]

年份	"无语体师"项目相关重要事件
2009 年 5 月	深圳市红十字会与深圳大学医学部联合成立深圳市红十字遗体捐献接收中心
2011 年 3 月	首次"无语体师"解剖学教学公开课
2013 年 3 月	深圳市红十字会与深圳大学联合举办了深圳市 100 例无偿遗体捐献纪念暨缅怀感恩"无语体师"活动
2013 年 4 月	深圳市红十字会组织遗体、器官捐献者家属共 10 多名参加了广州增城正果镇光明村万安园举行的追思活动
2014 年 7 月	深圳大学医学部"无语体师"医学人文教育模式成为医学教学蓝本
2016 年 3 月	深圳市红十字遗体捐献接收中心召开了第七届"无语体师"教学暨纪念无偿捐献遗体者公开课，参与人数逾百人
2019 年 4 月	深圳市红十字会组织吉田永久墓园"光明树"开展缅怀追思活动，得到了央视新闻和深圳各大媒体的关注
2020 年 11 月	深圳市红十字会组织人体器官、遗体捐献者参加由市殡仪馆组织的海葬活动
2021 年 10 月	深圳市红十字会开启"生命之约·大爱传递"的人体器官捐献志愿登记主题宣传季活动

（二）项目运作方式

1. 深圳市红十字会与深圳大学医学部合作完成遗体捐献工作

深圳大学与市红十字会双方协商后达成遗体捐献工作的共识，共同推进深圳市遗体捐献工作开展与医学人文教育创新课程体系建设。深圳大学医学部联合深圳市红十字会成立深圳市红十字遗体捐献接收中心，遗体捐献由市红十字会负责登记、联络，遗体由深大医学部接收，并用于医学教学和研究。深圳市红十字会与深圳大学医学部联合制定深圳市遗体捐献工作规程并

[①]《红十字会简介－大事记》，深圳市红十字会网站，https://www.szredcross.org.cn/cms/Memo-rabiliaInfo/index.html，最后访问时间：2023 年 3 月 14 日。

向社会公布，使捐献志愿者能充分了解捐献流程，自行备齐所需资料，随时即可签署无偿捐献遗体志愿书，便于捐献者实现他们的崇高愿望。专门邀请在相关领域具有较高声誉和知名度的人员负责遗体捐献接收中心的工作，以便为捐献者提供良好的服务。

2.开展"无语体师"项目特色活动

"无语体师"项目开展致力于推动遗体、器官捐献的宣传、教育等工作，同时关注捐献者家属的接待、安抚工作。如建成感恩接待室、"无语体师"缅怀大厅为遗体捐献者家属提供缅怀追思的场所。同时"无语体师"教学公开课也是解剖学教学暨纪念无偿遗体捐献者的主要方式，自2010年开设至今每年按期举办。课程内容包括解剖课教学，家属讲述"无语体师"生平，学生朗诵诗歌致谢"无语体师"，家属与学生互动交流等环节。自开设"无语体师"公开课后，学生们更懂得了感恩遗体捐献者及其家属，对医生的责任和解剖学专业知识也有了更深的认识。

四、项目效果

（一）打造医学人文教育典型教案

深圳大学医学部与市红十字会合作的解剖学教学模式在全国医学院校得到推广，对促进社会和谐、建立良好的医患关系、培养医学专业人才和弘扬人道、博爱、奉献的红十字精神有着深远的影响。以深圳大学医学部"无语体师"医学人文教育模式为蓝本，阐述了人文教育在医学教学中的重要性。医学部自2009年开始招收临床医学专业学生以来，始终坚持通过医学人文教育来培养医学生的职业道德和无私奉献精神，开展了以融入医学人文教育、感恩教育和生死教育为一体的人体解剖学"无语体师"系列教学活动，受到了社会各界的广泛关注和赞誉，已逐步形成了一种"社会与医学""美与善"的良性循环，走在了全国高等医学院校前列。

（二）提高医学生专业能力与人文修养

医学部解剖学人文教育课程鼓励医学生感恩透彻生死的"无语体师"，面对同样的医学知识和技能，要虚心学习，努力付出，回报社会，完成和汇聚"无语体师"们的终极意愿，不辜负"无语体师"的"最后礼物"，而且更能促进医学生获得解读生命意义的神圣体验，对促进医学生的自主学习、培育职业素养和医德医风建设方面产生了积极的影响，照亮每位医学生医学之路。

（三）无偿遗体捐献工作社会影响力扩大

"无语体师"医学人文教育创新课程体系的建立得到了业界专家的高度评价：我国著名临床解剖学家、中国工程院院士钟世镇教授专门为本课程题写了"大爱无疆，无语体师"一词；中国科学院院士、香港大学苏国辉教授题写了"发挥解剖学科优势，提高医学生人文意识"一词；我国著名呼吸疾病专家、中国工程院院士钟南山教授题写了"解剖学是医学的根基"一词等。同时中央电视台、新华社、中国日报和广东省、深圳市各主要新闻媒体对此课程给予密切关注并予以大量报道，在社会上引起了巨大反响。

案例三
"天使爱妈妈"项目：关爱器官捐献者家属

"天使爱妈妈"项目是由深圳市红十字会与器官捐献者家属在 2021 年 5 月共同发起的器官捐献者家属关爱项目。"天使爱妈妈"项目在肯定器官捐献者贡献的同时，为器官捐献者家属提供心理支持，成为连接红十字会与器官捐献者家属的重要纽带。

一、项目缘起

器官捐献在生与死之间架起了一座桥梁。在众多器官捐献者感人故事的背后有一类特殊的群体，他们是器官捐献者的家属。他们饱受失去家人的痛苦煎熬，但为了让其他家庭不再面临生离死别，他们毅然决定捐献孩子的器官，挽救他人的生命。为救治家人，他们的家庭往往也因付出巨额医疗费用导致生活困难。家人的不幸离开给他们造成巨大的精神创伤，最后他们只能孤独地面对经济和精神上的双重压力。器官捐献者家属面临的物质与精神压力需要得到有效缓解，器官捐献这一大爱的举动在群众生活中关注较低。基于这些现实问题，深圳市红十字会联合器官捐献者家属推出"天使爱妈妈"项目，为广大器官捐献者家属带来关怀与温暖，推广器官捐献的大爱行为。

（一）器官捐献后的心理救助需要

心理救助是器官捐献者家庭救助的重要组成部分，以达到积极预防、及时控制和减轻捐献者家属心理伤害的目的，促进器官捐献者家属的心理重建，保障其心理健康，帮助其尽快恢复正常生活。器官捐献者家属难以接受亲人离世的现实，加之短时间内做出捐献亲人器官的重大决定，会使其产生一定的心理应激反应。现实中部分家属的心理会受到不同程度的伤害，严重者甚至产生长期或终身性心理伤害。心理伤害的恢复需要经历漫长而复杂的过程，仅依靠器官捐献者家属很难自愈，对捐献者家属的心理救助需要有科学、有组织、有步骤的中长期计划。我国目前对器官捐献者家属的紧急心理救助主要依靠专职器官捐献协调员，而长期干预则需借助红十字会等社会组织力量。"天使爱妈妈"项目通过开展器官捐献家庭慰问活动，为众多器官捐献者家属提供心理救助。

（二）提高器官捐献协调员综合能力的要求

我国器官捐献协调员培训水平相对较低，器官移植相应专业技能较为缺乏，且器官移植完成后对器官捐献者家属的关怀较少。深圳市红十字会专职器官捐献协调员在器官捐献的全过程始终保持对器官捐献者家属的敬意与关爱，始终维护好这一段特殊缘分。他们积极响应深圳市红十字会启动的"天使爱妈妈"项目，与多位器官捐献者家属沟通联系，关注他们的心理状态，组织他们参与户外活动，让他们感受到尊重与关爱。从发掘和联系器官捐献者到对器官捐献的受体和供体提供全方位、全过程的专业化服务，以及器官捐献完成后安抚家属情绪，陪家属聊天，定期看望独居家属，帮助他们缓解失去亲人的痛苦。这一过程中，优秀专职器官捐献协调员展现出过硬的综合能力并充分带动其他器官捐献协调员参与其中，在器官捐献工作过程中提高自身综合能力。

（三）公众器官捐献认知水平和器官捐献意愿较低

由于传统文化和理念的影响，中国人处理亲属遗体时极为谨慎，社会范围内对"三献"项目中的无偿献血和造血干细胞捐献相对于器官捐献了解度和接受度更高。对"器官捐献"这一敏感话题的宣传不足，公众对器官捐献的了解程度低，对器官捐献不了解以及传统理念的影响会导致公众器官捐献意愿低，阻碍器官捐献工作开展。打造"天使爱妈妈"品牌项目也是宣传器官捐献公益工作的良好途径，通过邀请器官捐献者家属分享其参与器官捐献工作的经历和对器官捐献公益事业以及对生命观、生死观、人生价值观的理解，帮助提高器官捐献知晓度的同时有助于公众了解捐献程序，推动潜在捐献者的捐献进展。

二、项目目的

"天使爱妈妈"项目旨在随时关注器官捐献者家属的心理状态并及时跟进对器官捐献家庭的慰问。项目开设目的是关注器官捐献者家属的心理状态并帮助他们尽快回归正常生活，感谢他们为他人的生命、医学事业做出的贡献，让更多的人能参与到无偿捐献器官中。"天使爱妈妈"项目通过器官捐献者家属心理救助活动这一器官捐献后的人道关怀让器官捐献不再仅仅作为一项决策而更多是关乎捐献决策到移植接纳的全过程，关注被忽略的器官捐献者家属关怀部分。为器官移植这一生命礼物分配赋予人道关怀，是对传统"赠予—接受"器官捐献模式的扩充，实现"赠予—接受—关怀"的全流程，体现对器官捐献者家属感受的重视与引导。

三、项目内容与方式

（一）项目标识

2021 年 5 月 7 日，随着"天使爱妈妈"品牌的创设，深圳市红十字会发布了"天使爱妈妈"项目标识（见图 3-3-1）。天使的翅膀代表着无私奉献的器官捐献者，他们像天使一样为有需要的人带去了生命的希望。翅膀上伸展出象征着和平与爱的金色橄榄枝，不仅寓意着器官捐献者的大爱行动，如同凤凰涅槃般孕育出了新的生命和希望，遮风挡雨的屋顶形状也带着对器官捐献者家属的深深祝福，希望他们能走出失去亲人的伤痛，重新感受生命之美。

图 3-3-1　"天使爱妈妈"项目标识

（二）项目内容

"天使爱妈妈"项目为器官捐献者家属提供心理辅导、情绪疏导、心理支持、户外交流、搭建互助平台等服务，通过座谈交流、故事分享、正念研习及心理疏导等方式让器官捐献者家属感受到尊重、关爱与帮助，为他们送去人道关爱。实施以来，已开展了6期活动，累计服务100多名捐献者家属，帮助他们平稳地度过悲伤期，走出悲痛。

表3-3-1 "天使爱妈妈"系列主题慰问活动发展历程[①]

年份	"天使爱妈妈"系列主题慰问活动相关重要事件
2021年5月	器官捐献者家属利艳女士与深圳市红十字会共同发起"天使爱妈妈"项目，开展关爱器官捐献者家属的活动
2021年5月	深圳市红十字会发布了"天使爱妈妈"项目标识
2021年5月	为器官遗体捐献者的母亲举办母亲节慰问活动
2021年9月	深圳市红十字会举行"天使爱妈妈"项目系列器官捐献者家属慰问活动
2021年9月	湖南电视台《再次见到你》节目组《器官捐献，大爱无疆》专栏节目在湖南卫视播出
2021年10月	市红十字会举办全国人体器官捐献志愿登记宣传季——"生命之约·大爱传递"器官捐献徒步宣传活动
2021年12月	"天使爱妈妈"项目系列冬至与元旦专场器官捐献家庭慰问活动
2022年5月	深圳市红十字会于母亲节举办"生命教育，人道伴行"——天使爱妈妈器官捐献家庭关爱行动

（三）项目开展方式

"天使爱妈妈"项目开展方式多样，参与活动人员包含器官捐献者家属、深圳市红十字会成员和深圳大学医学部的老师同学，实现从捐赠到使用的过程对接与完整关怀体系的建设；参与形式上既有爱心驿站活动又有相关线上线下具体活动开展，实现活动形式的多样化；项目宣传得到诸多主流媒体关注，器官捐献者家属关怀的活动向全国推广。

"天使爱妈妈"系列主题活动由深圳市红十字会联合爱心捐赠人利艳女士设立的大望博爱驿站举办。"天使爱妈妈"项目结合传播器官捐献公益理念和打造"红十字博爱驿站"关爱阵地的主旨，在深圳市红十字会的指导下组织深圳市红十字心理救援志愿者服务队、专业心理疏导师、插画师、音乐师等专业力量帮助器官捐献者家属调整情绪和心态，给予她们社会关注。

"天使爱妈妈"系列主题活动对接器官捐献者与受捐献者，让器官捐献

[①]《红十字会简介－大事记》，深圳市红十字会网站，https://www.szredcross.org.cn/cms/Memo-rabiliaInfo/index.html，最后访问时间：2023年3月14日。

者家属看见器官捐献者生命的另一种延续，让彼此感受器官捐献的大爱。同时，来自深圳大学医学部的同学朗读医学院同学们为"天使妈妈"们写的信，用文字向她们的无私奉献致以崇高的敬意。来自香港中文大学（深圳）医学院的老师作为志愿者来到活动现场，也向器官捐献者家属们表达感谢。

（四）项目运作

深圳市红十字会为器官捐献者家属提供哀伤辅导、情绪疏导、心理支持、户外交流、搭建互助平台等服务，发挥红十字会的专业力量，为各项服务提供专业人员保障。在活动的推广方面，深圳市红十字会也发挥自身社会影响力，在深圳市红十字会官方网站、深圳市红十字会公众号等官方渠道进行活动介绍并积极推广。同时与中国人体器官捐献管理中心和深圳大学医学部等器官捐献协调接受方对接，保证最大限度全面涵盖器官捐献的全过程。以利艳女士为代表的部分器官捐献者家属也充分调用自身的资源，为"天使爱妈妈"项目成立爱心驿站，为活动运行提供场地支持，便利活动开展。同时通过自身经历与影响力联络具有相似经历的器官捐献者家属，由点到面帮助对接更多需要心理救助的器官捐献者家属。在深圳市红十字会与器官捐献者家属的共同努力下，"天使爱妈妈"项目顺利运作，在器官捐献者家属群体中的影响不断扩大。

四、项目效果

（一）器官捐献者家属得到有效心理救助

"天使爱妈妈"项目系列关爱活动，让有着相同经历的人聚在一起，分享自己的故事，辅之以专业心理疏导、活动引导等让器官捐献者家属得到最大限度的放松与抚慰。在专业心理咨询师的带领下唤起心中的正念，辅之以芬芳的精油香气，获得内心的平静。不少家属反馈，"天使爱妈妈"关爱行动举办的活动充实、有趣，不仅能认识其他器官捐献者家属，还能通过参与活动调节心情，感受来自红十字会和志愿者们的温暖。

（二）打造爱的良性循环

"天使爱妈妈"项目得到了捐献者家属的好评，有捐献者家属在参与"天使爱妈妈"活动过程中感受到了相互扶持、相互鼓励、相互帮助的友爱精神。器官捐献者家属们虽然来自五湖四海，但是大家如同对待亲人一般，彼此分享感受，感受爱的感召，活动参与热情得到了极大提升。这一项目也帮助各器官捐献者家属在器官捐献这项大爱举动中获得了更多的幸福感，使其成为优秀的器官捐献志愿者、宣传者、推动者，在收获爱的同时传递爱，打造爱的良性循环。

（三）扩大器官捐献宣传力度

"天使爱妈妈"系列活动得到了媒体的广泛关注，2021年9月，湖南电视台《再次见到你》节目组对"天使爱妈妈"系列活动进行全程跟踪报道，制作的《器官捐献，大爱无疆》专栏节目在湖南卫视播出，经腾讯新闻、凤凰网、芒果TV、今日头条等媒体转发，使得器官捐献进入了更多人的视野。

在青少年中倡导器官捐献理念，由青少年参与策划拍摄器官捐献纪录片，记录人体器官捐献案例背后的感人故事。其中，北京电影学院拍摄的《我生命的二次旅途》还荣获2021年中国公益映像节优秀作品奖。

推出系列感人故事，加强对器官捐献典型人物、事迹的宣传。以老党员孙熙涛的故事精心策划拍摄《一个大写的人——优秀党员孙熙涛》公益宣传片，该片被推荐纳入广东省委党员教育课程，并荣获深圳市直机关工委的"百年征程风华正茂"大赛三等奖及中国公益映像节优秀作品奖。在市红十字会的推动下，孙熙涛的事迹被列入"学习强国"党史学习教育系列视频，被澎湃新闻、第一现场等平台进行报道，阅读量突破500万。

案例四
"燃料行动"项目：关爱地中海贫血患儿

一、项目缘起

（一）地贫作为危害极大的区域性罕见疾病，为患者和家属带来较大负担，需要社会力量介入

地中海贫血作为一种危害较大的遗传性血液疾病，在我国主要常见于南方地区，尤以广西、广东和海南为甚，三地的贫基因携带率分别为 24.5%、16.8% 和 15.6%。[①] 此外，地贫在长江南部人群亦有分布，四川、湖南和江西基因携带率约为 2%。随着我国近年来的经济发展、人口迁移，北方地区已出现地贫病例相关报道。

尽管地贫基因携带者不影响健康，但是携带同型地贫基因的夫妇有四分之一的机会生育重度地贫儿。按照两广及海南地区接近 20% 的携带率计算，该地区人群中每 4—5 人就有 1 个地贫缺陷基因携带者，每 55 个家庭就有 1 个重症地贫患儿出生的风险。若无严格的婚前、孕前或产前检测措施，每出生 200—250 个胎儿就有一个重症地贫患儿。

地贫按病状轻重一般可分为：轻度地贫，患者除少数血常规指标有异常

[①] 北京天使妈妈基金会、北京师范大学中国公益研究院编:《中国地中海贫血蓝皮书》，中国社会出版社 2021 年版，第 29 页

外，无明显临床症状，和健康人无异；中度地贫，患者会表现出轻度到中度的贫血症状，部分患者随着年龄的增大，可能会终身依赖输血，伴随的并发症可能会诱发急性溶血，危及生命；重度地贫，患者的红细胞寿命只有正常人的 20%—30%，且铁元素容易在血液中沉淀，导致器官损伤直至衰竭，若不进行输血和排铁治疗，患者多于 5 岁前死亡。

重度地贫患者通过定期输血和排铁可将寿命延续至 40—50 岁，假设患者寿命到 50 岁，0—20 岁期间输血排铁费用需要 6 万元 / 年，20—50 岁治疗费用上升到 11.43 万元 / 年，终身治疗费用接近 500 万元。[①] 对于普通家庭来说，这是一笔很大的开销，因此很多患儿没有接受规范化治疗，没能活过 15 岁。

（二）我国地贫认知落后、社会关注不足，深圳市红十字会鼓励患儿家属组建志愿服务队互帮互助

相比我国台湾地区和香港地区在 20 世纪 80 年代初就开展了大规模的地贫人群预防计划，并取得了显著的控制效果，内地由于经济水平和技术资源的限制，到 80 年代中期才开展血红蛋白病普查，确定中国南方为高发地区。90 年代的深圳，无论是政府还是社会，对于地贫的认知十分有限，且医疗机构没有收治地贫患者的经验，排铁药物在内地没有购买渠道，血液供应制度有待完善，造成患儿规范化医治无门，排铁药物价格昂贵，甚至用于维持生命的输血也没有可靠的场地。

在那个经济欠发达的年代，地贫患儿对于一个家庭，甚至一个家族来说，都是一个沉重的包袱。据统计，地贫患者平均每年需要输血 14 次，平均每次用血量在 200—300 毫升。在那个无偿献血还无法 100% 满足临床用血的年代，没法保障输血的质量与稳定性，对于幼小的儿童更是有较高的风险。[②] 当时，中国内地还没有生产用于排铁的药物，为了每月 1—2 次的用

---

① 北京天使妈妈基金会、北京师范大学中国公益研究院编：《中国地中海贫血蓝皮书》，中国社会出版社 2021 年版，第 65 页
② 北京天使妈妈基金会、北京师范大学中国公益研究院编：《中国地中海贫血蓝皮书》，中国社会出版社 2021 年版，第 30 页

药，患儿家属必须过境到香港购买进口药物，因此每月用药的成本就在 1 万元左右，这在当时是一笔庞大的开支。

从 1998 年开始，三个地贫患儿家庭组织起互帮互助小组，共享信息与资源，其他患者家属也陆续加入。以此为基础，在深圳市红十字会的建议下，这一互助小群体在 2001 年正式成立了深圳市红十字关怀地中海贫血患儿志愿者服务队。第一批志愿者正是有切身经历的患儿家属，他们在帮助有相同经历患者家庭的同时，也开始向社会普及地贫的相关知识。

二、项目目的

2003 年，深圳晚报倡议发起关爱地贫儿公益行动——"燃料行动"，并携手深圳市关爱办、深圳市红十字会、深圳市狮子会等爱心接力 20 年，为困难地贫患儿提供"燃料卡"，保障 1 年 12 次免费输血和 200 元 / 次的排铁和输血费用补贴，延续患儿生命；为每个进行骨髓移植手术的地贫患儿提供 5 万元的启动资金，根治疾病，恢复正常生活；安排免费心理咨询讲座和上门服务，为患儿和家属提供心理关怀和疏导。

三、项目运作

（一）我国首支地贫患者关怀志愿服务队成员皆为地贫患儿家属

深圳市红十字关怀地中海贫血患儿志愿服务队作为"燃料行动"的主要发起方，其队员：一方面，作为志愿者，是项目的实际执行者；另一方面，作为患儿家属，也是项目受益者的代表。服务队于 2001 年 12 月成立，是我国第一支专注于地中海贫血患者的志愿服务队。成立 20 多年来，服务队志愿者通过自身的不懈努力和爱心奉献，让地贫这一地域性较强的罕见疾病得到了全市各界的关注。目前，服务队注册志愿者人数 300 多人，皆为地贫患儿家属，其中活跃队员数量 30 人左右。

（二）项目历程

深圳市多家爱心企业、社会组织，自发参与到"燃料行动"中。富士康从 2006 年第三届关爱行动开始，持续 8 年为"燃料行动"捐款高达 580 万元；2010 年和 2011 年，深圳长城开发科技、麦当劳、香港迪士尼公司、邦德教育、华智科技都加入了"燃料行动"；此外，深圳狮子会近年来通过自己的筹款渠道，每年筹集地贫患儿关怀专项资金约 100 万元；深圳市关爱行动公益基金会在看到了"燃料行动"所产生的积极社会效应后，为项目申请到了 2017—2018 年中央财政社会组织资金支持，每年约划拨 80 万元。见图 3-4-1。

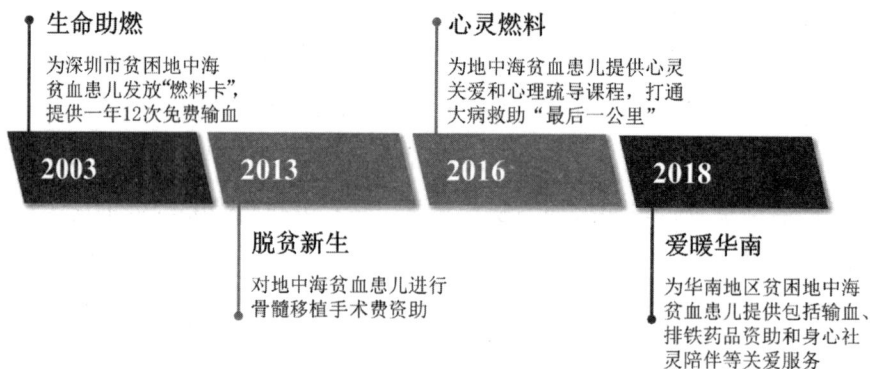

生命助燃
为深圳市贫困地中海贫血患儿发放"燃料卡"，提供一年12次免费输血

2003

脱贫新生
对地中海贫血患儿进行骨髓移植手术费资助

2013

心灵燃料
为地中海贫血患儿提供心灵关爱和心理疏导课程，打通大病救助"最后一公里"

2016

2018

爱暖华南
为华南地区贫困地中海贫血患儿提供包括输血、排铁药品资助和身心社灵陪伴等关爱服务

图 3-4-1　深圳市"燃料行动"发展历程[①]

四、项目效果

（一）累计筹款超 1000 万元，为深圳 300 多个地贫儿延续生命

2003 年，在深圳晚报的倡议下，深圳市红十字会、市血液中心、第二

[①]《关爱地贫儿》，深圳市关爱行动公益基金会网站，http://m.igongyi.org.cn/Project/Detail/Index/52，最后访问时间：2023 年 3 月 1 日。

人民医院、富士康集团共同发起为地贫儿"寻找生命燃料"的爱心行动（以下简称"燃料行动"），为困难地贫患儿提供"燃料卡"，保障1年12次免费输血和200元/次的排铁和输血费用补贴，20年来累计筹集善款1000多万元，为深圳300多个地贫儿点燃了生命的希望，先后为2万多人次地贫儿提供了"燃料卡"和药物资助。

（二）资助90名地贫儿完成骨髓移植，覆盖面拓展至整个华南地区

由于医疗科技水平的提升，通过骨髓移植，可根治地贫，从此摆脱对输血和排铁的依赖。从2013年开始，"燃料行动"开始对地贫患儿进行骨髓移植手术费资助，每人给予5万元的启动资金，极大地缓解了患儿家庭的经济负担（每台移植手术大约需要20万元），为约90名地贫儿完成了骨髓移植手术。2016年开始，"燃料行动"由单纯的医疗补助扩充到心理关怀和疏导，并从2018年起，地域覆盖面从深圳市拓展到了整个华南地区。

（三）本地新生地贫儿数量趋于零，"深圳经验"得到国际认可

随着深圳市将地贫基因检测纳入婚前、孕前、产前免费检测项目，骨髓移植手术技术不断成熟，目前在深圳市范围内，新诞生重型地贫患儿数量已接近零，现存地贫患者通过骨髓移植不断康复，地贫服务队在医疗救助方面的目标已基本实现，重点工作已转为心理治疗、教育支持等更为广泛的社会救助范畴。此外，还打破地域限制，救助范围由深圳一个地级市扩展到广西、海南、四川等地区，通过对患儿家属的宣教，孵化当地的志愿服务队。国际地贫联盟总部（塞浦路斯）也通过深圳市红十字会邀请服务队的志愿者代表前去分享深圳经验，深圳的关爱地贫患儿模式得到了国际的认可。

案例五
"5 分钟社会救援圈"：打造应急救护"宝安模式"

在宝安区政府和深圳市红十字会的大力支持和引导下，宝安区红十字会积极探索应急救护"宝安模式"，践行"政府主导、部门协同、专业指导、社会参与、科技支撑"的指导方针，打造"5 分钟社会救援圈"。宝安区应急救护工作取得突出成绩与该区红十字会近 5 年来锲而不舍的工作、引入社会资源、科学的工作方式密切相关。首先是红十字会工作人员利用自身的影响力引起政府部门和行业的关注；其次是联合慈善组织、企业、医院等各方力量，与政府部门形成合力；最后是推动政策完善，带动全社会参与。应急救护"宝安模式"已成为深圳市先行示范区的一大亮点，宝安区红十字会亦被区政府推荐为全省红十字系统先进集体深圳市候选单位。

一、项目缘起

根据国家心血管病中心发布的《中国心血管病报告》显示，我国每年猝死人数高达 55 万，而医院外发生猝死的救治成功率仅有 1% 左右。对于心搏骤停的患者来说，每延迟救治 1 分钟，生存率递减 7% 到 10%，约 10 多分钟后，生存率将接近零。[①] 因此，把握"黄金 4 分钟"是挽回心搏骤停患者生命的关键。

---

① 《抢抓心源性猝死"急救三分钟"》，新浪财经，http://finance.sina.com.cn/jjxw/2022-02-27/doc-imcwipih5558464.shtml，最后访问时间：2023 年 3 月 14 日。

宝安区红十字会在区政府"15 分钟社康圈""10 分钟医疗急救圈"的规划基础上，积极探索宝安区应急救护"5 分钟社会救援圈"。截至 2022 年 8 月，宝安已建成 169 个社区健康服务中心，为全市之最[①]，"15 分钟社区卫生服务圈"基本成型，并计划于 2022—2024 年完成所有社康中心急救培训。在此基础上，宝安区在"十四五"期间，新建含急救功能的社区医院，增设医疗急救站点，按每 3 万人配备一台急救车的标准[②]，打造"10 分钟医疗急救圈"。而深圳市红十字会则是计划通过培训物业人员、家庭紧急联络人，补全以上环节，将心搏骤停的急救时间压缩到了 5 分钟，实现"5 分钟社会救援圈"。

二、项目运作和内容

（一）有效利用社会资源，突破工作人员编制局限

深圳市宝安区红十字会目前共有 2 名编制人员，同时还要承担医学会方面的工作，人力资源较为紧张。宝安区红十字会充分利用区内丰富的社会资源，发展会员单位、建立基层工作站、拓展师资队伍、成立志愿服务队，形成区内应急救护培训工作群体，缓解了人手不足的问题。

截至 2022 年 11 月底，全区共有基层会员单位 34 个（医疗卫生单位 17 个、中小学校 17 个），成人及青少年会员数量约 15000 人；社区红十字工作站 14 个，会员 256 人；培训应急救护师资 1343 名，皆为区内各公立医疗机构的医务人员；志愿服务队 3 支，包括器官捐献志愿者服务队、献血志愿服务队和社区志愿服务队，志愿者数量约 630 多人。

---

① 《宝安区社康急救能力提升三年行动计划启动》，深圳特区报网站，http://sztqb.sznews.com/MB/content/202208/15/content_1239338.html，最后访问时间：2023 年 3 月 16 日。
② 《深圳市宝安区人民政府关于印发深圳市宝安区卫生健康事业发展"十四五"规划的通知》，宝安区人民政府网站，http://www.baoan.gov.cn/zwzt/kjssw/zxgh/content/post_10339293.html，最后访问时间：2023 年 3 月 16 日。

（二）争取社会捐赠，实现 AED 设备规模化落地

在争取社会捐赠支持的时候，宝安区红十字会工作人员采取了较为灵活的手段，先自费制作印有慈善会标识的 AED 样品，展示捐赠后的宣传效应，争取到了宝安区慈善会及腾讯公司的大力支持，在区内分阶段、分批安装 AED 设备。截至 2022 年底，已投入 AED 设备 1839 台，并在 2023 年进一步投放 2600 台，达到 1 台 AED/1000 人的目标（深圳市 2021 年底约为 0.8 台 AED/1000 人[①]）。宝安区红十字会同时与市急救中心合作，实现 AED 设备的数字化管理，通过对公务员、公安人员、网格员、楼栋长、保安员等的培训，在每个街道—社区—社区健康服务中心都配备一个 AED 联络员。

（三）与医院急诊科业务结合，拓展专业师资队伍

在专业指引方面，宝安区红十字会有计划地扩大专业师资队伍，与区内各医院急诊科长期合作，由宝安人民医院牵头成立区急诊专科医联体，加盟医疗单位达 26 家，计划推动每个医院每年培训 1 万名应急救护员，目标是将公立医疗机构 10% 以上的医务人员吸纳为红十字应急救护培训师资，并将该项指标纳入书记、院长的绩效考核中。区红十字会自 2022 年下半年开始，重点覆盖军训基地负责人，各中小学的班主任、德育老师，以及物业工作人员，计划未来培训 30 万名义工。

（四）抓准政府工作重心，推动政策出台

宝安区红十字会将应急救护培训工作纳入区政府视野的契机是在 2017 年的公务员军训。通过 2—3 个月集中培训近 8000 位公务员，增强了政府系统内部对红十字会应急救护培训的认识。后来再接再厉推动培训课程进党校、进组织部，并将机关、事业单位的后勤人员（如领导司机、食堂工作人员）培训为安全员，扩充了应急救护在区政府内的应用语境。2018 年，区

[①]《深圳"AED 一键查"地图上线！每 1 万人有 8 台》，澎湃，https://m.thepaper.cn/baijia hao_20709668，最后访问时间：2023 年 2 月 28 日。

政府发布《宝安区群众性应急救护培训工作方案》，正式将社会应急救护纳入政府重点工作。

（五）发挥桥梁作用协调各方力量，打造"5分钟社会救援圈"

宝安区红十字会充分发挥自身的桥梁作用，衔接物业公司、社区健康服务中心以及医疗机构的资源，在海裕社区的 48 个物业小区打造"5 分钟社会救援圈"，即在 5 分钟内实现从发现患者到呼救再到第一个响应人到达现场开展施救。区红十字会和社区健康服务中心联动，通过扫楼登记社区老人的健康状况，建立家庭医生制度，对慢性病患者建档，不定期上门诊断，并安排每户至少一个响应人通过急救培训。区红十字会同时也和腾讯公司合作，在每户门口放置二维码，通过扫码可以连接到物业，实现一键呼救。物业的员工都要通过红十字会的培训与考核，平时至少两个人值班，并配有急救包，若遇到复杂病情可一键呼叫社区健康服务中心，联系医院急诊科出动。

三、项目效果

在宝安区红十字会不懈的推动下，宝安区连续 3 年把公众急救培训纳入区政府民生实事项目中。自 2017 年到 2022 年底，已培训 26 万名群众，安装 AED 设备 1839 台，53 名学员在不同场合成功救人，旁观者心肺复苏实施率由 5% 提升至 17.87%（全国约 4.5%），院外心搏骤停患者出院率达到 4.65%（全国不足 1%），[①] 多项指标居全国前列。

在未来，宝安区红十字会将继续探索全民参与的"5 分钟社会救援圈"，坚持引入社会资源，凝聚应急救护工作合力的"宝安模式"，计划到 2025 年实现应急救护 10% 的培训率，按全国心脏病患者 40 万人基数推算，到 2025 年深圳每年可多救 70 位心脏病患者。

---

① 《全省红十字系统先进集体深圳市候选单位公示》，宝安区人民政府网，http://www.baoan.gov.cn/zxbs/yl/gsgg/content/post_10241150.html，最后访问时间：2023 年 2 月 22 日。

案例六
水上救生系列：构筑深圳水上安全防护墙

一、项目缘起

水上救生系列项目起源于深圳市红十字会在"三救"工作开展过程中对"人道、博爱、奉献"的红十字精神的传承和发展，是拓宽常规应急救护服务进入水上安全救生领域的重要尝试，是发挥红十字会在社会救援、赛会保障等方面突出作用的中坚途径。潘庆伟是深圳市红十字会水上安全救生志愿者服务队的第一任队长，也是队伍成立的发起者与推动者。早年，潘庆伟有着丰富的无偿献血经历，在2010年被挑选参加广东省水上救生培训和台湾省两岸水上救生交流活动。受台湾岛地貌影响，当地水灾频发、水上救生起点较高，促成了一批经验成熟的教练。广东省因为同样存在相应问题，便达成合作并一直持续至今。2012年，潘庆伟受到之前培训和交流的鼓舞，在深圳市正式推动成立了水上安全救生志愿者服务队，标志着水上救生系列项目正式成为深圳市红十字会的常规工作之一，主要在水上救生培训和赛事保障两大领域服务社会。

二、项目目的

水上救生系列项目是深圳市红十字会对应急救护工作创新的尝试，是对深圳市红十字会专业能力的挑战,也是对塑造深圳市水上安全救生宣传与社会认知的挑战。水上救生系列项目是对深圳市红十字会水上安全救生志愿者服务队志愿工作的总称,志愿者们主要通过开展"'红海豚'在行动——红十字水上安全救生知识进校园"活动向各区中小学提供水上安全救生系列讲座,通过"牢固生命安全防线——水上安全救生技能培训项目"为企事业单位、社会提供水上安全救生培训,联合多家媒体开展更广泛的在线水上救生宣传与培训。此外,服务队多次为大型水上赛事提供水上安全保障,设立水上安全救生基地,开展形式多样、丰富多彩的宣传活动,不断加深水上安全救生知识在学生、家长、单位员工等社会人士心中的认知程度,秉持"我服务、我拯救、我快乐"的口号努力打造全社会对于水上安全救生知识的深度理解与强大的行动能力,弘扬"人道、博爱、奉献"的红十字精神。

三、项目构成

水上救生系列项目是深圳市红十字会自 2012 年水上安全救生志愿者服务队正式成立后开展的公益项目集合。水上救生系列项目的发展依托红十字会对传统应急救护业务的延续与发展,通过推出系列培训与讲座,成功在深圳市多所学校和企事业单位将水上救生知识植入人心。

水上救生系列项目主要由"'红海豚'在行动——水上安全救生知识进校园"活动和"牢固生命安全防线——水上安全救生技能培训项目"组成。"'红海豚'在行动"通过在中小学开展形式多样、次数多次的系列培训为学生们带来水上安全救生的基础知识与技能。"牢固生命安全防线"通过向企事业单位员工、队员和社会人士开展专业水上安全救生技能培训,提高巩固相关能力。此外,志愿服务队通过为大型水上赛事提供水上安全保障服务,考验队员的水上救生知识与技能,并在 2013 年潮南水灾时派出队员参与现场救援,体现了红十字会的实践价值。

四、项目内容

深圳市水上安全救生志愿者服务队在校园宣讲、社会培训等领域均在全市遥遥领先，尤其是"开学第一课"项目已与深圳中小学建立了紧密的联系，目前已形成较为成熟的课程设计和课件。近两年受新冠疫情影响，培训工作多转在线上进行。水上救生系列项目是深圳市红十字会拓宽传统应急救护服务领域的一次有益尝试，也在周边地区产生了模范引领作用。2022年5月，专业救援出身的新队长华国宏接任水上安全救生志愿者服务队队长，期望在未来推进参与实地救援工作。

表3-6-1　水上救生系列项目历史发展历程 [1]

年份	水上救生系列品牌项目相关重要事件
2013年6月	为市航道局员工进行急救技术及水上安全救生技术培训
2014年5月	3名水上队员于5月8日至5月21日在台湾省参加了为期14天的水上救援培训与交流
2014年10月	为"中国杯"帆船赛进行海上保障
2015年5月	水救教练林瑜及两位台湾水救教练赴威海协助全市中小学校体育老师的水上安全救生培训班培训
2016年8月	为深圳特警支队委托部分特警队员进行水上安全救生知识和技能培训
2017年5月	确认"'红海豚'在行动——水上安全救生知识进校园"为红十字志愿服务项目发展计划第七期试点项目之一
2017年6月	七星湾举行2017海峡两岸红十字博爱论坛（深圳）水上救生演练
2018年3月	在福田区上步小学开展水上安全救生知识培训，开启2018年"红十字知识进校园"系列活动的第一课
2019年3月	以"'红海豚'在行动水上安全救生知识进校园"活动为标志正式启动
2020年7月	与晶报联合主办"暑假安全第一课——青少年水上安全救生知识普及活动"并进行了线上直播，市委宣传部通过《新闻阅评》对此活动给予了好评
2020年11月	10名水上安全救生志愿者赴阳江市参加广州、深圳、阳江、清远四市红十字水上救援队员水上救援联合演练
2021年3月	2021年，全年开展红十字水上安全救生知识进校园活动7场次，普及人数8080人次

[1]《红十字会简介－大事记》，深圳市红十字会网站，https://www.szredcross.org.cn/cms/Memo-rabiliaInfo/index.html，最后访问时间：2023年3月14日。

续表

年份	水上救生系列品牌项目相关重要事件
2021 年 9 月	为深圳航道事务中心进行水上安全救生、应急救护培训
2021 年 10 月	联合市教育局开展 2021 年水上安全救生技能（初级）培训班，共有 16 名队员考核合格获得市红十字会水上救生员资质

五、项目运作

（一）志愿服务队管理培训制度完善

深圳市红十字会水上安全救生志愿者服务队目前拥有志愿者逾百名，入队需要参与统一的培训与考核，持续时间大致为 1 年。总体而言，志愿者服务队对志愿者有着系统化的管理与考核方案：其一是每年会开展能力统一复核，并依据考核结果给志愿者划分等级梯队；其二是设置每年最低志愿服务时长数为 20 个小时，未达到规定服务时长的志愿者将受到一定程度的活动参与限制。而依据志愿者的活动参与情况，超过 500 个志愿时长的志愿者将会在每年的总结大会上接受表彰，赠予特殊定制的荣誉戒指。培训内容共分为三方面：一是红十字运动的基础知识；二是基础的日常急救技能；三是水上求生、救生技能与水文知识。根据培训内容，考核主要包括拟定救援计划和模拟救生等综合性考察，常规通过率为 50%，未通过考核队员仅可负责后勤保障等工作。基于上述体系化、专业化、涵盖面较广的培训与考核体系，深圳市水上安全救生志愿者服务队得以发展壮大成为一支专业性强、主观能动性高、服务意识先进的志愿者团队，并生生不息地发展下去。

（二）项目双方合作受限于物质条件

深圳市红十字会与水上安全救生志愿者服务队至今已合作超 10 年，形成了以物质支持为基础，精神支持为主要途径的合作形式。在物质支持方面，深圳市红十字会每年均设置水上救生专项预算 3 万—5 万元，用于志愿者服务队器材的购买与维护。但由于该资金对于全队物资花销而言相对不足，剩余资金缺口仍需队员和社会捐赠进行弥补。在精神支持方面，红十字会充分发挥人道主义精神为水上安全救生志愿者服务队的队员们提供了无微不至的关注。具体而言，深圳市红十字会为下属的各志愿者服务队均配备了专属"小管家"，"小管家"将作为各队伍的"专属客服"内嵌在工作群中，及时帮助解决水上安全救生志愿者服务队的需求和问题。

（三）深入中小学合作，社会触及面持续拓展中

深圳市红十字会水上安全救生志愿者服务队在逾10年的尝试中，反复打磨，形成了一套以"'红海豚'在行动"为标志的红十字水上安全救生知识进校园活动课程。2015年，"红海豚"系列教育宣传活动获得了中国红十字会总会志愿服务项目发展计划支持。深圳市红十字会借此大力开展相关公益活动，于当年把红十字水上安全救生知识带进46所学校，普及学生18555人次。2017年，根据中国红十字会总会办公室《关于实施第七期红十字志愿服务项目发展计划的通知》(中红办字〔2017〕16号)，最终确认深圳市红十字会"'红海豚'在行动——水上安全救生知识进校园"为红十字志愿服务项目发展计划第七期试点项目之一。据统计，2019年水上安全救生志愿者服务队共进学校开展讲座69场，使8.9万名师生受益；2020年，水上安全救生志愿者服务队共进学校开展讲座63场，使13万余名师生受益，项目规模持续发展壮大。2021年，受疫情因素影响，全年水上安全救生志愿者服务队仅开展红十字水上安全救生知识进校园活动7场次，普及人数8080人次。[①]在社会触及面中，深圳市红十字会多次将水上安全救生知识带入广东省航道局、深圳航道事务中心等机关单位，并多次与南方都市报、深圳商报、晶报等媒体开展合作，通过线上线下双重手段将水上安全救生知识普及给更广大的群众，与社会力量形成合力做大做好水上安全救生知识普及工作。

---

① 数据来源：深圳市红十字会内部。

六、项目效果

（一）打造深圳及周边区域水上安全救生中坚力量

深圳市水上安全救生志愿者服务队自成立以来，秉持"我服务、我拯救、我快乐"的口号，通过专业化、系统化的队员培训与考核制度打造出一支一线救生能力突出、后备保障力量充沛、服务意愿强烈的高水平队伍。队伍通过标准化入队考核与年度考核，确保在役队员的专业知识掌握情况；采用频率较高的常规培训体系，在确保纸面知识的同时培养队员切实的行动能力与强大的心理素质。自成立以来，队伍多次派出优秀队员前往邻市进行经验分享与主题交流，并在深圳区域大型水上赛事中提供优质的水上安全保障服务，树立了水上安全救生的"深圳标准"。

（二）在市民中大力普及水上安全救生知识

以"'红海豚'在行动"为代表的红十字水上安全救生知识进校园活动和水上安全救生技能培训项目在市民中广受好评，中小学师生、企事业单位员工在活动过程中切实学习到了水上安全救生的相关知识与实践技能。水上安全救生作为深圳市红十字会拓宽常规应急救护领域的一大重要尝试，是对"人道、博爱、奉献"的红十字精神的重要延展，也是对红十字会社会责任的进一步履行与发挥。"开学第一课"品牌已经成为深圳市中小学急救教育的必要环节，通过与媒体合作开展的"暑期安全第一课"系列课程也在社会范围内引发强烈反响。水上安全救生知识也在深圳市红十字会和水上安全救生志愿者服务队的 10 年努力下，正在成为深圳市居民的又一大急救素养。

案例七
五地交流营项目：促进大湾区青少年交流

一、项目缘起

在国际红十字运动中，红十字青少年作为富有生气的力量很早就开始了活动。1922年，国际红十字会协会理事会的第十八项决议，阐明了红十字青少年活动的作用和意义，建议各国根据具体情况，在中小学学生中发展青少年会员。两年后，理事会进一步决定，组织红十字青少年活动，以校内为主，但也可以扩展到校外。其宗旨和任务是：保护生命和健康；相互帮助，加强国际友谊；传播红十字的基本原则和《日内瓦公约》。"深、港、澳、穗、珠"五地红十字青少年交流营由深圳市红十字会发起，始办于1998年，每两年暑期在五地轮办一次，旨在促进深圳市、香港特别行政区及澳门特别行政区、广州市、珠海市五地红十字会青少年的友谊。青少年是新时代的生力军，是民族复兴的中坚力量。"组织、开展红十字青少年活动"是《中华人民共和国红十字会法》赋予的法定职责。在习近平新时代中国特色社会主义思想的引领下，深圳市红十字会在青少年中广泛开展人道教育，鼓励引导青少年参与红十字志愿服务。

二、项目目的

"深、港、澳、穗、珠"五地红十字青少年交流营是红十字会系统开展最早的夏令营活动,将红十字青年的工作目标与国内夏令营文化相整合,打造出中国特色的红十字青少年文化并扩大红十字精神在青少年中的认知与知名程度。五地红十字交流营是深圳市红十字会对于青少年工作的一次突破性尝试,联合广州市、珠海市、香港特别行政区及澳门特别行政区,开拓与会青少年的人道精神、培训急救技能、传播国际红十字文化,增进来自不同地区红十字青少年的友谊及交流,发现和培养优秀红十字青少年,更好地动员和凝聚人道力量,同时推动五地红十字青少年工作高质量发展。

三、项目内容

"深、港、澳、穗、珠"五地红十字青少年交流营由5个城市每两年轮流举办,各选20个学生和2个领队,开展4天3晚的特色活动。以2021年由深圳市红十字会举办的第十五届"深、港、澳、穗、珠"五地红十字交流营为例,活动包括在深圳市红十字会人道传播及教育基地学习红十字应急救护知识,在深圳市红十字无偿献血大厅感受到"血液之缘让你我紧紧相连"的瞬间,在深圳前海石公园感受前海港现代服务业合作区的勃勃生机,在南头古城了解到深圳这座城市的厚重底蕴等。"深、港、澳、穗、珠"五地红十字青少年交流营是深圳市红十字会在探索红十字会青少年工作向着创新化、国际化方向发展的有益尝试。"深、港、澳、穗、珠"五地红十字青少年交流营历史发展与历程见表3-7-1。

表 3-7-1　"深、港、澳、穗、珠"五地红十字青少年交流营①

年份	深圳红十字会主办或参与情况
1988 年 7 月	举办"深、穗、珠、港、澳"五地红十字青少年交流营
1996 年 7 月	选派 40 名优秀红十字青少年赴香港参加"深、穗、珠、港、澳"五地红十字青少年交流营
1998 年 8 月	组织参加在澳门举办的"澳、深、穗、珠、港"五地红十字青少年交流营
2000 年 7 月	主办"深、穗、珠、港、澳"五地红十字青少年交流营活动
2002 年 7 月	组织优秀青少年会员参加在广州举办的以"同心、携手、共进"为主题的"穗、深、珠、港、澳"五地红十字青少年交流营活动
2004 年 7 月	选派各区优秀红十字青少年参加在珠海举办的"珠、港、澳、深、穗"五地红十字青少年交流营活动
2006 年 8 月	组织 41 名优秀红十字会青少年会员赴香港参加"港、澳、深、穗、珠"五地红十字青少年交流营
2008 年 8 月	组织 18 名优秀红十字会青少年会员赴澳门参加"澳、深、穗、珠、港"五地红十字青少年交流营
2010 年 7 月	主办"深、穗、珠、港、澳"五地红十字青少年交流营
2012 年 7 月	组织 17 名优秀红十字会青少年会员参加在广州举办的第十一届"穗、珠、港、澳、深"五地红十字青少年交流营
2014 年 8 月	组织参加在珠海举办的"珠、港、澳、深、穗"五地红十字青少年交流营
2016 年 7 月	组织 40 余名优秀红十字会青少年会员参加在香港举办的"港、澳、深、穗、珠"五地红十字青少年交流营
2018 年 7 月	组织 18 名优秀红十字会青少年会员赴澳门参加"深、穗、珠、港、澳"五地红十字青少年交流营活动
2021 年 10 月	举行"深、穗、珠、港、澳"五地红十字青少年交流营
2023 年 7 月	组织参加在广州举办的"穗、深、珠、港、澳"五地红十字青少年交流营

活动首日通常由破冰环节展开，除去传统的自我介绍，主办方往往通过多样的游戏帮助参会同学快速熟悉彼此，在分组、互相认识、分析任务、确立分工等环节引导营员们迅速进入拓展状态，从而打破青少年初次接触产生的陌生感。此后，根据主办方安排，会开展诸如情境教学、红十字应急救护、自救互救技能体验等活动模拟伤残真实场景，开展止血、包扎、固定、搬运、心肺复苏等红十字应急救护通用知识与技能培训，在情境教学中培养青少年自救互救、心理调节、心理疏导的能力。同时依赖于各地特色，五地

① 资料来源：《红十字会简介 - 大事记》深圳市红十字会，https://www.szredcross.org.cn/cms/MemorabiliaInfo/index.html，最后访问时间：2023 年 3 月 14 日。

红十字会也会举办具有地方特色的专属活动。如在澳门特别行政区红十字会举办的活动中，曾带领五地青少年参观学习澳门世界文化遗产；在香港特别行政区红十字会举办的活动中，曾通过观看电影片段并组织讨论活动，启发营员们从多角度思考关于人性、心理等的问题；在深圳市红十字会举办的活动中，曾带领营员前往深圳红立方科技馆领略科技创新的魅力。

四、项目运作

（一）项目合作多方主观能动性较高

"深、港、澳、穗、珠"五地红十字交流营由深圳市、广州市、珠海市、香港特别行政区及澳门特别行政区五地红十字会共同举办，自发起至今以连续开展 16 届，横跨 30 余年，已形成成熟的项目体系与高度积极的举办意愿。各地红十字会均视交流营活动为发展本地红十字少年工作的重中之重，也对交流营能够产生的对青少年的正向积极作用持乐观心态。就深圳市红十字会而言，在充分发挥大湾区核心引擎的功能下，借助深圳建设中国特色社会主义先行示范区、粤港澳大湾区的"双区驱动"优势，积极联动湾区各地红十字会、传播红十字精神，是增进来自不同地区红十字青少年的相互了解、友谊和合作，推动自身乃至湾区红十字事业加速发展的必由之路。

（二）受社会关注力度大，影响力广泛

"深、港、澳、穗、珠"五地红十字交流营由五地红十字会共同举办，其也必将获得五地红十字会相关宣传资源的大力推广与传播。以 2021 年由深圳市红十字会举办的第十五届为例，仅三天的活动，甚至由于疫情因素其余四地代表均在线上参会的情况下，仍旧得到了媒体的广泛关注，系列报道共计 76 篇，全网阅读量近 500 万。本次活动中，深圳市红十字会精心筹备活动前预告、活动中通稿、活动后纪实与营员感想三大模块的全线宣传思

路，在体现活动本身高质量的同时，也将参会青少年通过交流营收获的改变与体悟尽数呈现，向全社会展现红十字青少年工作的独特魅力，在全社会种下一颗人道主义精神的种子。

五、项目效果

"深、港、澳、穗、珠"五地红十字交流营是深圳市红十字会联动湾区各地红十字会在红十字青少年工作中实现的一次重大突破。项目成功引导青少年自重律己、友爱他人、携手共济、宣扬红十字"人道、博爱、奉献"精神，并鼓励他们为促进社会和谐做出努力。青少年不仅在红十字交流营中学习红十字应急救护、心理疏导等系列知识，也领悟到：人道主义精神的核心是褒扬人的价值，以爱护人的生命、关怀人的幸福、维护人的尊严、保障人的自由等为原则。交流营启发青少年充分认识红十字事业是人道主义事业，汇聚的是善心的力量、人道的力量，是一种普世精神。各地红十字会也通过活动向社会深入浅出地解读红十字运动"人道、公正、中立、独立、志愿服务、统一、普遍"七项基本原则，鼓励社会各级青年以"人道为本、博爱为怀、奉献为荣"的行为准则服务社会、贡献国家，进一步实现红十字精神更加有效的传承与发展。

案例八
"向阳花计划"：积极心理进校园，护航青春助成长

深圳市红十字心理救援志愿服务队（以下简称心理救援队）通过"线上+线下"模式，聚焦学生心理健康成长，在深圳市各中小学开展"向阳花计划"，组织志愿者积极进校园开展心理知识讲座、心理沙龙和个案咨询等活动，传播心理健康知识，让孩子们懂得自己、理解他人。项目的主要目标群体是学校的中小学生及疫情防控期间封控在家的学生，尤其针对中考、高考等关键时间点，重点关注初三、高三学生的心理健康问题。

一、项目缘起

近年来，抑郁、焦虑等心理问题已成为青少年健康成长的一大威胁，且逐年呈现低龄化趋势。尤其在中考和高考等青少年人生重要关卡期间，升学压力较大，考生就诊量持续增多。但目前深圳市各中小学，每个校园仅配备一名具有资质的心理咨询师，远不能满足学生的需求。且不少学生家长和授课老师对于心理问题关注度不足，导致很多心理隐患未能及时发现，对青少年心理健康的发展产生了较为负面的影响，心理健康教育、指导与服务工作更须予以重视。

心理救援属于红十字会法定的"三救"本职工作，进校园开展心理知识普及工作亦是深圳市红十字会近年来主推的重点工作。心理救援队自2018年1月起，发起"向阳花计划"项目，每年为50所学校中小学生（每所学

校约300人）开展心理健康知识进校园专题学习活动，旨在通过心理知识普及讲座、沙龙与服务，为学生提供心理支持，护航青春助成长。

二、项目构成

该项目主要依托于心理救援队的志愿者开展工作。该救援队成立于2011年6月，目前的队员人数共91人，其中职业心理咨询师75位，其余的多为社区社工、企业人力等相关从业者。心理救援队主要致力于在突发公共事件、重大自然灾害情况下，对灾害中心人员开展心理危机干预、灾后心理疏导、抚慰、咨询等工作。同时，针对青少年及各类特殊群体开展心理健康疏导工作。心理救援队荣获"深圳市直机关优秀志愿服务组织"。

疫情防控期间，心理救援队充分发挥专业优势，开展心理疏导服务，为深圳海关一线抗疫工作者开展5场线上直播心理减压活动，400多人参与。根据封控管控区居民需求，上线"疫心疫意"心理疏导项目，组织34名专业的心理救援志愿者加入南山兰园小区居民微信群，为25栋约2000名居民提供心理咨询、心理疏导等服务。①

在队伍结构方面，心理救援队目前设有队长1人、分队长2人和秘书处1个，采用项目管理模式。目前的心理救援服务主要包括"进校园""进社区"两大板块，每个板块各设有具体负责人，负责落实安排人员培训、考核等管理工作。近年来，心理救援队也在思考如何持续调动队员的活跃度，考虑设立星级评分、积分评价体系，制定评分和等级指标。队员在达标后也会获得相应的由市红十字会评定的荣誉。

三、项目内容

针对困扰中小学生学习成长的问题，心理救援队每年为50所学校中小

---

① 《同心抗疫，红十字在行动！》，中红在线，https://news.redcrossol.com/miropaper/article.aspx-?aid=20705，最后访问时间：2023年3月14日。

学生（每所学校约 300 人）开展心理健康知识进校园专题学习活动，为学生提供心理支持。针对个别心理问题严重的学生，协助学校心理老师进行个案咨询，帮助学生正确认识自我，增强价值感和归属感，重新恢复积极乐观的心理状态。在为疫情防控期间封控小区的学生提供心理疏导，开展亲子关系辅导。

四、项目效果

截至 2022 年 11 月，心理救援队共开展 78 场线下心理健康知识进校园公益培训活动，为 20449 名青春期学生护航花季年华。在 2018 深圳关爱行动系列推选表彰活动中，深圳市红十字会心理健康知识进校园公益项目获得百佳市民满意项目。"向阳花计划"项目入选 2022 年"益苗计划"——广东志愿服务组织成长扶持行动暨志愿服务项目大赛拟资助和扶持项目名单。

案例九
"红鹰行动"项目：红十字应急救护进机关

为了助力深圳市党员队伍建设，有效提高公职人员应对突发公共事件的处置能力，切实加强公务员为人民服务的综合能力，加快推进健康深圳建设，最大限度地保障市民与公众安全。深圳市红十字会联合中共深圳市委党校打造针对公职人员懂急救、会急救的品牌项目——"红鹰行动"，加强与市委党校合作，联合打造红十字知识与技能进机关行动，在党校开展的处级干部任职班、公务员初任班中融入应急救护知识与技能课程。

一、项目缘起

深圳市政府在 2022 年把建立"深圳市应急第一响应人"制度列入年度十大民生实事项目中，当年培训考核超过 1 万名"应急第一响应人"，覆盖全市住宅小区、学校、大型商场、农贸市场、高层建筑等重点场所，鼓励政府机关、企事业单位自行组织开展"应急第一响应人"培训，并可以委托专业机构具体实施培训。在应急安全领域探索先行先试的"深圳模式"已纳入政府重点工作，配合建设人人懂应急的韧性社会，助力深圳创建全国文明典范城市，对于探索政企合作新模式，增强市民的归属感、安全感和幸福感有着重要意义。

应急救护培训工作是深圳市红十字会的本职工作之一，是发扬人道主义精神、履行红十字会使命的重要载体。2019 年 6 月，深圳市红十字会开展红十字应急救护知识与技能进机关项目——"红鹰行动"，成功将应急救护知识与技能培训项目带入政府机关。

二、项目构成

"红鹰行动"由深圳市红十字应急救护志愿者服务队（以下简称应急救护服务队）的志愿者负责实施。应急救护服务队成立于 2018 年 9 月，目前共有 624 人，由红十字应急救护培训师资、在职医护人员等组成。积极传播红十字运动知识，大力倡导群众性自救互救理念，填补院前救护的空白，深入学校、社区、机关、企业等开展应急救护知识与技能培训和普及工作，提高市民群众防灾避险和自救互救能力，保护生命与健康。

应急救护服务队自建立以来，大力开展红十字运动、应急救护、水上救生、心理救援等知识进校园、进社区、进机关、进企业活动，2022 年累计开展 230 多场次，受益人数 106 万人次。除开展"红鹰行动"外，服务队还在暑假期间，与罗湖区消防救援大队、深广电第一现场联合举办"暑假安全第一课"之亲子互动系列活动；走进景区、商超、工地、写字楼等普及应急救护知识，为居民群众送去"救命课"，吸引市民群众参与急救知识与技能普及活动，营造"人人学急救、急救为人人"的社会氛围。

三、项目内容

培训课程采取"线上 + 线下"的模式，将应急救护知识与技能培训融入市委党校处级干部任职班、公务员初任班中，邀请深圳市红十字会工作人员讲解红十字运动的起源以及红十字的人道理念，让参训学员更为深入地理解"人道、博爱、奉献"的红十字精神；邀请应急救护服务队的志愿者代表，分享成功施救的心得体验；邀请中国红十字会总会核心师资，为学员讲解心肺复苏术、AED 操作及常见意外伤害处理（气道异物梗阻、热液烫伤、鼻出血、动物咬伤、踝关节扭伤、癫痫）等急救技能。截至 2022 年底，项目已为处干班、科干班等开展了 11 期活动。

附件一
深圳市红十字会 1983—2022 年大事记

1983 年

9 月 26 日

深圳市人民政府批准成立深圳市红十字会，任命深圳市政府副市长甄锡培为第一任会长。会址设在深圳市田贝一路 21 号市卫生局内。因无专职工作人员，未能正常开展工作，其部分主要工作由中华医学会深圳分会代理。

1987 年

8 月 31 日

发展深圳市人民医院等 20 家医疗卫生单位为第一批团体会员单位，会员人数 2546 人。

9 月 28 日

按照国家教委有关规定，深圳市红十字会与深圳市教委联合发文，要求成立学校红十字会基层组织。

11 月 3 日

召开第一届会员代表大会，会议选举市人民政府副市长邹尔康为深圳市红十字会会长，副会长分别由深圳市卫生局、市财政局、市民政局、市教委（现市教育局）、市外办等单位的领导担任。会议选出常务理事 21 名，理事 41 名。

12月

开始对台事务服务，受理台湾台胞、台属查人转信、涉台婚姻、产权证明、善后事宜等工作。

12月10日

在罗湖辖区内的滨河中学等7所中学相继成立红十字青少年基层组织，吸收部分在校学生为红十字青少年会员。

1988 年

4月12日

在原宝安县召开全市红十字会工作会议，市委宣传部副部长、市民政局局长、外事办副主任、市卫生局局长、市红十字会常务理事、团体会员单位代表，县、区卫生局领导等出席会议。本次会议主要要求建立基层红十字会组织。因为健全和完善基层红十字会组织是做好红十字会各项工作的基本保证之一。

5月8日

第一次开展世界红十字日纪念活动。市人民医院等12家医疗卫生单位的团体会员及罗湖区滨河中学等6所学校的红十字青少年走上街头，宣传红十字会的性质、任务、宗旨，为市民开展义诊、义演、便民服务等活动。

5月9日

上步区红十字会（现福田区红十字会）在区政府的重视和支持下，率先成立区级红十字会。市、区两级红十字组织建设网络开始形成。经选举区委委员胡为高任区红十字会会长。

7月11日

在市西丽湖度假村举办首届"深、港、澳、穗、珠"五地红十字青少年交流营，来自5地区的146名红十字青少年参加了红十字会务、知识、卫生救护训练等技能技巧的学习和交流。

10月13日

组织参与由英国慈善团体发起的"88国际体育援助"活动，为儿童保健事业募集善款。该活动得到了市委宣传部、市教委、市文化局、市体委、市卫生局等单位的支持，共募集捐款 39.35 万元。

12月25日

与市长跑协会、市体委、市饮乐汽水公司举办"88 国际体育援助"公益长跑活动，市政府部分领导参加起跑仪式，市政府秘书长林祖基发出起跑令，近 2000 人参加了长跑。

1989 年

2月5日

与市卫生局、民政局等单位共同到惠州市淡水白露麻风病院慰问深圳籍的麻风病人，为麻风病人送去春节慰问金及御寒衣被、食品等。并决定每年不定期地到麻风病院慰问，让麻风病人充分感受社会主义大家庭的温暖。

5月14日

5 名来自越南的难民流落深圳，由于语言障碍，生活陷于困境，市红十字会与市公安局等有关部门多方联系，妥善安置了这 5 名越南的难民，使他们得以顺利与家人团聚。

7月5日

与中国红十字会总会，中央电视台共同组织举办和平音乐会，邀请美国女高音歌唱家帕特里夏·尼尔（Patricia Neal）参加义演。

9月10日

与市老干部活动中心协商，结合老年人的年龄特征，举办为期 3 天的老干部保健学习班。并聘请市内部分著名的医学专家授课，为老干部传授自我保健知识。

9月13日

为香港红十字会办理 331 箱衣服及 70 箱药品等救灾物资的报关、入关手续，并及时将救灾物资转运到浙江、福建两省灾区。

9月18日

台胞黄炽先生在探亲返台路经深圳途中，因心脏病复发而死亡。市红十字会及时妥善处理黄先生的善后工作，为其出具骨灰出境及死亡证明。

1990 年

2月19日

市红十字会调整领导班子，由市政府副市长周溪舞担任市红十字会会长。

3月20日

经南山区政府批准成立南山区红十字会，经选举由区人民政府副区长黄水桂任区红十字会会长。

3月26日

深圳市红十字会、深圳市卫生局、深圳市公安局联合发文，开展卫生救护训练，对机动车驾驶员进行自救互救培训工作。

6月13日

园东小学红十字会三（2）班的青少年会员向在伊朗大地震中受灾的儿童献爱心，自发捐款。郑良玉市长复信园东小学红十字会，称赞这是学雷锋的实际行动，市红十字会及时将善款通过中国红十字会总会转寄给伊朗儿童。

8月17日

为遭受台风袭击的海丰、梅州灾区奉献爱心，发动团体会员捐款捐物，及时将所筹集的救灾衣物5700多件（套）、救灾善款14000元送往灾区。

12月

与市卫生局联合在罗湖口岸海关出入境处设立红十字急救站，为出入境的港澳台胞服务。协助香港红十字会护送危重病患者出入境，帮助部分在深独居的香港老人解决生活、就医上的困难。

1991年

1月3日

经原宝安县政府批准成立宝安县红十字会，选举县委常委黄伟祥任县红十字会会长。

5月

经过半年的走访奔波，为台胞陈雄先生寻找到了失散17年的妻子和3个儿女。

5月12日

接待美国红十字会血液专家、美籍华人李政道一行，陪同美国同仁参观市红十字会医院血液研究所，双方就骨髓移植情况做了深入探讨。

7月12日

与市教委联合主办主题为"团结、友谊、爱心"的红十字青少年夏令营，来自全市24所中小学的200名优秀会员参加了活动。

7月21日

动员社会力量，为华东、华中特大水灾灾区募捐，共募集人民币80多万元，救灾药品170多万元，及时送往受灾较重的浙江省等红十字会。

8月5日

为内蒙古等14个省区市转运来自香港红十字会、台湾红十字组织捐赠的药品、面粉、大米、面制品160吨，价值700多万港元的棉衣、毛毯15万多件。

8月11日

与市文化局、电视台、报社等单位联合举办电视赈灾晚会及大型义演筹款晚会，动员市民为灾区奉献一片爱心。

8月28日

市红十字会调整领导班子，市政府副市长林祖基任市红十字会会长。

1992 年

6 月 26 日

朝鲜国家红十字会代表团来深访问，市红十字会会长林祖基会见并宴请了朝鲜代表团。代表团听取罗湖区怡景中学红十字会的工作汇报，并参观了红十字青少年中草药园地。

12 月

深圳市红十字会被中国红十字会评为全国红十字会先进集体。

1993 年

1 月 6 日

深圳发生特大水灾，大街小巷一片汪洋。灾情发生后，会领导迅速组织救灾人员前往各灾区，组织抗洪抢险，慰问受灾群众。

2 月

元宵佳节，协助深圳、香港、澳门等 6 家电视台举办"龙腾四海闹元宵"晚会。晚会特设海峡两岸亲人团聚节目，台胞陈雄先生在现场述说了妻离子散十余载的悲痛经历，他的现身说法深深感动了在场的每一个人。

5 月 8 日

在世界红十字日期间，第一次开展无偿献血活动。市中兴通信有限公司职员钟振基第一个无偿献血，成为深圳无偿献血第一人，从而拉开了我市无偿献血的序幕。之后，不断加大宣传力度，印制各类无偿献血手册、画册、宣传单等共计 20 余万份。

6 月 5 日

与市卫生局联合美国医疗专家共同举办"微笑行动在梅州"大型巡回义诊活动，并捐赠 30 万元善款为梅州 7 县市贫困山区的 150 多名唇腭裂患者进行了免费矫正手术治疗。

7 月 30 日

与香港红十字会一道为烧伤女士李淑宜、黄玉华及死者李芳募集善款

20万元，使李淑宜、黄玉华重新接受了整形整容治疗。

8月5日

在震惊国内外的"8·5燃气大爆炸"过程中，及时组织200多名红十字会会员深入救灾现场救助伤病员，并将省内外各界人士捐助的救灾烧伤药品分发各医院抢救烧伤患者。

8月16日

与市教委共同研究，选派4名优秀红十字会员参加在北京举行的"93国际红十字青年聚会"。

10月12日

广深珠高速公路黄田路段通车，协助香港红十字会在现场举行慈善大赛车活动，香港刘德华、黎明等众多明星欢聚一堂为红十字事业筹集善款。

11月19日

在龙岗葵涌致丽玩具厂发生重大火灾的过程中，积极组织红十字会员深入火灾现场进行紧急救护。

12月2日

举办全市中学生保护视力竞赛，全市近50所中学参加，结果市实验中学红十字会获得一等奖。

12月7日

为纪念《中华人民共和国红十字会法》正式颁布，在全市开展了学习红十字会法的宣传活动。组织全市4000多名红十字会会会员走上街头宣传红十字会法，并印制4万多份宣传资料进行宣传。

12月27日

市红十字会调整领导班子，市政府副市长李容根任市红十字会会长。

1994 年

2月

为加强海峡两岸红十字会友好往来，选出市实验学校红十字会、罗湖区洪湖中学红十字会两名优秀红十字青少年会员赴台湾参加"海峡两岸红十字少年冬令营"。

3月10—17日

组织团体单位会员为患有严重先天性心脏病的弃儿罗岭军募集手术费8万余元，使其顺利在市心血管医院进行心脏矫形手术，从而获得新生。

4月13日

香港红十字会志愿工作者一行15人来访，重点考察了市社会福利中心、罗湖区社会福利中心、市电子技术学校。

5月8日

世界红十字日，举办"关心儿童"万人签名活动，李容根会长亲临现场带头签名。

7月8日

广东省北部地区发生特大暴雨后，及时向英德、肇庆、清远三市各捐10万元人民币救灾款，号召全市医疗卫生系统红十字会捐赠救灾医疗设备，并组织由20名医疗专家组成的红十字医疗队深入粤北山区为灾民送医送药。

7月12日

市红十字会召开第二届会员代表大会，市政府副市长李容根再次当选为市红十字会会长。

9月12日

成立广东生命之光俱乐部深圳分会（现市红十字会癌症康复会），首批会员为100人。

10月

主办西南片区七省九市红十字工作研讨会，李容根会长到会致辞。

1995 年

2月

在全市50多个公共场所设置红十字急救供氧箱。

4月22日

经龙岗区政府批准成立龙岗区红十字会，经选举由区人民政府副区长黄伟祥任区红十字会会长。

5月8日

与香港红十字会联合开展主题为"人人享有尊严——关心妇女"的活动，香港红十字会派出15名会员来深，共同为市民提供义诊和健康推广及检查服务。

5月18日

举办全国性的"九五生命之光癌症康复经验交流会"，让癌症康复者重新扬起生命的风帆。

7月18日

南山区招商街道办事处红十字会成立，这是我市第一家街道办事处成立红十字会组织。

7月29日

帮助香港红十字会将5000多箱救灾专用方便面转运至江西、湖南两省。

9月15日

协助市人大颁布《深圳经济特区公民无偿献血及血液管理条例》，标志着深圳市无偿献血工作步入法治化轨道。

1996 年

1月

日本红十字会血液事业代表团访深，双方就如何提高血液质量、倡导全民无偿献血等问题进行了探讨。

2月7日

为云南丽江地震灾区捐款捐物，将筹集的60余万元救灾款物及时送往灾区。

3月28日

市红十字会调整领导班子，市政府副市长袁汝稳任市红十字会会长。

5月8日

与市电视台、市卫生局联合举办"圣洁的爱"专题晚会，纪念世界红十字日和国际护士节。

5月19日

与市残联共同开展助残活动，组织红十字医疗专家为残疾人举行医疗咨询服务。

6月

在广东省红十字会目标管理责任制达标评比过程中，获得全省红十字会"目标管理责任制优秀单位"称号。

7月15日

为安徽、贵州等地洪涝灾害灾区捐款捐物，将募集的40万元救灾款物及时送往灾区。

7月26日

选派全市40名优秀红十字青少年赴香港参加"深、港、澳、穗、珠"五地红十字青少年交流营。

9月13日

南山区红十字会与上海市原南市区红十字会签约建立友好区红十字会。

10月14日

在市大家乐广场举办"生命之光"表彰大会，为22位抗癌明星、11位抗癌勇士、5个抗癌好家庭、6个博爱单位颁发荣誉证书。

11月5日

热心资助南充嘉陵地区、安徽滁州地区失学儿童20名，使因贫困而失学的儿童得以重返校园。

11月12日

在深圳大剧院广场，举办"血浓于水"大型专题文艺晚会暨第一届无偿献血表彰大会。晚会现场特设的无偿献血车前，排起了长长的献血队伍，当场有202名市民无偿献血。

1997 年

2月26日

开展"人道关怀、服务社区"活动，在市莲花北、鹿丹村等6个安全文明小区建立小区红十字急救站，配备急救器材、急救药箱。在市怡景花园红十字急救站开通电脑联网呼救系统，形成红十字会的急救网络。

4月9日

市卷烟厂、市中航集团公司、怡景花园管理处等成立行业性红十字会组织。宝安区红十字会管辖的福永镇、龙华镇等镇级红十字会成立。

4月18日

经罗湖区政府批准成立罗湖区红十字会，经选举由区人民政府副区长潘衍明任区红十字会会长。

5月8日

与市口岸医院联合在鹿丹村小区开展卫生救护演习，当小区居民发生急症或意外伤害时，帮助小区保安员、管理员或第一目击者能够在医务人员到达之前及时采取急救措施，争取抢救时间。

6月20日

在清远遭受特大洪涝灾害时，为清远灾区送去价值10万元的救灾药品。

6月25日

按照市政府统一部署，在市政府接待办所属的迎宾馆、新园大酒店、银湖宾馆、麒麟山庄等举行为期一周的卫生救护培训，做好香港回归时来深领导身体健康的安全保障工作。

8月

组织编写红十字《家居安全参考》，无偿赠送给深圳市文明小区居民，提高群众自救互救的能力。

8月14日

组织全市红十字会员参加全国无偿献血知识竞赛活动，荣获全国优秀组织奖称号。

10月15日

与市一致医药公司联合开展"博爱在社区、兴药为百姓",红十字、绿十字共建社区卫生救护网络活动。

10月29日

全国无偿献血表彰大会在北京人民大会堂举行,我市荣获"全国无偿献血先进城市"称号。

11月

中央电视台《新闻调查》节目制作组在深进行为期一周的无偿献血专题采访。45分钟的《热血无价》专题电视片在全国播出后,引起强烈反响。

12月5日

将价值15万元的救灾药品、衣物送往四川省南充市,救助嘉陵山区的贫困农民。

12月25日

市红十字会调整领导班子,市政府副市长袁汝稳再次任市红十字会会长。

1998 年

1月1日

市顺电家居公司以"博爱慈善嘉年华"的主题举行开业庆典活动,将商场门前的空地作为红十字公益活动场地,并命名为"红十字博爱广场"。

2月

河北省张北地区发生地震后,依靠社会力量组织募捐活动,在顺电红十字博爱广场设立募捐点,方便市民捐款捐物。

5月8日

举行以"博爱助人"为主题的纪念世界红十字日活动,通过义诊、义卖、无偿献血、募捐和慰问孤儿等形式,宣传红十字精神。

7月8日

长江流域发生特大洪涝灾害后,率先向全市市民发出倡议,动员社会力量开展大规模的募捐活动。

8月8日

首批救灾物资运往江西省九江、南昌重灾区。

8月12日

协助市中保人寿保险公司举办捐款演讲会，筹集善款10万元，从而拉开了为长江水灾灾区募捐活动的序幕。

8月15日

与市电视台联合举办"伸出千万双手"电视赈灾晚会，现场开设50条热线电话，募集救灾款近300万元。

8月19日

与市文化局、特区报社等单位联合举办"特区与灾区心连心"大型赈灾慈善义演活动，共募集赈灾款650万元。

10月

在市大家乐舞台举办"爱的奉献"大型文艺晚会。纪念红十字会法颁布5周年，宣传我市无偿献血成就。

10月30日

市无偿献血开始100%满足医疗临床用血。

11月7日

开展《中华人民共和国献血法》系列宣传活动，市、区两级卫生系统开展为期一周的无偿献血活动，广大医务工作者带头无偿献血。

11月28日

召开市第二届无偿献血表彰大会，共有143个先进单位、624名先进个人获奖。

12月2日

获评"中国红十字会抗洪救灾先进集体"。

1999 年

2月5日

召开 1998 年度抗洪赈灾先进集体、荣誉单位表彰大会，感谢社会各界对红十字事业的关心支持。市政府副市长、市红十字会会长袁汝稳为获表彰的先进单位颁奖。

3月27日

与市卫生局、市教育局、市体育发展中心联合举办"99'沃尔玛杯'慈善长跑"活动。沃尔玛商业咨询（中国深圳）有限公司将所属供货商筹集的红十字基金 20 万元通过市红十字会在黑龙江省巴彦县兴建一所沃尔玛红十字小学。

5月8日

市红十字会调整领导班子，市政府副市长卓钦锐任市红十字会会长。

5月8日

在佳宁娜广场举行"人道的力量——面向新世纪的红十字"大型纪念世界红十字日活动。市政府副市长、市红十字会会长卓钦锐现场慰问工作人员，并带头无偿献血。

6月

分别对香格里拉大酒店、南油假日酒店、观澜高尔夫球会等单位员工进行卫生救护知识培训。对蛇口赤湾港美国休斯特公司、雅仕高洋行有限公司两家外企的高级管理人员进行卫生救护培训。

6月

以女教师向春梅身后无偿捐献眼角膜为典型，开展"捐献器官、拯救生命"大型系列宣传活动，开始接受市民身后捐献器官的登记。

8月1日

在市深房广场开展"健康 2000"大型肝病咨询义诊活动，来自广州及深圳的数十名肝病专家为深圳市民举行相关疾病的咨询和治疗。

9月

台湾发生强烈地震后，动员社会力量开展赈灾募捐活动。及时将募捐款如数汇往中国红十字会总会转赠台湾红十字会。

9月

教师节前夕，向四川省南充市贫困山区师生捐赠价值110万元服装，给山区师生献上了一份厚礼。

10月15日

市红十字会调整领导班子，市政府副市长宋海任市红十字会会长。

10月15日

南山区红十字会组织卫生系统红十字会为贵州省威宁县捐款70多万元，建设一座住院大楼，同时捐献价值30万元的医疗器械和其他物品。

12月1日

世界艾滋病宣传日，与有关单位在罗湖区东门老街广场联合举办主题为"关注青少年、预防艾滋病"的艾滋病预防宣传活动。活动现场，近千名群众观看了防治艾滋病的图片展，向市民发放有关预防艾滋病的宣传资料。

2000 年

4月8日

组织第二届"沃尔玛杯"红十字慈善长跑活动，来自55家单位近万人参加了本届长跑活动。

5月

市红十字会调整领导班子，市政府副市长王顺生任市红十字会会长。

5月11日

召开市无偿献血表彰大会，会上成立无偿献血志愿工作者服务队，首批队员200余名全部为无偿献血积极分子。市政府副市长、市红十字会会长宋海为服务队授旗，并宣布服务队正式成立。

7月15日

主办第六届"深、港、澳、穗、珠"五地红十字青少年交流营活动，来自 5 地区的 150 名红十字青少年参加了本次夏令营。

8 月 1 日

在深圳市政府和中国红十字会总会的大力支持下，深圳造血干细胞资料库正式启动，是年就有 424 例造血干细胞资料入库。

9 月 6 日

美国友邦慈善基金会向市红十字会捐赠价值 45 万元人民币的冷气大巴，供无偿捐献造血干细胞专用。

10 月

与市文明办、献血办、深圳晚报联合主办深圳市无偿献血、献骨髓（造血干细胞）百言金句征稿评选公益活动，从全国 6700 篇句子中，遴选出"献血献骨髓，快乐永相随"等金句。

10 月 9 日

与市伽玛网络系统有限公司签订"网上献血工程"项目协议，该网络开通后，市民可在网上了解国家无偿献血政策及献血的相关知识，可进行网上献血、献器官及遗体的预约登记。

11 月 1 日

接收第一例遗体捐献，用于我市医学科研教学。

11 月 17 日

《生命之光》歌曲制作完毕。此首歌曲献给无偿捐献器官志愿者，由遗体捐赠者马辅民生前作词，盲人林中秋作曲。该歌曲通过《深圳商报》《深圳晚报》等刊登后，在社会上引起了强烈反响。

12 月 2 日

在深圳体育馆举办了《生命之光》大型慈善演唱会，全国著名摇滚乐队"黑豹""零点"应邀同台献艺，演唱会旨在宣传、推动我市无偿献血以及器官捐献工作的进一步开展。

12 月 13 日

美国红十字会代表团应邀来访，代表团在深期间，为我国部分省、市红十字会及血液中心的负责人做了"美国输血医学和骨髓供者计划"的专题学术报告会，并与中国红十字会总会共同探讨了骨髓供者计划的有关合作问题。

2001 年

1月10日

与爱心企业看望慰问宝安公明镇敬老院的孤寡老人。

2月

内蒙古发生特大雪灾后，立即发出倡议，在全市掀起为雪灾地区灾民捐款捐物的热潮，共筹集 170 万元，全部用于内蒙古锡林郭勒和兴安盟两个重灾区，修建 5 所学校。

4—8月

与旅游局、中国国际旅行社联合开展"旅游帮困"活动，推出一条爱心旅游线路，筹得善款 11 万多元，专门用于救助深圳市部分重病患儿。

8月28日

我市成功实施首例非血缘关系无偿捐献造血干细胞移植手术，潘庆伟成为中国造血干细胞管理中心的第一位捐献者，这也是我国首次采用分子生物学基因配型方法进行造血干细胞移植手术。

9月11日

由深圳市红十字会、香港吉里医疗投资管理有限公司、深圳万杰实业发展有限公司共同合作建立的深圳龙珠医院在五洲宾馆举行签约仪式。

12月

为中国造血干细胞资料库扩容，受中国红十字会总会委托，举行"关爱生命"大型义卖募捐活动。

12月1日

世界艾滋病防治纪念日，与市健康教育研究所、市慢病院、市卫生防疫站等单位在深圳大剧院举办了以"关爱他人，共享生命"为主题的大型宣传教育活动。

12月12日

由卫生部、中国红十字会总会联合召开的全国无偿献血表彰大会在北京召开，我市再次荣获"无偿献血先进市"称号。

2002 年

1月

正式启动顾客紧急救护系统，先后在天虹商场、岁宝百货、家乐福超市、农业银行深圳分行等人流密集的公共场所建立了20多个红十字急救站，并配备了急救器械、常用药品等。

市红十字会被评为深圳市"优秀民间组织"。

5月

市红十字会与中国红十字会总会联合举办"捐献造血干细胞，关爱生命"大型宣传募捐系列活动。

5月8日

世界红十字日期间，市红十字会联合万佳百货等20家企事业单位、医疗机构在深圳大剧院广场门前开展以"捐献造血干细胞，关爱生命"为主题的大型文艺演出、义诊、咨询、义卖等系列慈善募捐活动。

5月20日

深圳市政府组织市委宣传部、市工委、市文化局等20多个有关单位召开协调会，募捐活动从此正式拉开序幕。

6月1日

市红十字会组织关怀地贫病志愿者服务队，带领50名地中海贫血患儿免费参观深圳明思克航母世界。

7月

市红十字会与博爱医院联合开展历时3个月的"博爱复明工程"活动，出资60余万元，为来自深圳、汕头、惠州、梅州四地区的60名白内障等眼疾病患者提供免费检测、手术等治疗服务。

7月6日

市红十字会和香港地贫协会组织80多名来自香港、广州、深圳等珠三角地区的地中海贫血患儿和血液病专家在香格里拉大酒店举行地贫症治疗、护理交流活动。

7月29日

市红十字会组织优秀青少年会员参加在广州举办的以"同心、携手、共进"为主题的"深、港、澳、穗、珠"五地红十字青少年交流营活动。

8月

市红十字会调整领导班子，市政府副市长梁道行任市红十字会会长。

9月

陕西、四川、湖南等地遭受洪水肆虐，市红十字会向社会各界发起募捐活动，收到中海石油深圳分公司捐赠的善款130多万元以及深圳安信纳米生物科技有限公司、深圳高卓有限公司捐赠的价值40万元的药品，并及时发往灾区。为重灾区陕西省重建了佛坪县中学和镇安县柴坪镇卫生院。

11月23日

市红十字会和市卫生局、深圳狮子会等联合组团赴惠州白路麻风病医院，看望深圳以及当地的麻风病人，为他们送去轮椅、棉被、拐杖等总价值4万多元的生活、康复用品。

2003 年

1月

深圳龙珠医院举行奠基仪式，深圳市市长于幼军参加了该奠基仪式。

新疆巴楚、伽师地区发生6.8级地震，市红十字会向社会各界发起募捐倡议，收到救灾善款150万元，救灾药品200多万元，冬衣4125件，棉被562床，在南方航空公司支持下，将救灾物资空运到新疆重灾区。

4月26日

市红十字会向社会发出倡议，并公布防治"非典"捐赠热线及账号。

4月27日

富通房地产公司第一个为医护工作者和经济困难的"非典"患者捐赠人民币100万元,市政府副市长梁道行出席了捐赠仪式。

5月16日

在观澜湖举行"众志挥杆献爱心"慈善筹款活动,款项用于"非典"防治研究。

6月10日

市红十字会举行新闻发布会,富士康集团将用于免费治疗唇腭裂患儿手术的50万元捐赠款交到第二人民医院,"微笑工程"正式启动。近200名患者在市第二人民医院接受免费手术治疗。

7月

这月底,市红十字会共收到捐款总数733万元,捐赠物资总数802万元,其中很大一部分是市民个人捐款。

7月20日

市红十字会与肯德基深圳公司共同启动"肯德基健康儿童世界慈善之旅",资助深圳地中海贫血病患儿。

8月22日

深圳市人大常委会二十六次会议第二次全体会议表决通过《深圳经济特区人体器官捐献条例》。这是我国首部人体器官捐献移植地方法规,中央电视台一套对该条例的审议和表决过程进行了现场直播。

9月24日

《深圳经济特区人体器官捐献移植条例》通过后,深圳市成功进行了首例大器官移植手术,同时也是广东省首例婴幼儿活体肝移植手术。

10月1日

全国首部器官捐献条例《深圳经济特区人体器官捐献条例》于是日正式实施。这项地方法规的出台,将带动我国人体器官捐献移植向法治化迈进。

11月12日

一对美国夫妇为了挽救他们在湖南领养的患有血液病的小女孩,来到中国造血干细胞捐献者资料库紧急求援，中国红十字会总会在全国发起了"救助小凯丽，扩充资料库"的爱心活动。

11月24日

经盐田区政府批准成立盐田区红十字会，选举区人民政府副区长王宏彬为区红十字会会长。

12月4日

市红十字会积极配合市政府、市法制局组织的普法宣传日活动，印制了《中华人民共和国红十字会法》《深圳经济特区人体器官捐献条例》近万份，在活动点现场派发，还将红十字会法、器官捐献条例里的内容编成游园题目，让市民在寓教于乐的形式下接受普法教育。

2003年，深圳市红十字会获得了"抗击非典先进集体"的光荣称号。

2004年

1月8日

深圳市红十字会与深圳市第二人民医院联合举行新闻发布会，就"微笑工程"的实施情况向社会通报。

4月1日

市红十字会工作人员积极协助湖南农民昌桂华捐骨髓救助深圳女孩，这是我市首例异地骨髓救助本市患者。

4月23日

深圳市红十字会接收深圳市海关捐赠的价值近百万元的罚没的衣物，并及时转赠到贫困地区。

4月28日

为使台湾同胞捐献的骨髓能救助患有白血病的深圳女孩，深圳市红十字会协调海关等有关检疫部门，使运送骨髓专车快速过关，一刻没有耽搁地将骨髓送到了北大医院，手术得以顺利进行。

5月16日

为纪念中国红十字会建会100周年，深圳市红十字会组织262个会员单位 5000 多名会员走上街头，开展以"庆百年，红十字在行动"为主题的图片展、义诊、救护知识演示、文艺表演、宣传法规等活动。

6 月 14 日

是日为首个世界献血日，深圳市红十字会、深圳市血液中心共同在书城广场举行无偿献血咨询及现场捐血活动。

6 月 22 日

深圳市红十字会、深圳市民政局共同启动救助孤儿康复手术的"明天计划"，首批 20 名"兔唇"孤儿在深圳市红十字会的资助下接受了康复手术。

7 月 8 日

深圳市红十字会召开表彰先进集体、先进个人大会，对在 2001—2003 年度为红十字事业中做出突出成绩的社会各界进行表彰激励。

7 月 18 日

为加强各地红十字青少年工作交流，深圳市红十字会选派各区优秀红十字青少年参加由珠海红十字会主办的主题为"真情博爱满珠海"2004 年"深、港、澳、穗、珠"五地红十字青少年交流营活动。

8 月 6 日

由深圳市红十字会、香港吉里医疗投资管理有限公司、深圳万杰实业发展有限公司共同开发的合作项目，深圳首家中外合作医院——龙珠医院，其在建主楼举行封顶仪式。

9 月 10 号

南充市受到洪灾的影响，损失严重。收到南充市红十字会发来的求助信后，深圳市红十字会从救灾款中拨出 10 万元用于当地救灾。

10 月 19 日

市委组织部、编委、卫生局、红十字会联合开会，专题研究市红十字会机构问题，主要是关于市红十字会编制理顺问题。

12 月 2 日

深圳市红十字会医疗救助专项资金启动仪式在市体育馆举行，由梁道行副市长主持，共有 4000 多名市民参加，当场募集到捐款 13.8 万元。

12月29日

深圳市红十字会医疗救助专项资金启动后，首批发放给3名急病患者。这3名患者全部都是外地来深人员。

2005年

1月4日

接中国红十字会总会与广东省红十字会通知，深圳市红十字会开始为印度洋海啸灾区募捐，历时两个多月，共募得善款计1761万元。

1月23日

深圳市红十字会无偿献血宣传队60名志愿者奔赴对口扶贫城市河源市进行无偿献血，并对河源广大市民宣传无偿献血知识。

1月27日

与沃尔玛深圳11家商场联合开展扶贫助困关爱行动，向深圳55户贫困家庭及孤寡老人赠送价值110000元的购物卡，作为新春的贺礼。

1月29日

与肯德基有限公司联合发起医疗救助专项资金捐款10元活动，在67家肯德基店餐厅中设立红十字募捐。

2月5日

开展保持共产党员先进性教育，经过近4个月、3个环节的学习动员、分析评议和整改提高阶段工作，圆满完成了先进性教育活动的各项任务。

2月11日

开展"红十字会进社区"活动，先后在布吉、宝安开展了艾滋病防治讲座及结核病预防、治疗的宣传及义诊活动。

3月13日

在市政府举办的第二届关爱行动中，与深圳晚报社、深圳狮子会为46名地贫儿发放了价值28.98万元的"生命燃料卡"。

4月18日

接待美国红十字会总会代表团，双方就加强两会友好合作的具体事项达成一致。

5月3日

与深圳晚报联合推出的"关爱生命，共享阳光"大型晚报义卖活动正式启动，设义卖点近500个。

5月8日

世界红十字日期间，开展了以"自救互救，红十字在行动"为主题的六区红十字会联动大型系列公益活动，包括义诊、发放宣传资料、为医疗救助专项资金募捐、无偿献血等内容。

6月13日

深圳市红十字会接中国红十字会总会与省红十字会通知后，迅速开始为广东洪灾地区开展募捐活动，社会捐款141万元，物资价值300万余元心上。

6月14日

世界献血者日，我市共有495人次参加了无偿献血，献血量达99000毫升，是平常献血量的两倍。这一天，深圳市红十字会无偿献血志愿工作者服务队龙岗分队宣告正式成立。

6月15日

与中国初级卫生保健基金会、广东省扶贫基金会、深圳商报联合发起"健康扶贫，共享阳光"扶贫募捐活动。

6月20日

向各有关医院下发《关于加强对各医院红十字会规范化管理的通知》，对各医院红十字会进行重新登记、规范管理。

7月7日

与深圳博爱医院集团联合成立深圳市"红十字·博爱公共卫生医疗救助义工队"。这是我市首支专门救助重大灾害的医疗义工组织，也是全国第一支公共卫生突发应急义工医疗队。

7月9日

与市政协、农工党深圳市委会、驻深武警部队等单位联合组成深圳建市以来最大规模的救灾物资运输车队，前往受灾严重的惠州博罗县进行慰问。

7月16日

与深圳市广电集团联合组成"学习丛飞、爱心接力——粤东北爱心慰问团"，到遭受严重水灾的河源进行慰问。

8月21日

召开深圳市首届无偿捐献造血干细胞表彰大会，对39名无偿捐献造血干细胞的供者进行表彰，并安排了4对供者与患者见面。

10月29日

与市血液中心工作人员赶赴珠海，与珠海市红十字会联合开展珠海造血干细胞志愿者登记活动，共有97位志愿者血样被带回深圳骨髓库配型，并将配型资料纳入中华骨髓库中。

10月29日

宝安区红十字会医疗救助专项资金启动，宝安区人民政府拨款500万元作为医疗救助资金的启动经费。

10月31日

历时5个月的第十届"深圳十大杰出青年"评选揭晓，深圳市红十字会无偿献血服务队队员高敏因无偿献血量最多、义务服务时间最长而获此殊荣。

11月10日

与血液中心联合举办国家级继续医学教育项目"国际安全输血暨新技术学习班"，美国红十字会专家专程前来授课。

11月12日

台湾罗悲夫颅颜基金会代表团专程来到深圳考察"微笑工程"的实施情况，表示将继续与深圳市红十字会加强合作，继续施行"微笑工程"。

12月8日

江西九江地区发生5.8级地震。深圳市红十字会募集到价值51万元的御寒衣物与10万元捐款，迅速送到九江震区。

12 月 9 日

举行"微笑工程"第三次捐款仪式,接受富士康集团 100 万元捐款用于充实"微笑工程"资金,30 万元捐款用于地贫儿"燃料卡"。

2006 年

1 月 1 日

协同市关爱办、市防艾办举办"艾滋病同伴教育"活动,在社会上聘请 300 位热心市民担任预防艾滋病防治知识宣传员。

1 月 7 日

深圳市红十字会带着由深圳金光华商场肯德基品牌捐助的近 3000 件价值 13 万元的衣物及广州大旺食品公司深圳分公司捐赠的价值 22 万元的食品为丰顺县丰良镇人民送去了新年的问候。

1 月 11 日

市民梁小明携妻带子一起签署了《深圳红十字会器官捐献志愿书》,成为深圳市第一例全家自愿捐献眼角膜者。

1 月 17 日

与沃尔玛购物广场布吉店联合开展为贫困户送温暖活动。20 户来自龙岗区布吉街道社区的困难家庭、孤寡老人应邀来到沃尔玛购物广场布吉店进行了节日联欢。

1 月 20 日

在罗湖金光华广场为举办大型迎春关爱义卖、募捐日活动,所得款项全部捐给深圳市红十字医疗救助专项资金。

1 月 22 日

中国红十字会会长彭珮云专程来深听取深圳市红十字会的工作汇报,并与市政府主要领导沟通,解释全国红十字会理顺管理体制情况。

1 月 22 日

与市关爱办、市防艾办举行预防艾滋病同伴教育活动启动仪式。为市民免费发放安全套,现场聘请一位群众成为预防艾滋病同伴教育义务宣传员。

2月10日

陈友余成为深圳第一个非亲缘性多器官捐赠者，是深圳器官捐献史上一个重要的里程碑。

3月11日

与深圳晚报、香蜜湖狮子会、富士康科技集团联合主办第三届"燃料行动——'燃料卡'发放仪式"暨"爱心6+1"认亲大会，有200多个爱心家庭和地贫儿家庭"认亲"结对，捐款70.4万元。

3月15日

接受富士康集团第三次捐赠的100万元，继续用于充实"微笑工程"资金。

3月25日

深圳市红十字会与博爱医院集团联合发起"粤东山区光明行"活动，为粤东山区贫困白内障患者免费实施手术，一周内就为69名白内障患者进行了免费手术。

3月31日

市编制委员会正式下发文件，将市红十字会机关由挂靠市卫生局改为单独设置，为市红十字会独立自主开展各项工作创造了良好的条件，为红十字事业的发展奠定了坚实的基础。

4月25日

第三届"关爱行动"圆满结束，市红十字会获"优秀组织单位"荣誉称号，与深圳晚报社、狮子会等单位联合开展的"燃料行动"暨"爱心6+1"认亲活动获最具创意活动项目，市红十字会副秘书长陈壮获市关爱行动先进工作者称号。

5月8日

中国造血干细胞捐献者资料库广东省管理中心在深圳正式设立工作站，并举行挂牌仪式。目前深圳工作站已经储存了13000多份志愿者资料，无论是从志愿者人数还是捐献者数量上，深圳都已走在全国同等城市的前列。

5月8日

世界红十字日，市红十字会在吉田墓园举行"光明树"纪念碑揭幕仪式。已有24位角膜捐献者长眠于此。

5月8日

开展以"健康援助进社区——红十字在行动"为主题的"红十字博爱周"活动，发动各区红十字会、学校红十字会开展各类红十字博爱进社区活动，救助困难群众，弘扬"人道、博爱、奉献"的红十字精神。

5月8日

正式挂牌成立红十字无偿献血健康教育基地，其目的主要是引导青少年对无偿献血、献造血干细胞知识的了解。

5月10日

将关爱送到观澜街道君子布社区，为30个资助对象每人发放了800元慰问金，还发放了米、油、书包、文具等慰问物资。此外，市红十字会还对当地3名品学兼优的特困学生进行长期资助，为他们缴纳学费，直至初中毕业。

7月14日

市红十字会与博爱医院集团联合成立的"红十字·博爱公共卫生医疗救助义工队"到洪水灾区韶关市乳源县桂头镇，为村民检查和发放药品。

7月21日

接到省红十字会关于捐助洪水灾区灾民的紧急呼吁及文件后，市红十字会立即积极贯彻文件要求，紧急发动社会各界为洪灾地区捐款。

7月26日

市红十字会紧急联合市食品、药品监督管理局，组织药品医疗器械行业为台风洪水受灾地区捐赠医疗设备及药品，截至8月21日，市红十字会共收到救灾款物1924.1万元，分送到潮州、河源、惠州、韶关、梅州、清远6个受灾严重的地区。

8月1日

组织41名优秀红十字会青少年会员赴香港参加两年一度的"深、港、澳、穗、珠"五地红十字青少年交流营。通过参加交流营等一系列人道主义活动,加强了对青少年红十字事业、红十字"人道、博爱、奉献"精神及健康讯息的了解,拓展了视野、开阔了心胸。

9月9日

响应世界急救日"拯救生命 一视同仁"主题,发动各级区红十字会对全市几千名海滨救护员、医院急诊科医生护士、社康中心医务人员及外企员工、社区居民进行急救培训。

10月15日

市红十字会器官捐献志愿者服务队宣传支队宣告成立。

10月17日

召开深圳市第六届无偿献血表彰大会。深圳市再次获得广东省无偿献血先进城市称号。

12月21日

成立红十字志愿工作者委员会和学校红十字工作委员会。

2007 年

1月16日

深圳航空有限责任公司与市红十字会、中华医学会器官移植学分会、市眼科医院四方共同签署《关于深航运送国际标准化人体捐献角膜和器官的协议》。该协议为全国首个无偿运送人体捐献器官协议。

1月23日

举行器官捐献卡首发仪式,首批为23名自愿申请身后捐献器官的有车一族的市民发放了器官捐献卡。

2月4日

与血液中心一起为无偿献血者和献血志愿工作者精心策划了一场新春联谊会,2006年捐血8次以上的以及RH阴性稀有血型的无偿献血者代表、捐献造血干细胞志愿者代表总共300余人参加了联谊会。

3月10日

爱心企业富士康科技集团再次为"微笑工程"捐助100万元,用于免费为唇腭裂患者实施手术治疗。

3月28日

在关爱行动中,社会各界爱心人士为"燃料行动"捐助10多万元善款,爱心企业富士康集团又一次捐赠330万元,为63名贫困地贫儿捐助了整整7年免费输血的生命燃料经费。

4月6日

由市红十字会、市血液中心等单位联合举办的"燃料卡"发放仪式在血液中心多功能厅举行,为63名贫困地贫患儿的生命助燃。

4月14日

与市医学会肿瘤病专业委员会、爱康之家服务队在金光华广场举办以"珍爱生命,科学抗癌"为主题的全国第十三届抗癌周活动开幕式。

4月21日

爱康之家志愿者服务队举办知名肿瘤专家大型报告会,几百名肿瘤患者免费聆听了报告并进行了咨询。

4月25日

9个月大的先天性心脏病患儿小艳飞在市孙逸仙心血管医院成功施行手术,康复出院,成为市红十字会扶贫救心爱心行动的首位受益者。

5月8日

世界红十字日,市红十字会开展以"伸出援手,救助生命——红十字在行动"为主题的2007红十字博爱周系列活动。

5月8日

宝安区红十字会带领区直属各医疗卫生单位的红十字会员,到宝馨养老院和区福利中心探访、慰问老人。

5月10日

联合市委组织部驻观澜街道君子布社区工作组将关爱送到君子布社区,为社区14名残疾人及孤寡老人发放了慰问金和慰问品,为8名特困学生提供了学费资助。

5月11日

在东门步行街文化广场开展博爱周主题宣传活动。

5月13日

龙岗区红十字会志愿工作者委员会组织100余名会员开展了"献出一袋热血，共撑一片蓝天"的无偿献血活动，共捐血14000多毫升。

5月15日

龙岗区红十字会为来自龙岗区教育局的80名校医、体育老师进行初级卫生知识和急救技术培训。

5月25日

在"2007感动深圳——第四届关爱行动表彰晚会"上，市红十字会获评优秀组织单位。

5月30日

携手深圳几大媒体共同为不幸身患白血病的少女占文静向社会募捐医药费，累计捐款20多万元。

6月6日

召开2005—2006年度先进集体、优秀会员、优秀志愿工作者及爱心单位表彰大会，表彰了66个先进集体、112名优秀成年会员、122名优秀青少年会员、65名优秀志愿工作者、10家爱心单位。

6月14日

卫生部、中国红十字会等联合召开2004—2005年度全国无偿献血表彰电视电话会议，深圳市连续第五次荣获全国无偿献血先进城市奖。

6月14日

世界献血者日，市红十字会聘请深圳电视台都市频道《第一现场》主持人董超为首位无偿献血爱心形象大使。

7月26日

北京大学深圳医院举行了医院红十字会启动仪式，共有1100多名医务人员加入红十字会会员的队伍中来。

7月27日

举办为期五天的市红十字会卫生救护师资培训班，培训内容包括红十字会务知识、现代救护新概念、心肺复苏与创伤救护理论与实际操作等。

8月22日

《深圳经济特区人体器官捐献移植条例》颁布4周年。市红十字会在市西丽交管所办理驾驶证的大厅、各医院门诊大厅、住院部及部分公共场所放置了器官捐献资料台以便市民索取阅读，及时了解捐献渠道，加强器官捐献理念。

10月7日

遭遇车祸而脑死亡的四岁女孩王霏的父母在医院看到市红十字会的器官捐献资料后，决定捐献女儿的全身器官，希望以此方式"延续女儿的生命"，王霏成为迄今为止全国最小的器官捐献者。

11月8日

市红十字会被评为全国红十字会先进集体。

12月1日

世界艾滋病日，今年的宣传主题是"遏制艾滋，履行承诺"。市红十字会预防艾滋病工作人员组织几百名红十字会员及义工走上街头、竖立宣传展板、向广大市民进行艾滋病防治知识普及，向市民分发安全套。

2008 年

1月19日

由市红十字会主办的"市红十字会十大抗癌好家庭"颁奖仪式在市血液中心多功能厅隆重举行。市肿瘤专家及各媒体记者与400多名肿瘤患者欢聚一堂，共同见证"十大抗癌好家庭"的诞生。

2月29日

春节前夕，我国南方大部分省市遭遇50年不遇的风雪袭击，严重的灾情造成铁路、公路交通运输中断。市红十字会积极开展救灾救助工作，共收到救灾款物7080534元，及时运往湖南、江西、安徽及省内的韶关等重灾区，帮助受灾群众渡过难关。

3月11日

市红十字会召开第三次会员代表大会。会议对市红十字会第二届理事会工作进行总结，规划部署今后5年的工作计划，并选举产生第三届理事会。李铭当选第三届理事会会长，赵丽珍当选专职副会长。

3月18日

省红十字会副会长华建等一行到市红十字会，主要就解放思想、促进红十字事业又好又快发展进行调研。

3月30日

市红十字会举行第五届"燃料卡"发放仪式。69名地贫儿领到了可每月免费输血一次的"燃料卡"，此外每名特殊患儿还获赠价值1万多元的排铁药品。

4月15日

在"2008感动深圳——第五届关爱行动表彰晚会"上，市红十字会获6项殊荣，其中市红十字会获评"优秀组织单位"。

4月17日

由市红十字会、深圳医学会肿瘤病专业委员会、爱康之家志愿者服务队主办的以"提倡全民戒烟，让儿童远离癌症"为主题的全国肿瘤防治周宣传大会在深圳血液中心隆重举行。

4月18日

市红十字会组织400多名优秀无偿献血志愿者及五星级志愿工作者到湛江进行参观考察。志愿者及志愿工作者们与湛江血液中心工作人员及当地的无偿献血志愿们举行联谊会，互相进行经验交流，扩大了视野。

5月5日

宝安区红十字会召开第三次会员代表大会，会议对宝安区红十字会第二届理事会工作进行总结，选举产生宝安区第三届理事会。

5月8日

世界红十字日，市红十字会将8—16日定为博爱周，将在一周时间内大力开展博爱进社区、关爱先天性心脏病患儿及大型主题宣传活动。

5月12日

四川汶川发生8.0级特大地震，市红十字会在第一时间向四川灾区捐赠了价值200万元的救灾款物，并向社会发出紧急募捐倡议，成立抗震救灾领导小组，统一调配人员、明确职责分工，做好一切与救灾相关的准备工作。

5月16日

由骨科、外科、麻醉科等科室的精干医护人员组成的深圳市红十字医疗救援队奔赴灾区一线，开展灾区医疗救援工作。

5月22日

由26名心理咨询师和5名记者组成的"深圳市红十字心理关爱援助队"启程前往德阳灾区。主要在什邡市龙华镇对遭受灾害心理上受到极大伤害的青少年及学生进行心理干预，以消除他们的灾后恐惧感。

5月24日

深圳日报举办在深外籍友人赈灾慈善活动。外国友人们纷纷在红十字募捐箱中投下善款。此次活动共募集到善款36000元。

5月29日

由市红十字会和澳亚卫视联合主办，深圳广电集团、四川省电视台、香港亚洲电视协办的"重建家园——今晚我们的心在一起"大型公益赈灾晚会在深圳体育馆隆重举办，四川、深圳、香港、澳门4地电视台同时现场直播。

6月4日

由市红十字会陈壮副秘书长带领几名工作人员和志愿工作者到月亮湾救灾仓库装运送往甘肃灾区的救灾物资，共发送价值860多万元的药品、生命探测仪、监护仪、大米、矿泉水、方便面、衣物、棉被等灾区急缺物资共6个火车皮。

6月13日

纪念世界献血者日暨深圳市第七届无偿献血表彰晚会在深圳广电集团演播大厅隆重召开。

6月17日

根据我市抗震救灾对口支援工作专项会议精神，正式始接受社会认捐，广邀市民、企业参与3个募捐计划：家园重建计划，学校、医院重建计划及灾区贫困生资助计划。市民及企业可通过三大重建计划实现一对一或一对多的援助方式。

6月25日

第三十二届无偿献血新志愿者培训班如期开班并圆满结业。

6月27日

在全市庆祝建党87周年暨基层党建工作会议上，市红十字会党支部荣获"深圳市先进基层党组织"称号。

7月29日

中国红十字会抗震救灾先进集体（个人）表彰大会在全国政协礼堂隆重举行，市红十字会获"中国红十字会抗震救灾最佳集体"荣誉称号。

8月1日

正式成立器官捐献办公室，负责深圳市及周边地区器官捐献的宣传、协调、管理等工作。同时，对全国尚未实施器官捐献试点的地区所发生的零星捐献案例进行受理。

8月4日

"深、港、澳、穗、珠"五地青少年交流营在澳门开营。18名来自福田、龙岗和南山的优秀红十字青少年与来自澳门、深圳、广州、珠海、香港5个地区的100名红十字青少年欢聚一堂，共同开展活动。

8月26日

中国红十字会宣传、推动遗体（器官、组织）捐献工作研讨会在深圳迎宾馆举行。中国红十字会总会常务副会长江亦曼、苏菊香出席了会议。

8月26日

在大梅沙海滨公园组织为时8天的海滩急救知识及徒手心肺复苏操作培训活动，使众多救生员及游客初步掌握CPR知识及技能。

8月30日

在银湖旅游度假村举行深圳市红十字会"人爱行动"慈善拍卖义卖大型公益活动。

9月20日

与深圳市科学技术协会、市青少年活动中心联合举办青少年危机救援科普活动，内容包括科普宣传、互动体验、有奖问答、科普讲座。通过活动促进青少年应对危机观念的形成，加强青少年生存教育，培养青少年应对灾害的能力。

10月29日

首届深圳慈善大会正式拉开帷幕，市红十字会在本次慈善大会上获得4项殊荣。

11月1日

卫生部副部长黄洁夫一行来深圳进行学习实践科学发展观调研活动，听取了市红十字会在器官捐献方面的专题汇报。

11月1日

在莲花山风筝广场举行的首个深圳慈善日和深圳社会慈善捐赠活动月启动仪式上，市民政局、市红十字会、市总工会等单位联合发出倡议，在全市开展"慈善一日捐"活动，为慈善事业捐出一天的利润、一天的收入。

11月1日

联合省红十字会到市收容教育所对20多名被看管人员进行艾滋病防治宣传，引导他们树立正确健康的生活观。

11月26日

"爱康之家"志愿服务队15名志愿者以及随队医生到北京大学深圳医院慰问住院的肿瘤患者，并给在场的每位肿瘤患者赠送了电暖袋，用以抵御寒冬。

11月30日

作为主办方之一举办"深圳红丝带在行动，多部门合作，共抗艾滋"大型宣传教育活动。

12月10日

在北京召开的全国无偿献血表彰大会上，深圳市连续6届获得"全国无偿献血先进城市"的荣誉。我市有2002位市民荣获全国无偿献血奉献奖，其中金奖715人，银奖417人，铜奖870人。

12月20日

截至11月底，市红十字会已接受社会各界爱心人士6000多份器官及遗体捐献登记，帮助279人身后捐献眼角膜，500多名国内外角膜病患者受益；12人捐献遗体，26人捐献多个器官，78人捐献造血干细胞。

2009 年

1月8日

响应中国红十字会总会"博爱送温暖"号召，为四川地震灾区灾民及我省贫困地区群众发放价值130多万元的过冬救灾物资。

1月15日

前往惠州市白露医院，看望留住在那里治疗的深圳现症麻风病患者，为他们送去慰问金、食物、药品和生活用品等。

1月19日

为龙岗区坪地街道的30个特困家庭送去节日慰问金、大米、花生油、棉被、冬衣等慰问品。

1月20日

举办两期学校红十字会师资培训班，来自市、区91名德育主任及校医积极参加了此次培训。

2月9日

元宵节，与深圳南山海岸城购物中心联手主办"爱溢海岸城，情满元宵节"大型慈善活动，100多名癌症病患者及地中海贫血病儿童欢聚海岸城，度过了一个欢乐温暖的元宵节。

2月12日

首个从事应急采供血工作的医务志愿工作者组织——市红十字会无偿

献血志愿工作者服务队医务分队正式成立。

2月23日

首届灾区干部身心康复技术培训班在深圳大鹏龙岗区干部疗养院举办，40名来自四川地震灾区的基层干部接受了为期7天的心理康复治疗。

3月24日

世界防治结核病日，与深圳山厦医院共同举行"温暖鹏城爱心大行动"，将救治30名在大学或中学就读的家庭贫困的耐药性肺结核患者。

3月28日

举办为期两天的深港两地红十字会港深连心交流活动。30名香港红十字会的志愿工作者与市红十字会、龙岗区红十字会的工作人员及志愿工作者们进行了深入交流，共同探讨两地慈善文化的差异，了解两地志愿服务发展状况。

4月19日

由市关爱办、市红十字会、深圳晚报社主办，市血液中心、市第二人民医院、麦当劳公司协办的第六届"燃料行动——'燃料卡'发放仪式"在怡景中心城举行。

4月29日

在"2009感动深圳——第六届深圳关爱行动表彰晚会"上，市红十字会获关爱行动五项殊荣，其中市红十字会获评优秀组织单位。

5月8日

世界红十字日，至5月17日期间在全市开展纪念世界红十字日博爱周暨"送人玫瑰、手有余香"——纪念"5·12"地震一周年系列宣传及救助活动。

5月8日

与深圳大学联合成立深圳市红十字遗体捐献接收中心，以帮助更多的市民完成捐献遗体的心愿，架起通往医学殿堂的桥梁。

5月8日

爱康之家志愿工作者服务队在龙珠医院成立关爱肿瘤患者活动基地。

5月8日

与罗湖区红十字会举行罗湖区红十字医务志愿者服务队成立暨护士节大会。

5月9日

与民政局、公安局、卫生局等相关部门在莲花山公园举行"5·12"防灾减灾日系列活动启动仪式暨现场咨询活动。

5月19日

在北京召开的中华骨髓库第二届年会上,无偿献血志愿工作者服务队志愿献髓者招募分队被中国造血干细胞捐献者资料库(简称中华骨髓库)授予十佳志愿服务组织,潘庆伟等5位志愿者被授予中华骨髓库百名优秀志愿者荣誉称号。

5月21日

举办红十字医疗救助资金管理工作学习班,全市120系统内80多家医院的相关负责人参加。

6月12日

中国红十字无偿献血志愿服务总队成立暨深圳市第八届无偿献血表彰大会在深圳市民中心隆重举行。

7月12日

举办第一届器官捐献志愿者宣传服务队培训班,由器官捐献办公室执行副主任李劲东向与会者做器官捐献的现状、器官捐献协调员工作流程等方面的培训。

7月21日

向革命老区广西壮族自治区百色地区田林县潞城瑶族乡捐赠100万元,帮助该乡营盘村十二桥小学修建一所希望小学教学楼,当天在该校举行了隆重的奠基仪式。

7月22日

由市红十字会和市公安局、消防局共同举办的消防志愿者急救技能培训班开班,罗湖区的265名志愿者首批参加培训,随后培训将在全市各区全面铺开。

7月24日

在市医学继续教育中心，由市卫生局、市红十字会邀请各医院器官捐献工作相关科室主任，聆听中国器官捐献办公室主任陈忠华教授关于器官捐献工作业务知识的培训。

7月25日

举办第三、第四期学校红十字会师资培训班，来自市区155名德育主任、安全主任、校医参加了此次培训。

8月8日

台风"莫拉克"重创台湾，造成了严重的人员伤亡和财产损失，市红十字会第一时间向社会发动募捐倡议并开展相关救灾活动。截至11月底，共募集善款200余万元。

8月14日

继去年向墨脱地区捐助45万元的药品和医疗器械后，市红十字会又筹集了45万元当地急需的药品和医疗设备运往墨脱。

8月29日

"爱满鹏城"红十字会授牌仪式在市中心书城文化广场举行，这也是全国首个获得审批的红十字会QQ群体。

9月12日

世界急救日，联合消防局开展以"宣传普及群众性的初级卫生救护知识"为主题的活动，重点针对消防志愿者和生产企业高危行业从业人员深入开展现场心肺复苏术与创伤救护培训。

11月5日

组织召开红十字志愿工作者委员会会议。会议听取了委员会年度工作总结，并对部分委员进行了选举、更换增补，并就2010年度工作计划进行了研究讨论。

11月6日

组织召开学校红十字工作委员会会议。会议听取了委员会工作报告及工作规划，并对第一届委员会新更换、增补委员进行选举。

12月1日

世界艾滋病日，市红十字会为20名家庭贫困的艾滋病患者发放了每人3000元的医疗及生活补贴，并大力开展各种形式的防范艾滋病宣传工作及关爱艾滋病人活动。

12月18日

深圳市红十字救援促进会在市迎宾馆召开成立大会。

2010 年

1月12日

中国红十字会2010年工作会议在深圳召开。32个省级红十字会的近百名代表出席了会议。

1月13日

全国人大常委会副委员长、中国红十字会会长华建敏到市红十字会考察工作，听取了市红十字会关于备灾救灾、社会救助、无偿献血、器官捐献、志愿服务等方面的工作汇报。

1月13日

加勒比岛国海地发生里氏7.0级强烈地震，市红十字会及时向社会发动募捐倡议、开展相关募捐活动，并通过中国红十字会总会将募集到的善款及时转交至海地红十字会。

1月19日

联同爱心企业富士康集团走访了16户贫困地中海贫血病患儿家庭，为每个家庭送上价值1500元的排铁药品、米、油及慰问金。

1月27日

与宝安区红十字会联合开展"红十字博爱送万家"活动，为牛湖社区的孤寡老人送去慰问金及慰问品，为特困学生提供助学金，为地贫患儿家庭送去慰问金和药品。

1 月 31 日

市红十字会器官捐献志愿工作者服务队正式成立。

2 月 28 日

器官捐献志愿工作者服务队 12 名志愿者前往中山市参加第二十一届慈善万人行活动，与中山志愿者交流，宣传器官捐献知识。

3 月 2 日

在天津召开的全国人体器官捐献试点工作会议上，天津、辽宁、上海、江苏（南京）、浙江、福建（厦门）、江西、山东、湖北（武汉）、广东等 10 个省、市被确定为首批开展人体器官捐献试点的地区。

3 月 20 日

器官捐献志愿工作者服务队自成立以来开展首例临终关爱服务，为广西器官捐献志愿者姜启禧提供临终关爱服务。

3 月 25 日

迎大运万人急救培训行动启动仪式暨市、区红十字会培训基地揭牌仪式在盐田区举行。

3 月 30 日

组织 80 名志愿者参加岭澳核电站二期首次装料运行正式应急演习。

4 月 5 日

清明节，器官捐献志愿工作者服务队队员和器官捐献者家属齐聚"光明树"下，共同对捐献者表达深切的哀思和无限的敬意。

4 月 9 日

与深圳卫视《直播港澳台》栏目共同举办"情牵西南——旱灾地区爱心募捐移交仪式"，将 20 万元爱心款物捐献给云南和贵州灾区。

4 月 10 日

举办第十六届全国抗癌周系列活动启动仪式与十大抗癌好家庭评选颁奖仪式。

4 月 11 日

第七届"燃料行动——'燃料卡'发放仪式"在中心城广场中庭举行，

为 55 名地贫儿童颁发"燃料卡"。

4 月 14 日

开展青海玉树地震后的一系列救灾募捐、义卖活动。共接收社会捐款 4390.9 万元，物资价值 759 万元，并全部送至玉树灾区。

4 月 22 日

光明新区器官捐献工作交流会在光明医院顺利召开。

4 月 28 日

在"2010 感动深圳——第七届深圳关爱行动表彰晚会"上，市红十字会开展的"燃料行动"被评为市民最满意活动项目。

5 月 4 日

器官捐献志愿工作者服务队纪念网正式上线试运行。

5 月 7 日

器官捐献志愿工作者服务队配合广东省红十字会与捐献者家属到增城器官捐献者纪念园对捐献者进行缅怀纪念活动。

5 月 8 日

无偿献血志愿工作者服务队在韶关流花宾馆举行 2009 年度优秀志愿捐血献髓者和优秀及五星级志愿者表彰授星交流活动。

5 月 14 日

中国红十字会副会长郝林娜到市红十字会考察无偿献血献造血干细胞及器官捐献工作。

5 月 16 日

器官捐献志愿工作者服务队走进宝安区桃源居，拉开了器官捐献进社区的大型宣传活动序幕，共有 100 多名志愿者参加活动。

5 月 26 日

市红十字会、市红十字救援促进会在儿童医院设立红十字救心病房，这是继孙逸仙心血管医院红十字爱心病房后的第二家救心病房，广泛开展对贫困先天性心脏病患儿的医疗救助。

6月5日

市红十字会调整领导班子，市政府副市长吴以环任市红十字会会长。

6月21日

深圳市副市长、市红十字会会长吴以环上任伊始，到市红十字会考察红十字会工作，与工作人员及志愿者亲切交流。

6月26日

器官捐献志愿工作者服务队队干部、协调员参加为期两天的全国首期人体器官捐献协调员培训班。

6月28日

在盐田基地举办深圳市红十字"大运志愿者"卫生救护师资培训班，共计60名来自全市各区医院的医生护士参加了首期培训班。

7月12日

南山区红十字会卫生救护培训基地揭牌仪式在蛇口人民医院举行。

7月15日

中国红十字会总会彩票公益项目广东省救护师资培训班在我市正式开班，来自深圳各大医院的医护人员和各行业志愿者80余人接受为期5天的救护知识培训。

7月26日

由市红十字会主办的2010年"深、港、澳、穗、珠"五地红十字青少年交流营在盐田外国语学校举办，来自深圳、广州、珠海、香港、澳门和韶关六个地区的130余名青少年参加了本次为期四天的交流营活动。

8月7日，

甘肃舟曲发生特大山洪泥石流灾害后，市红十字会积极开展救灾募捐工作，共接受社会捐赠款物825.1万元，物资价值101万元，并及时送往灾区。

8月12日

与市慈善会、市血液中心和平安集团联合主办了万名劳务工无偿献血活动，先后在龙岗、宝安的五家劳动密集型企业开展为期十五天的慈善献血活动。

9月3日

与市消防局在设于医学继续教育中心的市红十字会急救培训基地联合召开了全市消防志愿者初级卫生救护培训阶段总结报告会。

9月11日

世界急救日，在东门步行街文化广场开展主题为"急救为人人"的急救技能现场演练宣传活动。

9月11日

无偿献血志愿工作者服务队在增城白水寨举办RH阴性血志愿者聚会，全体RH阴性血志愿者欢聚一堂，相互交流献血的经验和快乐。

9月26日

开展为"凡亚比"台风灾区募捐活动，并迅速分别向阳江、云浮、茂名三个灾区发送首批救灾款共计60万元。

10月12日

全国捐血献髓志愿服务培训师资班在银湖会议中心举办，来自全国20多个省、自治区、直辖市的捐血献髓志愿服务管理人员和从事志愿者培训工作的骨干近70人参加了此次学习班。

10月31日

器官捐献办公室1天之内成功完成3例眼角膜捐献案例，3名捐献者分别是刘芬、利永芹、梁喜华。

11月6日

组织深圳74位RH阴性血型志愿者齐聚市血液中心，捐出28700毫升血，为亚运会应急用血备血。

11月7日

在平湖华南城举行"点亮一盏灯——贫困山区200名孤儿走进深圳"大型公益活动，来自肇庆山区的200名孤儿与200个深圳家庭现场结对帮扶，并募得30多万元款物用于肇庆贫困山区受困儿童的助学助养及学校捐建。

11月15日

在深圳高交会上与深圳华大基因研究院签署了一项关于对地中海贫血患儿展开救助工作的协议书,双方将以华大基因新一代高通量测序技术以及依赖此技术开展的一系列医药健康检测项目为基础,为地贫患儿的救助展开一系列工作。

12月23日

在卫生救护培训盐田基地举办"大运志愿者"急救培训师资教学研讨班,来自市各区红十字会和红十字会卫生救护培训基地的骨干师资等共40余名代表对大运会赛会志愿者卫生救护培训教学进行了认真的学习与研讨。

12月26日

器官捐献志愿工作者服务队开展"登梧桐,扬大爱"活动,40名队员在登梧桐山的过程中,向市民宣传器官捐献知识。

12月30日

在市机关作风大提升活动"双百"竞赛中,市红十字会救护及青少年部被授予"百优处室",救护及青少年部部长林瑜被授予"百优处室带头人"。

2011 年

1月9日

我市实现第一百例造血干细胞捐献,器官捐献志愿者服务队队员盛道顺在市第二人民医院成功完成造血干细胞捐献。

1月14日

市红十字会联合市福利彩票发行中心、市红十字救援促进会在福田中心城广场开展大型"红十字博爱送温暖"活动,对100名贫困癌症患者、地中海贫血病儿童、先天性心脏病儿童及器官捐献者家属进行了慰问。

1月16日

市红十字会爱康之家志愿者服务队在香蜜湖度假村举办"风雨同舟、与您同行——深圳市肿瘤患者2011年新春团聚会",300多名癌症病患者代表出席活动。

1月26日

副市长、市红十字会会长吴以环率领市红十字会工作人员、志愿者深入坪山新区坑梓街道开展"红十字博爱送温暖"活动，为40户困难群众发放米、油、棉被及慰问金。

2月22日

卫生部、中国红十字会总会和解放军原总后勤部卫生部联合召开全国无偿献血表彰电视电话会议，深圳第七次获得全国无偿献血先进城市的称号。

2月25日

市红十字救援促进会应邀到深圳实验学校小学部开展意外伤害与急救培训，为100多名同学讲解有关急救的知识。

3月10日

市红十字会、深圳大学医学部在深大医学院共同举办2011年度"无语体师"解剖学教学公开课，向遗体捐赠者表达敬意。

3月16、17日

南山区红十字会举办为期两天的卫生救护培训师资班。来自全区各医院医务人员及街道红十字会工作人员共43人参加了此次培训班。

3月27日

第八届"燃料行动——'燃料卡'发放仪式"在中心城广场中庭举行，为40名地贫儿童颁发了"燃料卡"。

4月1日

市红十字会在市民中心召开第三届理事会第二次会议，审议通过了三届理事会期间社会救灾救助捐赠款（物）使用情况报告和更换（增补）第三届理事会会长、常务理事、理事等事宜。全体理事全票选举深圳市副市长吴以环为第三届理事会会长。

4月5日

市红十字会组织器官捐献工作人员及器官捐献者家属、志愿者共50余人到深圳市吉田墓园，共同祭奠长眠于"光明树"下的器官捐献者。

4月23日

省红十字会与市红十字会、深圳大学联合在深圳大学演汇中心举办"红十字与大运同行志愿者誓师大会"。

4月28日

"2011感动深圳——第八届深圳关爱行动表彰晚会"在深圳大剧院隆重举行。市红十字会与相关单位开展的联合开展的"燃料行动"、红十字扶贫救心行动、"红十字博爱送温暖"活动和"红色行动"狮子捐血月活动被评为市民最满意活动。

5月8日

世界红十字日,市红十字会联合宝安区红十字会在走进宝安区桃源居社区,开展以"传递爱心,延续生命"为主题的世界红十字日器官捐献大型义演义卖宣传活动。

5月14日

市红十字会2010年度优秀捐血献髓者和优秀志工表彰大会在河源举办。400多名优秀无偿献血志愿者参加了本次表彰大会。

5月26日

市红十字会与南方都市报联合在百仕达五期举办"急救百科,平安大运"红十字救护培训进社区活动,同时也标志着市红十字会救护知识普及行动正式启动。

6月11日

市红十字会举办深港志愿者交流会,邀请香港资深义工与市红十字会的20多名志愿者进行交流,分享志愿服务的经验。

7月25日

市红十字会和南方都市报、市医学继续教育中心举办"第三届留守儿童圆梦行动"之救护技能讲座,为60多名留守儿童和家长讲授心肺复苏、创伤救护等相关技术。

7月28日

市红十字会桂圆路捐血站重新启用剪彩仪式在桂圆路隆重举行。

8月3日

46岁的深圳女性殷小利在市第二人民医院去世，其生前捐献器官的愿望由年仅13岁的儿子丁思为其完成，殷女士的两只眼角膜、双肾、肝脏、四块半月板在他人身上得以延续。

8月7日

市红十字会无偿献血志愿工作者服务队举办第五十六期志愿者初级培训班，近50名志愿者接受了培训。

8月16—21日

第二十六届世界大学生运动会水上，帆船帆板比赛在深圳市七星湾开赛。为了保障水上比赛项目中运动员的安全，市红十字会与省红十字会及台湾红十字组织共同组建了一支15人的红十字水上安全救生志愿者服务队。

8月27日

市红十字会与富士康科技集团在富士康龙华园区体育场举行"相亲相爱感恩回馈"的爱心捐赠暨明星义演大型晚会。富士康集团将400万元捐赠给深圳市红十字会，其中100万元用于资助地贫儿，300万元用于开展儿童兔唇治疗的"微笑工程"。

9月17—26日

受中国红十字会总会和广东省红十字会委托，在彩票公益金项目资金支持下，市红十字会在宝安区承办了深圳市第一期水上安全救生培训班，21名学员通过培训获得了广东省红十字水上安全救生员资格证书。

10月9日

由市红十字会等单位发起的"帮一个孩子·建一所学校"一助一公益活动正式启动，将资助贵州和江西贫困地区343名特困学生完成学业，援建一所希望小学。

10月9—15日

市红十字会在盐田大梅沙成功举办了新一期卫生救护师资培训班，来自全市各大医院的医护人员和各行各业得志愿者共30余人接受了为期7天的救护知识培训。

10 月 30 日

深圳市第九届无偿献血表彰大会在市民中心隆重举行,副市长、市红十字会会长吴以环等领导出席会议,并为 180 余位获奖者代表颁发了奖牌和证书。3085 位获奖集体和个人受到表彰,1000 多位获奖者代表出席了表彰大会。

11 月 9 日

由市红十字会和市血液中心联合主办的"献血和血液科学知识进中学"项目正式启动,向青少年普及献血和血液科学知识。

11 月 16 日

市红十字会应邀参加深圳大学消防周消防演练活动,为同学们现场讲解心肺复苏、创伤包扎等急救知识。

11 月 12—14 日

中华骨髓库第二届志愿服务工作会在深圳市召开。会议邀请了来自全国31 个省、区、市的 100 多名在捐献造血干细胞过程中做志愿服务的志愿者、工作者参与交流,并进行了中国红十字会捐献造血干细胞志愿服务总队的换届选举工作。

12 月 7 日

市红十字会与市红十字救援促进会、南山公安分局消防监督管理大队联合在深圳湾体育馆举办南山区志愿者消防安全与急救培训活动,300 多名消防志愿者参加了培训。

12 月 11 日

市红十字会在救援促进会培训教室举办地中海贫血儿童家长心理知识讲座,邀请心理学老师为 40 名地中海贫血儿童的家长讲授心理健康知识,并为地贫家庭发放慰问品,送去严冬里的温暖。

12 月 13 日

市红十字会联合市公安局消防监督管理局、市红十字救援促进会在市血液中心二楼报告大厅举办主题为"消防志愿在行动 现场救护保平安"的2011 年深圳市消防志愿者安全急救技能培训会,200 多名消防志愿者参加了培训。

2012 年

1月5日

献髓者迎春联欢晚会在市血液中心多功能厅举办，400多名志愿捐血献髓者欢聚一堂，喜迎新春。

1月5日

市红十字会党支部全体党员深入东门街道立新社区工作站慰问困难群众。

1月5日

召开2011年度媒体座谈会，向媒体公布市红十字会2011年工作总结以及2012年工作计划，并就记者们提出的问题进行详细作答。

1月6日

召开2010—2011年度红十字志愿服务工作总结会议，总结回顾全市红十字志愿服务2010—2011年度工作情况，部署2012年工作计划。

1月6日

与南山区红十字会在南山区南油公园举办"红十字进社区送温暖、送健康"活动。

2月24—25日

与南山区红十字会联合举办南山区教育系统红十字卫生救护师资培训班，南山区各级学校近60名校医参加。

2月25日

与宝安区卫生局、宝安区红十字会在光明新区联合举办人体器官捐献工作研讨会，宝安区各级医院重症医学科、急诊科、神经外科等科室的50名专业医生参加。

2月28日

宝安区红十字会联合区教育局、区卫生局，在宝安区所有公立中学开展红十字急救知识进校园活动。活动从宝安区第一外语学校高中部开始，持续至4月30日，总开展26场讲座。

3月2日

心理救援志愿者服务队为深圳市建筑设计院开展"建立幸福的关系"心理健康公益讲座。

3月15日

器官捐献志愿者服务队召开 2012 年第一次干部会议。

3月19日

在罗湖外国语学校高中部开展红十字现场救护知识讲座，300 余名学生参加了讲座。

3月20日

在海旺中学开展红十字急救知识进校园活动，近 500 名学生参加了讲座。

3月 22—23 日

全国人体器官捐献试点工作总结会在杭州召开，市红十字会器官捐献协调员高敏作为全国器官捐献协调员代表在会上发言。

3月25日

举办 2012 年地中海贫血儿童知识讲座与慰问活动，邀请专业心理老师为地贫儿童及其家长讲授心理健康知识。

3月26日

与深圳大学医学部共同举办 2012 年度解剖教学暨纪念无偿遗体捐献公开课，向遗体捐赠者表达深切敬意。

3月 31 日

第九届"燃料行动——'燃料卡'发放仪式"在益田假日广场举行，41 名地贫患儿获得了"燃料卡"资助。

4月26日

在"2012 感动深圳——第九届深圳关爱行动表彰晚会"上，市红十字会荣获优秀组织单位称号。

5月8日

隆重召开市红十字会第三届理事会第三次会议暨表彰大会。副市长、市红十字会会长吴以环，省红十字会副会长邵岩，市红十字会副会长赵丽珍等领导出席大会，市红十字会常务理事、理事、志愿者和会员代表等近 300 人参加。

5月9日

龙岗区红十字会组织红十字青少年、志愿者和医务社工在实验学校开展纪念世界红十字日宣传活动。

5月12日

第四个防灾减灾日，与民政局、教育局、公安局、气象局、应急办等 12 家单位，在福田区华强北路万商电器城前广场开展主题为"弘扬防灾减灾文化、普及市民防灾减灾意识"的防灾减灾现场咨询宣传活动。

5月12日

联合宝安区红十字会主办以"红十字——人道力量"为主题的 2012 年纪念世界红十字日大型宣传活动，"器官捐献知识宣传进社区"系列活动于当天正式启动。

5月14日

深圳市捐献造血干细胞开放日活动在市血液中心和第二人民医院血液科举行。

5月18日

联合盐田区卫生和人口计划生育局主办人体器官捐献知识培训班，来自盐田区红十字会、卫生局相关负责人及区二甲及以上综合医院分管院领导、医务科、ICU（重症加强护理病房）、神经外科等科室主任、护士长参加了学习培训。

5月17日

在文锦中学开展"红十字急救知识进校园"活动，约 200 人参加活动。

5月19—20日

召开 2011 年度优秀和五星级志工暨优秀志愿捐血献髓者表彰交流活动，对 928 名优秀及五星级志工和优秀志愿捐血献髓者进行了表彰。其中优秀志工 152 名、五星级志工 62 名、集体捐血优秀组织者 20 名、优秀志愿捐血献髓者 694 名。

5 月 22 日

水上安全救生志愿者服务队正式成立，以"人道、博爱、奉献"为宗旨，推广水上安全救生服务。

6 月 13 日

联合市卫人委、市血液中心等单位在怡景中心城中庭举办世界献血日大型纪念宣传活动。

6 月 15 日

在翰林学校举办急救培训讲座，约 200 名学生参加了讲座。

6 月 25 日

市红十字救援促进会召开第一届理事会第二次会议。会议审议通过了《深圳市红十字救援促进会一届二次理事会工作报告》《深圳市红十字救援促进会财务收支情况报告》，以及更换（增补）会长、副会长、秘书长事宜。

7 月 8 日

联合南方都市报在宝安区体育中心游泳馆举办以"红十字水上安全救生"为主题的公益培训活动，为 18 名外来务工志愿者进行红十字水上安全救生培训。

7 月 30 日—8 月 2 日

第十一届"深、港、澳、穗、珠"五地红十字青少年交流营在广州举办，市红十字会精心选拔了 17 名青少年会员参与本次活动。

8 月 1 日

水上安全救生志愿者服务队开展针对来深圳与父母暑期团聚的留守儿童的水上安全救生培训，为留守儿童普及水上安全知识。

9 月 2 日

在市委游泳馆举办以"红十字水上安全救生"为主题的培训班，对 43 名户外运动爱好者进行水上安全救生知识和技巧培训。

9 月 8 日

联合深圳特发小梅沙度假村有限公司、盐田区红十字会、市红十字救援促进会在小梅沙海滨公园举办"生命高于一切——'9·8'世界急救日"现场应急救护技能演练及宣传活动。

9月20日

走进宝安区西乡中学初中部,给200多名初一学生开展现场心肺复苏技术讲座。

9月20—21日

联合市教育局和市血液中心在迎宾馆举办无偿献血和血液知识进校园师资班,来自市初、高中的80位老师及全国各地的20多位无偿献血工作者、志愿者参加了本次培训。

9月22日

南山区红十字会精心组织培训师资到地震灾区贵州省威宁县云贵乡,为40余名医护工作者及村民开展急救技术培训。

10月11日

联合融雪盛平社工服务中心、深圳大学医学部红十字会,为医学院的学生们进行主题为"生命教育"的器官捐献知识培训,40余名医学院红十字青少年会员参加了培训。

10月16日

联合深圳大学医学部举办第四次"无语体师"解剖学教学暨纪念无偿遗体捐献者公开课。

10月18日

联合龙岗区红十字会在布吉三联社区开展"自主创新大讲堂——2012安全科普社区行系列活动"之红十字应急救护培训讲座,近百名社区居民和保安人员参加。

10月20日

联合市血液中心举行2012年深圳 Rh(D)阴性血型献血者表彰联谊活动,160多位 Rh(D)阴性血型献血者代表欢聚一堂。

10月23日

在深圳外国语学校高中部举办"红十字应急救护知识进校园"讲座,约

80 名学生参加培训。

10 月 27 日

在宝安区新城广场举办以"器官捐献，生命永续"为主题的器官捐献知识宣传活动。

10 月 31 日

联合东门街道办、深圳茂业商厦有限公司举办"爱心一元募捐"活动，筹集善款帮助患有地中海贫血、先天性心脏病、艾滋病、自闭症、心理疾病等的困难儿童。

11 月 9 日

市红十字会党支部走进观澜街道办事处樟坑径社区，举办"红十字急救知识进社区"活动。

11 月 12 日

在深圳第一职业技术学校开展红十字应急救护知识科普讲座，近 50 名红十字青少年会员参加。

11 月 17 日

关怀地中海贫血病患者志愿者服务队在东门光华楼麦当劳餐厅举办第四季度地贫儿麦当劳童乐会，100 多个地贫家庭欢聚一堂。

11 月 21 日

福田区第十三届青少年科技节在市少年宫举行，市红十字会举办红十字安全科普知识讲座，200 多名学生参加讲座。

11 月 27 日

为深圳大学经济学院 30 名研究生开展红十字应急救护知识讲座。

11 月 28 日

市红十字救援促进会为深圳中学红十字青少年会员开展红十字应急救护知识科普讲座，近 20 名学生参加。

11 月 30 日—12 月 5 日

水上安全救生志愿者服务队为全国 OP 级帆船锦标赛提供水上安全救生志愿服务。

12月5日

龙岗区红十字会举办大型公益卫生救护培训班，来自区建筑工务局、文体旅游局等单位和教育局下属各学校教师共200余志愿者参加培训。

12月5日

全省红十字志愿服务工作交流会在中山召开，无偿献血志愿工作者服务队、关怀地中海贫血病患者志愿工作者服务队获得广东省红十字志愿服务先进集体称号。

无偿献血服务队还荣获中国红十字会总会颁发的优秀红十字志愿服务队荣誉，潘庆伟荣获优秀专业志愿者奖称号。

12月10日

在福田区上沙中学开展红十字应急救护知识讲座，300多名初一学生参加。

12月12日

与南山区红十字会走进深圳大学开展红十字应急救护知识讲座，150名来自深圳大学管理学院的学子参加。

12月20日

在英孚教育培训机构举办应急救护培训讲座，近50名中外老师参加。

12月25日

红十字应急救护知识讲座走进华富中学，来自该校初一、初二的学生干部近300人参加。

12月26日

在深圳实验中学高中部举办红十字应急救护培训讲座，来自该校高一、高二年级的40多名学生参加培训。

2013年

1月19日

联合南山区红十字会在南山区蛇口街道影剧院广场举办了主题为"红十字博爱送温暖"的器官捐献大型宣传活动。

2月1日

市红十字会器官捐献志愿者服务队宝安分队举行揭牌仪式。

2月3日

深圳关爱行动十周年启动仪式暨深圳市红十字会第十届"燃料卡"发放仪式在市少儿图书馆隆重举行,深圳市委书记王荣、市委常委宣传部部长王京生等相关领导出席活动。市红十字会地贫服务队50个地贫家庭参与了此次活动。

4月4日

清明节,组织近百名器官捐献者家属、志愿者服务队队员及深圳大学医学部学生来到吉田永久墓园的"光明树"进行缅怀纪念。

4月21日

深圳市红十字应急救援队的8名队员赶赴灾区,投入抗震救灾行动中。

4月23日

第二届全国无偿献血志愿服务工作研讨会在深圳迎宾馆圆满闭幕,来自全国70多个地区采供血机构、红十字会和骨髓库300多名相关工作人员和志愿者出席了闭幕仪式。

4月25日

深圳首例由市红十字会协调捐赠、本地评估团队评估的器官捐献个案在深圳市第二人民医院产生,代表着深圳器官移植进入了新的一页。

4月28日

在第十届深圳关爱行动中,深圳市红十字会获得多项殊荣,共6个项目获得了百佳市民满意项目;深圳市红十字会关怀地中海贫血病志愿工作者服务队队长陈俊明获得了先进工作者称号;深圳市红十字救援促进会获得了优秀组织单位奖。

5月7日

为大望学校师生及广东省公安边防总队第七支队五中队举办红十字基本知识讲座,约200名小学生和部队官兵参加了讲座。

6月16日

承办中国红十字会总会无偿献血纪念活动，来自中国红十字会总会、红十字会与红新月会国际联合会、全国近30个省、自治区、直辖市、计划单列市红十字会代表与深圳的无偿献血志愿者共同参与了大型宣传纪念活动。

6月27日

为市航道局员工进行急救技术及水上安全救生技术培训。

7月8日

向河源市红十字会拨送40余万元救灾物资。

7月23日

市红十字会水上安全救生志愿者服务队派出5名队员参加2013年广州横渡珠江活动水上安全保障服务。

7月29日

水上安全救生志愿者服务队为市武警消防大运城中队开展水上安全救生训练。

10月12日

水上安全救生志愿者服务队应邀为第二届深圳风筝冲浪公开赛提供水上安全救生服务。

10月25日

水上安全救生志愿者服务队应邀为第七届"中国杯"帆船赛提供水上安全保障服务。

12月13日

深圳市红十字会、深圳市公安消防支队开展红十字水上安全救生技能培训暨水域应急救援演练活动。

2014 年

1月6日

深圳市南山区红十字会第五届理事会召开第二次会议。会议选举王东为第五届理事会会长、王玉梅为秘书长，增补王东、黄群、张治芬、王水发为常务理事长。

1月10日

副市长、市红十字会会长吴以环率市红十字会工作人员到坪山新区坑梓街道龙田社区为80户困难群众发放了包含大米、棉被、衣服等物资在内的温暖包以及慰问金。

1月13日

宝安区红十字会第四次会员代表大会胜利召开。

2月22日

名家书画拍卖，款项用于救助器官、遗体捐献者家属。

3月3日

市红十字水上安全救生志愿者服务队来到博伦职业技术学校，为300余名学生讲授红十字会务知识、水上安全基本救生知识、海洋有害生物以及实际案例分析。

3月5日

市红十字会派出专业的应急救护师资团队，以"深圳'2·17'蛇口地铁事件"为契机，在社区广场普及宣传红十字应急救护知识和技能。

3月12日

市红十字会应急救护讲师团队为该北京大学深圳研究生院汇丰商学院250多名师生上了一堂急救课。

3月19日

根据深圳市红十字会对口帮扶单位——贵州毕节市红十字会（2013—2020年）规划，深圳市红十字会将从对贫困群体救助、"红十字健康新村"建设、备灾救灾应急体系建设等方面，给毕节市红十字会拨付50万元救助款用于毕节市红十字会建立救灾备灾仓库，并将深圳市宝安区教育服务总公司服装厂捐赠的一批价值170万元的物资作为当地贫困救助物资。

3月23日

深圳市卫生和计划生育委员会与深圳市红十字会联合召开深圳市第十届无偿献血表彰大会，近3000名无偿献血者及近百家先进集体受到表彰。

3月24日

针对现今学校在救护教育方面的缺失，蛇口学校与蛇口医院联手合作，成立"学校开展青少年自救互救基础知识与技能培训"课题研究项目。该项目同时获得了南山区教育局、南山区红十字会等单位的大力支持。

4月22日

市红十字会资深志愿者潘庆伟先生获得"十佳爱心人物"殊荣。

4月26日

市红十字会与深圳青年志愿团TA84联合，在龙华街道上横朗社区开展主题为"幸福深圳梦，安全进社区"的救助演习大型公益活动。

5月8日

粤海街道红十字会走进高新园区鑫辉餐饮企业和蔚蓝海岸社区，分别为企业员工和社区居民、小区物业保安人员约70人开展应急救护培训。

5月11日

深圳市红十字会2013年度无偿献血表彰交流活动在深圳市群众艺术馆隆重举行，深圳市红十字会对900多位在2013年度无偿献血工作中做出卓越贡献的优秀志愿者和优秀捐血献髓者进行了表彰和颁奖。

5月12日

防灾减灾日暨科技活动周主题宣传活动在福田区益田村中心广场隆重举办。

5月19日

深圳市红十字会水上安全救生志愿者服务队在福田区黄埔学校初中部开展水上安全救生知识讲座，共计280多名初一学生参加了此次活动。

5月22日

由市红十字会派出的3名水上队员于5月8日至5月21日在台湾参加了为期14天的水上救援培训与交流，完成了海峡两岸红十字组织民间交流及水上救援培训合作备忘录项目"急流救生骨干班"的培训，并于5月22日从台湾顺利归来。

6月14日

广东省红十字会决定授予深圳红十字水救队"广东省红十字水上应急救援深圳大队"称号。广东省红十字会常务副会长梁健、主管水上救生工作的巡视员陈泽池、深圳市红十字会副会长赵丽珍、秘书长陈壮出席了授旗仪式。

7月20日

受"威马逊"台风影响，琼粤桂三省数百万人受灾。深圳市红十字会立即启动救灾救助，为灾区募捐款物。卡撒天娇家居（深圳）有限公司在得知灾情后，立即向深圳市红十字会捐赠了价值347786.00元的蚊帐和毛毯，帮助受"威马逊"台风影响的琼粤桂灾区民众走出困境。

8月1日

第十二届"深、港、澳、穗、珠"五地红十字青少年交流营于珠海举办，营员、领队及后勤工作人员共100多人参加了此次活动。广东省红十字会常务副会长、珠海市红十字会常务副会长、深圳市红十字会常务副会长出席了本次开营仪式。

8月20日

云南鲁甸遭受6.5级地震后，为情系灾区人民之情，帮助灾区人民渡过难关而尽一份绵薄之力，山谷书画院联合南山区红十字会、粤海街道铜鼓社区工作站、深圳北航研究院、科技园文体中心于8月19日、20日在科技园文体中心羽毛球馆举办救灾赈灾书画义卖活动。

10月9日

深圳市红十字会走进深圳市第一职业技术学校开展红十字会务知识培训，500多名高一新生参加了此次培训活动。

10月14日

深圳市红十字会共帮助682人身后捐献眼角膜，186人捐献遗体，155人捐献多个器官，使1000多名患者得以重见光明、生命得到延续。

10月24日

深圳市红十字水上安全救生志愿者服务队为"中国杯"帆船赛，包括为

OP 帆船赛进行海上保障、在游轮上进行安全管理、巡视游人云集的防波堤，在岸上提供应急救护服务。

11月8日

深圳市红十字会与晶晶国际教育集团联合启动员工应急救护知识与技能培训，将有500名幼师和工作人员在接下来的一年多时间里接受应急救护知识和技能培训。

12月20日

首届"海上丝绸之路"商学院帆船赛落户深圳，在七星湾拉开战幕。应本届赛事组委会邀请，深圳市红十字水上安全救生志愿者服务队参与了周末两天的水上安全救生和安全保障服务。

2015 年

1月21日

深圳市龙华新区行知小学成立校红十字会。

1月24日

"关爱地贫　携手同行"中国关爱地贫患儿联盟成立大会暨2015深圳"燃料行动"启动仪式在市委党校第一报告厅举行。

2月3日

深圳市红十字会援助毕节市红十字会"博爱乌蒙——社会关爱行动"启动。一批价值为人民币126000元的扶贫物资从深圳市红十字会装车发出，于2015年2月5日抵达贵州省毕节市红十字会，给贫困山区的人们送去了春节前的问候。

3月16—31日

龙岗区红十字会邀请资深急救讲师在9所中小学校，为3400余名师生及保安人员开展了应急救护知识培训。

3月19日

市红十字会召开第四次会员代表大会，全面总结市红十字会第三届理事会工作，选举产生新一届理事会。广东省红十字会常务副会长梁健、深圳市红十字会会长、副市长吴以环出席会议。

3月22日

深圳商报联合深圳市红十字会，在坂田街道四季花城小学对"蚂蚁兵团"的"小蚂蚁"们开展红十字应急救护及水上安全救生知识与技能培训活动。

3月28—29日

深圳市2014年度捐血献髓优秀志愿者表彰大会在汕尾市盛大举行，390余名优秀志愿者会聚一堂，共享荣光。

4月1日—17日

为纪念世界红十字日，弘扬"人道、博爱、奉献"的红十字精神，龙岗区红十字会积极开展红十字应急救护知识进校园活动。

4月28日

器官捐献服务队队长、爱心人士赖嘉河获得了2014年度"中国好人"荣誉称号。

5月7日

2014年，在中国造血干细胞捐献者资料库广东省管理中心的业务指导下，在深圳市红十字会的领导下，深圳造血干细胞捐献工作站和采样点积极努力，出色地完成了2014年我市造血干细胞捐献者资料库年度工作任务。

5月11日

市红十字会召开专题会议，传达中国红十字会第十次全国会员代表大会精神，并按照会议精神部署2015年红十字会各项工作。各区红十字会及各红十字志愿者服务队负责人参加会议。市红十字会专职副会长赵丽珍主持会议并发表讲话。

6月10日

为进一步传播红十字知识，普及避险逃生和应急救护技能，提高在校师生防灾自救互救能力，2015年4月20日—6月10日，龙岗区红十字会联合区教育局为20所中、小学校开展了红十字急救知识进校园公益培训活动，5000余名中小学生参加了培训。

6月27日

为2015年广州国际龙舟赛提供水上安全救援保障服务。

7月31日

承担以"幸福广州——美丽珠江"为主题的2015年广州市横渡珠江活动水上安全保障工作。

9月8日

省红十字会对全省113名志愿者颁发了无偿捐献造血干细胞"博爱奖章"。其中,我市有牛国辉、肖俊、白桦、刘琛、周舜虹、林强光6位志愿者获此殊荣。

10月13日

全国副省级城市红十字工作交流会是副省级城市红十字会相互交流学习、促进工作开展的重要平台。本次交流会上,深圳市红十字会作为东道主,用精彩直观的视频重点介绍了以器官捐献及水上救援为主的多项特色工作。

10月30日

为第九届"中国杯"帆船赛提供水上安全保障工作。

11月7日

省红十字会副会长吴伟达、省水救队总教练陈泽池等领导和来自全省10个地市红十字会主管水上救援工作负责人、各水救队骨干、水上安全救生救援教育专家等40余人参加了会议。

11月20日

为"大鹏杯"帆船赛提供水上/陆上安全保障服务。

11月29日

第二十八个世界艾滋病日,深圳市红十字会联合市疾病预防控制中心,在共青团健康中国创业联盟等十多家企事业单位团体的支持及参与下,于深圳书城中心城北广场举办大型公益宣传活动。

12月24日

服务队先后在光明群众体育中心、光明银富苑宾馆、众创公寓、红坳村建谊宾馆 4 个安置点进行心理援助和危机干预，援助对象 800 多人次，重点援助失联家庭 9 户。

2016 年

1 月 6 日

深圳市红十字应急救护示范校现场会在蛇口学校举行，副市长、市红十字会会长吴以环、市区两级红十字会及教育系统负责人近 200 人出席了现场会。

1 月 16 日

深圳市红十字会专职副会长赵丽珍一行人来到龙岗区智康特殊儿童康复中心，为中心正式成为深圳市红十字会党支部关爱帮扶联系点举行揭牌仪式。

2 月 21 日

全国人民代表大会常务委员会副委员长、中国红十字会会长陈竺考察深圳市红十字会在器官捐献、无偿献血等方面的工作。

3 月 13 日

深圳市红十字会在深圳中学初中部开展了应急救护知识培训，现场 400 多名师生参加了此次培训。

3 月 26 日

深圳市红十字会与深圳市卫生和计划生育委员会联合下发《关于报送人体器官捐献工作联系人有关信息的通知》。

3 月 27 日

深圳市第十一届无偿献血表彰大会在市民中心礼堂举行，市红十字会、市卫生计生委对以艾金华为代表获得全国无偿献血奉献奖金、银、铜奖和无偿捐献造血干细胞奉献奖等奖项的 3162 名深圳无偿献血者予以表彰。

4 月 7 日

深圳市红十字会在深圳清华实验学校开展应急救护知识培训，该校海外部 400 多名师生参加了此次培训。

4月12日

"红海豚"系列教育宣传活动获得2015年中国红十字会总会志愿服务项目发展计划支持。深圳红十字会借此大力开展相关公益活动，把红十字水上安全救生知识带进46所学校，普及学生18555人次，获得了相关学校的一致好评。

5月8日

为纪念世界红十字日，弘扬"人道、博爱、奉献"的红十字精神，深圳市龙岗区红十字会积极开展红十字应急救护知识进校园活动。

5月14—15日

广东省红十字水上应急救援总队副总队长、深圳市红十字会救护及青少年部部长林瑜、深圳市红十字水上应急救援大队队长潘庆伟应威海市体育局、威海市红十字会水上救生志愿者服务队邀请来到威海开展水上救生培训。

7月26日

为大学生帆船赛提供水上安全保障。

7月30日

2016年"深、港、澳、珠、穗"红十字青少年交流营于7月30日—8月2日在香港乌溪沙青年新村举行。

9月11日

为深圳市"美周杯"帆船赛夏季总决赛第五场比赛提供水上安全救护保障。

9月23日

为南山区红十字会来到麒麟中学初一近600名新同学开展心肺复苏急救技能培训。

9月25日

深圳市红十字会无偿献血志愿者服务队首次组团参加第五届中国公益慈善项目展示会。

为北京大学汇丰商学院"海闻杯"航海比赛保驾护航。

9月27日

市南山区人民医院分队和志愿者陈玲在2016年度中国南丁格尔志愿护理服务总队总结表彰大会上分别获得"先进志愿服务队"和"优秀志愿者"的殊荣。

10月16日

为"美周杯"帆船赛秋季赛第一场提供水上安全救护保障。

10月29日

为铁人三项比赛中的长泳项目提供安全保障。

11月19—20日

为深圳帆船帆板精英赛、"美周杯"帆船赛秋季总结赛提供水上安全救护保障。

12月11日

为"美周杯"帆船赛冬季赛提供水上安全保障工作。

12月17日

为深圳飞鱼第二届公开水域锦标赛提供水上安全保障工作。

12月30日

深圳市红十字会联合福民社区在福民社区广场开展了一场以无偿"三献"暨"福田好公民"表彰的迎新春总结大会。

2017 年

1月1日

为第二届全国帆船青少年俱乐部联赛开展水上安全救生保障服务。

1月15日

为"美周杯"帆船赛冬季赛第三场提供水上安全保障服务。

1月18日

市红十字会联合关爱办、富士康集团、深圳晚报社在富士康集团举办"助燃生命　点亮心灵"燃料行动新春幸福专列系列活动。活动当天同时进行了2017"博爱送温暖"地贫儿新春关爱暨第十四届"燃料卡"发放仪式。

2月11日

深圳市红十字会各志愿者服务队代表组成红十字方块在第三十届中山慈善万人行活动中宣传无偿献血、无偿捐献造血干细胞、器官捐献等知识。

2月12日

为"美周杯"帆船赛冬季决赛暨2017第一届"新春杯"深圳帆船赛提供水上安全救生保障服务。

3月11日

深圳市红十字水上安全救生志愿者服务队为企业帆船嘉年华精英浆板友谊赛提供水上安全救生保障服务。

3月27—28日

深圳市红十字会心理救援志愿者服务队分别在新洲中学、梅林小学开展心理健康知识进校园公益培训活动,共有1200多名学生受益。

4月2日

深圳市红十字水上安全救生志愿者服务队为"美周杯"帆船赛(春季第一场)提供水上安全救生保障服务。

4月11日

市红十字水上安全救生志愿者服务队为七星湾桨板SUP活动提供保障服务。

4月10—13日

深圳市红十字会心理救援志愿者服务队分别在罗湖中学、红岭中学竹林部、莲花小学、竹园小学开展心理健康知识进校园公益培训活动,共有1086位学生受益。

4月16日

市红十字水上安全救生志愿者服务队为"登疯造极"第一季疯狂盛典提供水上安全保障服务。

4月17日

深圳市红十字水上安全救生志愿者服务队在深圳市第二高级中学、翠竹外国语实验学校开展水上安全救生知识培训,共有700多名师生参加了此次培训。

4月20日

深圳市红十字水上安全救生志愿者服务队为企业帆船拓展提供水上安全救生保障服务。

4月23日

深圳市红十字水上安全救生志愿者服务队为"美周杯"帆船赛（春季第二场）提供水上安全救生保障服务。

4月26日

深圳市红十字会器官捐献爱心大使洪涛获感动深圳——2017深圳关爱行动"十佳爱心人物"。

4月27日

深圳市红十字会接收由深圳市海王健康科技发展有限公司捐赠的旗下高端婴幼儿奶粉，价值165万元。

5月7日

"美周杯"帆船赛在七星湾游艇会举行，深圳市水上安全救生志愿者服务队受组委会邀请提供水上安全救生保障服务。

5月9日

根据中国红十字会总会办公室《关于实施第七期红十字志愿服务项目发展计划的通知》（中红办字〔2017〕16号），市红十字会积极组织申报，最终确认"'红海豚'在行动——水上安全救生知识进校园"为红十字志愿服务项目发展计划第七期试点项目之一。

5月13日

市民政局、市应急办、市红十字会、市公安局等近70家单位在深圳书城北广场举行了主题为"减轻社区灾害风险，提升基层减灾能力"的大型宣传活动。近千名市民参与了此次活动。

5月19日

深圳市红十字水上安全救生志愿者服务队为企业帆船拓展提供水上安全救生保障服务。

5月20日

深圳市红十字水上安全救生志愿者服务队为"美周杯"春季总决赛及精英帆板赛提供水上安全救生保障服务。

6月2日

中国红十字会派出中国红十字国家救援队赶赴斯里兰卡灾区开展为期10天的救援工作。深圳市红十字会工作人员蔡理明作为中国红十字国际救援队的一员随队参与，这也是深圳市红十字会首次派员参与国际救援。

6月6日

河源市红十字会党支部书记、专职副会长等一行4人来到深圳市红十字会学习交流。

6月11日

深圳市红十字水上安全救生志愿者服务队前往广州为国际龙舟赛提供水上安全救生保障服务。

6月15日

深圳市红十字会召开中国红十字国际救援队（广东）队员蔡理明赴斯里兰卡参与救援工作汇报会。

6月17日

深圳市红十字水上安全救生志愿者服务队为企业帆船拓展赛提供水上安全救生保障服务。

6月19日

中国科学院院士、现深圳大学生命科学名誉学院院士倪嘉缵先生在器官遗体捐献志愿书上郑重签下了自己的名字。

6月20日

深圳市红十字水上安全救生志愿者服务队在七星湾举行2017海峡两岸红十字博爱论坛（深圳）水上救生演练。

6月25日

深圳市红十字水上安全救生志愿者服务队为"美周杯"帆船赛夏季（第一场）开展水上安全救生保障服务。

7月9日

深圳市红十字水上安全救生志愿者服务队为"美周杯"帆船赛夏季（第二场）开展水上安全救生保障服务。

7月25日

深圳市红十字水上安全救生志愿者服务队前往广州为横渡珠江活动提供水上安全救生保障活动。

8月2—4日

深圳市红十字水救队应邀为第三届中国大学生帆船锦标赛保障。

7月31日—8月4日

深圳市红十字会水救队为东莞航道局开展水上安全救生培训班培训。

8月5日

深圳市红十字水上安全救生志愿者服务队为"美周杯"帆船赛夏季总决赛及精英赛开展水上安全救生保障服务。

8月8日

深圳市红十字水上安全救生志愿者服务队为"体彩杯"少年儿童锦标帆船赛开展水上安全救生保障服务。

8月12日

首届新体育·大鹏海岸三项挑战赛在大鹏半岛桔钓沙海岸举行，深圳市红十字水救队应邀进行保障。

8月27日

深圳市水救队为广东省航道局进行水上安全救生培训。

9月10日

深圳市红十字水上安全救生志愿者服务队为"美周杯"帆船赛秋季（第一场）开展水上安全救生保障服务。

9月17日

深圳市红十字水上安全救生志愿者服务队为参加第十三届深圳国际海洋清洁日公益活动的2000多名市民和志愿者提供保障服务。

9月24日

深圳市红十字水上安全救生志愿者服务队为深圳"美周杯"帆船秋季联赛第二场赛事提供水上安全保障服务。

9月28日

深圳市红十字会、深圳市血液中心、深圳古玩城联合主办首届"中国，有你更红——庆祝新中国成立68周年暨无偿献血健康宣传义诊活动"，为期共3天。

10月5—8日

深圳市红十字水上安全救生志愿者服务队受邀为第一届深圳（国际）青少年帆船赛赛事提供水上安全保障服务。

10月8日

深圳市红十字水上安全救生志愿者服务队为深圳"美周杯"帆船秋季联赛第三场赛事提供水上安全保障服务。

10月19日

深圳市红十字会与深圳市卫生和计划生育委员会联合举办全市人体器官捐献知识培训班。

10月21日

开展器官捐献志愿者培训，邀请深圳电视台著名主持人洪涛老师进行沟通技巧讲课。

10月21日

深圳市红十字水上安全救生志愿者服务队为深圳"美周杯"帆船秋季联赛总决赛及精英帆板赛提供水上安全保障服务。

10月27日

深圳市红十字水上安全救生志愿者服务队受邀为"中国杯"帆船赛提供保障服务。

10月29日

深圳市红十字水上安全救生志愿者服务队为七星湾桨板精英赛提供水上安全保障服务。

11月19日

深圳市红十字水上安全救生志愿者服务队为深圳风筝帆板公开赛提供水上安全救生保障服务。

11月19日

深圳市红十字水上安全救生志愿者服务队为深圳"美周杯"帆船赛冬季赛第一场提供水上安全保障服务。

11月25日

在罗湖会堂举办2017年世界艾滋病日主题活动——深圳防艾30年回顾。市政府副市长吴以环,香港卫生署、澳门卫生局、市委宣传部、市红十字会等部门相关领导出席了纪念活动。

11月24日

深圳市副市长、深圳市红十字会会长吴以环和深圳市红十字会副会长赵丽珍等一行来到宝安区政法干部培训基地,视察公务员急救技能培训工作并看望参加培训的200多名学员,要求在全市推广宝安区应急救护培训的做法。

11月25日

深圳市红十字水上安全救生志愿者服务队为第六届深圳"大鹏杯"帆船赛提供水上安全保障服务。

11月25—26日

广东省红十字会水上安全救生10周年工作总结会在珠海市召开。深圳市红十字会水上安全救生志愿者服务队潘庆伟、郑岸被评为优秀教练,林瑜、李飞、何亚团被评为优秀队员。

12月5—6日

中华骨髓库2017年宣传和志愿服务工作交流会在深圳市召开。

12月10日

市红十字水上安全救生志愿者服务队2017年南山区划艇跑步趣味运动会应组委会的邀请为首次比赛提供水上安全保障服务。

12月8—10日

HOBIE16帆船亚洲锦标赛在深圳大亚湾海域进行，深圳市红十字水救队进行水上安全保障。

12月10日

市红十字会水上安全救生志愿者服务队应组委会的邀请为"美周杯"帆船赛进行水上安全保障。

12月16日

深圳市红十字水救队为"飞鱼杯"比赛进行安全保障。

12月27日

爱康之家大病关怀中心、深圳市希望之光艺术团联合中国抗癌协会癌症康复会、深圳市红十字会等相关单位在福田区刘老根大舞台举办癌症康复者自编自导自演的2018"关爱大病　希望之光"春节联欢文艺晚会。

2018 年

1月16—25日

深圳市红十字会联合深圳市爱康之家大病关怀中心开展2018年春节"博爱送温暖活动"之慰问困难癌症病患者活动，为1500名患癌病友送上毛毯、米、油等慰问品。

3月14日

省红十字会召开优秀红十字志愿者座谈会，深圳市红十字会水救队队长潘庆伟被中国红十字会总会评为"全国红十字优秀志愿者"。

3月18日

湖南省株洲市湘江义务救援协会一行100人来深与深圳市红十字会水救队进行了学习交流。

3月20日

江苏省红十字会一行12人来深学习交流。

3月29日

市红十字会副会长赵丽珍带队到深南应急救护发展中心交流调研。

4 月 16 日

深圳市红十字会联合深圳市爱康之家大病关怀中心共同举办深圳市第十一届"十大抗癌好家庭"颁奖晚会。

4 月 22 日

市政协主办、民盟深圳市委会承办、深圳市红十字会等单位协办的委员议事厅就"对标国际先进城市 打造'守护生命之城'"话题展开热议。

4 月 23—27 日

中国红十字赈济救援队（广西）联合演练在南宁市举行。深圳市红十字会派员作为广东省红十字赈济救援队队员参加此次演练。

4 月 27 日

广东省红十字水上救援队挺进北京，为由中国赛艇协会主办的赛艇比赛活动提供水上安全保障服务。深圳市红十字会水上救援队派队员参与。

5 月 26—30 日

广东省红十字会赈济救援队第四期培训暨广东省红十字会应急救援联合演练在珠海举行。

7 月 16—18 日

深圳市红十字关爱地贫患儿服务队联合深圳晚报、深圳市关爱基金会，共同为地贫患儿在大鹏半岛开展"心灵燃料——2018 年地贫青少年心理疏导成长夏令营"活动。

7 月 24—27 日

深圳市红十字会组织红十字青少年团 18 人赴澳门参加第十四届"深、港、澳、穗、珠"五地红十字青少年交流营活动。

9 月 8 日

深圳市红十字会与龙华区卫生与计划生育局携手举办了第十九个世界急救日主题宣传演练活动。

10 月 13 日

深圳市红十字会水救队连续第三年为国际海洋清洁日提供保障。

10月14日

深圳市红十字会水救队为2018深圳风筝冲浪赛提供保障服务。

10月28日

发展中国家灾害管理和人道主义救援研修班来到深圳并观摩深圳市红十字会水救队的水上安全救生演练及赛场保障等志愿服务项目。

11月1日

威海市红十字会一行来到深圳，主要对深圳市应急救护水救队情况和器官捐献工作等进行探讨交流。

11月8—12日

第十二届"中国杯"帆船赛在深圳大亚湾扬帆起航，深圳市红十字会水救队再次应邀为其保障。

12月13日

《中华人民共和国献血法》实施20周年暨2016—2017年度无偿献血表彰大会在北京举行，深圳第十二次获得"无偿献血先进城市"称号。

12月14日

深圳市红十字会水救队为"登疯造极"帆船赛进行保障。

12月15—16日

深圳市红十字会率社工及志愿者骨干赴珠海红十字会交流学习志愿服务经验。

12月26日

深圳市红十字会向贵州毕节援助160多万元扶贫物资。

12月28日

深圳市红十字会与深圳市爱康之家大病关怀中心、深圳市希望之光艺术团举办2019"关爱大病、希望之光"春节联欢文艺晚会，并开启2019年"博爱送万家"活动。

12月29日

血之缘公益基金会正式成为深圳市红十字团体会员单位。

2019 年

1 月 6 日

市委组织部任免文件提名张英姬同志为深圳市红十字会常务副会长兼秘书长，主持市红十字会全面工作。

1 月 10—15 日

联合深圳市爱康之家大病关怀中心开展 2019 年"博爱送万家"活动之慰问抗癌患者活动，走进 8 家医院慰问 920 名正在治疗中的抗癌患者和康复期的抗癌患者。

1 月 16 日

第六十六届世界防治麻风病日暨第三十二个中国麻风病节，联合市卫健委、市民政局等单位赴惠州白鹭医院联合慰问深圳籍麻风病患者。

2 月 21 日

中国红十字会党组书记、常务副会长梁惠玲一行到深圳调研红十字人体器官捐献、无偿献血和造血干细胞捐献工作。

3 月 14 日

召开全市红十字系统工作会议，总结 2018 年工作、部署 2019 年工作。各区红十字会主要负责同志、市红十字会全体干部职工参加了会议。

3 月 22 日

以"'红海豚'在行动——水上安全知识进校园"为标志正式启动本年度包括"三献"、应急救护、水上救生、心理健康等公益知识的进校园活动。

3 月 29 日

深圳市红十字会应急救护讲师团为福田区荔园外国语小学东校区 200 多名师生开展应急救护知识与技能专题讲座。

3 月 30 日

"美周杯"帆船赛春季赛第二场在深圳市大鹏新区七星湾扬帆起航，深圳市红十字会水上安全救生志愿者服务队为赛事提供水上安全救生保障服务。

4月8日

深圳市红十字心理救援志愿者服务队为第七高级中学高一年级1000名学生开展了"和情绪做朋友，提升自信"心理健康知识公益课。2019年度心理救援志愿者服务队共进学校15所，受益学生7648人。

5月12日

与中国人体器官捐献管理中心联合在南山文体广场举办"爱心相伴，'救'在身边"中国人体器官捐献志愿服务月启动暨深圳器官捐献20周年大型宣传活动。

5月12日

深圳市2019年全国防灾减灾日大型宣传活动在深圳中心书城广场隆重举行。市红十字会作为深圳市减灾委员会成员单位之一，参与现场宣传活动。

5月13日

与市卫生健康委员会、深圳市教育局共同举办2019全国防灾减灾暨深圳市卫生救护进校园启动仪式，将积极在校园普及防灾减灾和卫生应急自救互救知识，提升广大师生和群众卫生应急素养，为健康深圳建设营造良好社会氛围。

5月13日

由市卫生健康委员会、市红十字会主办、市血液中心承办，"热血跑·沸全城——2019无偿献血健康公益跑（深圳站）"的新闻发布会在深圳市血液中心献血大厅举行。

6月6日

与市卫生健康委共同举办以器官捐献为主题的第七期"医案·说法"活动。常务副会长兼秘书长张英姬、副秘书长王元彬，市卫健委、市卫生健康能力建设和继续教育中心相关领导参加了此次活动。

6月9日

与市卫生健康委员会联合主办，市血液中心承办的"热血跑·沸全城——2019无偿献血健康公益跑（深圳站）"在深圳市莲花山公园鸣笛开跑。

7月13日

在南山文体广场举办"爱心相伴,'救'在身边——深圳市红十字会2019年度捐血献髓及志愿服务颁奖典礼"活动。共有4039名无偿献血者及志愿者受到表彰。

9月8日

在福田区水围社区文化广场举办第二十个世界急救日主题宣传演练活动,市红十字会常务副会长兼秘书长张英姬、副秘书长王元彬出席活动。

9月21日

中国红十字会总会党组成员、副会长孙硕鹏等总会领导、红十字国际委员会东亚地区代表筹资主管约恩·巴里等一行实地调研市红十字会。

9月23日

在深圳市卫生健康能力建设和继续教育中心举行深圳市红十字会人道传播及教育基地揭牌仪式。

11月13日

为深圳市首家红十字工作站龙岗区龙西社康红十字工作站揭牌,并为新成立的深圳市红十字养老护理志愿者服务队、深圳市红十字龙岗区社区健康志愿者服务队、深圳市红十字赛场救护志愿者服务队3支市红十字志愿者服务队授旗。

12月1日

为迎接世界志愿者日的到来,同时也纪念第三十二个世界艾滋病日,市红十字会组织志愿者开展徒步活动宣传无偿献血、献造血干细胞、器官捐献知识及预防艾滋病知识。

12月5日

深圳市红十字赛场救护志愿者服务队为深圳宝安国际马拉松赛进行应急救护保障。

12月15日

深圳市红十字赛场救护志愿者服务队应2019深圳国际马拉松组委会邀

请为 2019 深圳国际马拉松开展应急救护服务工作。

2020 年

1月1—2日

在深圳湾湾华府广场举办以"凝聚湾区人道力量，共建美丽博爱家园"为主题的珠三角 9 市红十字人道博爱穿越行（深圳站）启动仪式。

1月6日

在华强北喜荟大酒店举行慰问癌症患者茶话会，同时正式启动 2020 年深圳市红十字会"博爱送万家"活动。

1月9日

联合中国华西企业有限公司在第十四届"华西杯"徒步活动暨 2020 迎新嘉年华游园荟设立"健康加油站"，创新推广方式，为 800 多名华西人带去红十字应急救护知识。

1月22日

传达落实疫情防控有关文件精神要求，常务副会长兼秘书长张英姬要求全体干部员工按照《中华人民共和国传染病防治法》《中华人民共和国红十字会法》等规定，及时稳妥做好信息发布、信息报送等工作。

1月23日

建立各工作组日报告制度。

1月24日

按照春节前防控会议要求，自 1 月 24 日起，市红十字会加强春节应急值守，落实值班人员做好应急处置，全力做好疫情防控，重点做好防疫款物捐赠咨询，开通 24 小时咨询热线，并要求全体干部职工保持通信通畅、随时待命。

1月25日

为进一步做好新冠疫情防控工作，发挥红十字会在人道领域的助手作用，向社会各界企业及爱心人士呼吁爱心捐赠。市红十字会通过深圳各大媒体发布《深圳市红十字会关于募集医疗队有关防护物资的公告》，并在官网及公众号进行了同步发布。

1月26日

根据市委、市政府有关工作要求，为进一步做好市红十字会新冠疫情防控工作，积极开展疫情防控款物募集并做好疫后人道主义救助工作，市红十字会成立新型冠状病毒感染的肺炎疫情防控工作领导小组，全面组织领导市红十字会新冠疫情防控工作，统筹解决工作中遇到的问题。

1月27日

增开一条24小时电话接听热线，开通线上线下多途径捐赠通道。

1月28日

召开市红十字会新型冠状病毒肺炎防控工作专题会议，就疫情防控工作进行专题研究部署。会议要求切实履行红十字会职责，认真做好新冠疫情防控工作。会议研究通过《深圳市红十字会新型冠状病毒感染的肺炎疫情防控工作方案》，并予以印发执行。

1月30日

就境外捐赠物资逐渐增多的情况，及时与深圳海关协调，召开新型冠状病毒感染的肺炎疫情防控会议，专题研究境外捐赠物资通关服务，达成建立"绿色通道"的协议，进一步提高通关效率。

1月30日

市红十字会是深圳接收境外防护物资捐赠的主渠道，境外防护物资捐赠深圳市红十字会的，由深圳市红十字会开具相关接收证明手续，国航和南航航班予以免运费。

2月1日

会议决定遵循"统一领导、统一指挥、统一行动"的工作原则，主要明确捐赠款物处置工作原则和程序，及时对抗击疫情捐赠款物分配事宜进行处理。

2月3日

阿联酋广东商会向市红十字会捐赠3万只医用一次性口罩。

2月6日

根据防控工作形势，结合实际，及时调整深圳市红十字会新型冠状病毒感染的肺炎疫情防控工作小组分工，以紧急支援疫情防控一线工作为目标将全体工作人员重新划分为5个工作小组，即综合协调组、热线咨询组、评估分配组、物资运输组、宣传报道组。

2月8日

召开疫情防控主题会议，常务副会长兼秘书长张英姬提出疫情防控工作16字方针，"依法依规、规范便捷、有序稳妥、公开透明"。

2月11日

市红十字会工作人员宣传下沉、深入一线，自行采写的《一个深圳红十字人的日志》在微信公众号推送后，被《羊城晚报》全文转载，引起良好的社会反响。

2月13日

早例会布置由即日起开展防疫工作内控审查。成立内部审计工作组，按照内控工作的要求对本次防疫工作以来所有接收及分发的捐赠款物的资料进行内审内控。

2月22日

深圳台商协会捐赠2.6万套医用防护服和33.5万副医用手套，近160万元，助力深圳抗击新冠疫情。

2月25日

由澳大利亚深圳社团总会、澳大利亚深圳联谊总会、西澳大利亚深圳联谊会暨总商会、新西兰深圳社团总会携手向市红十字会捐赠的1.4万个N95口罩运抵深圳前海湾保税港区，市红十字会常务副会长兼秘书长张英姬出席交接仪式。

2月28日

加拿大深圳社团联合总会暨加拿大深爱慈善基金会向市红十字会捐赠7200个N95口罩，用于深圳和武汉的疫情防控。

3月2日

市委书记王伟中同志主持召开市委六届二二八次常委会会议暨市委全面深化改革委员会第八次会议,常务副会长兼秘书长张英姬汇报了《深圳市红十字会改革实施方案(送审稿)》,会议讨论并通过了《深圳市红十字会改革实施方案(送审稿)》,标志着我市红十字会深化改革正式全面启动。

3月5日

在学雷锋纪念日当天,市红十字会公众号发布《没有从天而降的英雄,只有挺身而出的凡人》专版,向战"疫"中的红十字志愿者致敬。

3月13日

7位深圳市红十字青少年会员把用一个月时间募集的爱心款物捐赠至市红十字会,用于一线疫情防控工作。

3月26日

与建设银行深圳市分行举行公益组织综合服务平台合作签约暨募捐箱布放仪式。将在建设银行辖内网点布放红十字会公益募捐箱,接受线上扫码捐赠。

5月10日

市委编制委员会批复深圳市红十字会机关机构编制事项,同意会机关内设办公室、业务部(均为正处级),增加事业编制4名,增加领导职数。

5月12日

结合疫情实际及社会需求,红十字救护员培训线上培训课程经认真筹备后上线。

5月12日

深圳市人民政府办公厅印发关于《深圳市红十字会改革实施方案》的通知。《方案》从加强党的领导、健全组织体系、加强基层建设、创新人道服务机制、扩大湾区交流合作5个方面提出了改革措施。

6月8日

龙华区天虹献血站正式启用,活动由市红十字会常务副会长兼秘书长张英姬主持,市政府副市长、市红十字会会长吴以环、市卫生健康委员会副主任常巨平等相关部门领导、爱心企业等代表出席活动。龙华区天虹献血站是深圳市第七个献血站，它的设立不仅方便市民群众献血，更能提升街头献血量，并成为市红十字会无偿献血志愿者的定期服务场所。

6月14日

联合市卫生健康委员会和市城市管理和综合执法局在深圳市多栋楼宇亮灯播出献血宣传标语，向无偿献血者致敬，向更多市民群众宣传动员无偿献血理念。

6月29日

在全市中小学校启动"红十字知识进校园"系列公益活动。2020年，市、区红十字会、各志愿者服务队、各红十字工作站等积极开展应急救护"四进"活动，全年累计组织普及活动982场次，受益人数91万人次。

7月3日

赴深圳市光明区公明第一小学开展水上安全知识进校园活动。并录制水上安全救生课程在全区中小学生进行推广。2020年度，水上安全救生知识进学校共开展讲座63场，受益师生13万余人。

7月12日

与晶报联合主办了"暑假安全第一课——青少年水上安全救生知识普及活动"并进行了线上直播，引起社会的关注和好评。市委宣传部通过《新闻阅评》对此活动给予了好评。

7月26日

应市民强烈呼声，与晶报联合主办了第二期"暑假安全第一课——青少年水上安全救生知识普及活动"。

8月8日

深圳市红十字赛场救护志愿者服务队的志愿者们在东门献血站摆上了"地摊"，在深圳最繁华的东门步行街普及应急救护知识。

8月24日

市红十字会应急救护讲师团为2020年第一期处级女干部任职研修班开展培训。

9月2日

在党校开展第二期红十字应救护知识与技能培训。

9月3日

在党校开展第三期红十字应救护知识与技能培训。2020年度，在全市政府机关共开展6场，普及人次达277人。

9月12日

在南山区文体中心广场举办第二十一个世界急救日主题宣传演练活动。市政府副市长、市红十字会会长吴以环、市红十字会常务副会长兼秘书长张英姬、市卫健委、市应急管理局等部门领导出席活动。

9月14日

召集市红十字心理救援志愿者服务队举办红十字心理健康知识进校园教学研讨会。2020年度，心理救援志愿者服务队共进学校5所，受益学生570人。

9月19日

宝安区首批14个社区红十字工作站揭牌暨区应急救护公益慈善项目启动仪式在宝安区中心医院福中福社康中心举行。中国红十字会副会长孙硕鹏、省红十字会副会长李何荣、深圳市副市长、市红十字会会长吴以环等领导出席活动。

9月21—24日

市红十字水上安全救生志愿者服务队2名骨干作为省红十字会水上救援队成员赴广西壮族自治区百色市参加2020年广东、广西红十字救援队水域救援联合培训演练。

10月16日

在光明区群众体育中心举行深圳市红十字水上安全救生基地揭牌，并成立深圳市首个区级水救分队——市红十字水上安全救生志愿者服务队光明分队。

11月1—30日

举办了人体器官捐献工作十周年宣传月系列活动。在深圳市12个献血点、深圳市人民医院、深圳市第三人民医院、深圳市眼科医院10多家等医院门诊、急诊、重症监护室等场所开展人体器官捐献宣传活动。

11月6日

赛场救护志愿者服务队赴坪山特殊学校开展红十字应急救护培训。服务队长期开展面对学校和市民的应急救护知识普及。2020年度，应急救护进学校共开展讲座32场，受益师生2.18万人。

11月7—8日

水上安全救生志愿者服务队为"美周杯"帆船赛进行水上安全保障服务。2020年度，组织水上安全救生志愿者服务队开展大型水上赛事保障服务22场次，受益人数2.2万人次。

11月18日

香港中文大学（深圳）红十字会正式成立。

11月22日

广州、深圳、阳江、清远4市41名红十字水上救援队队员在阳江市海陵岛南海Ⅰ号海滩开展水上救援联合演练，深圳市红十字会选派10名水上安全救生志愿者赴阳江市参加此次演练活动。

11月29日

深圳市红十字养老护理志愿者服务队开展深圳市红十字养老护理志愿者服务队2020年度总结会暨养老护理发展论坛。

红十字组织向街道、社区、学校、企事业单位等延伸，扎实推进志愿服务，提升红十字影响力。

12月23日

深圳市红十字志愿者黄庆良在深圳市第二人民医院捐献造血干细胞，成为广东省第1000位非血缘关系造血干细胞捐献者，同时也是深圳市第380例捐献造血干细胞捐献者。

12月27日

"热血英雄——2020年度捐血献髓及志愿服务颁奖典礼"在深圳电视台举行，数百名捐血献髓及志愿服务的优秀代表出席活动并接受表彰。

2021 年

1 月 17 日

联合晶报、深圳市住房和建设局、深圳市燃气集团股份有限公司在深圳市红十字会人道传播及教育基地开展"寒假安全第一课"。

2 月

南山区、宝安区、龙岗区红十字工作站的志愿者们开展 2021 年"红十字博爱送万家"春节走访慰问活动，对 140 户社区重点优抚对象进行人道救助，为他们送上了慰问品和新年祝福，用实际行动帮扶社会困难群体。

2 月 1 日

为表达对红十字志愿者的关怀和感谢，市红十字会举办"博爱送万家"之关爱慰问志愿者活动，向长期利用个人时间和精力为红十字人道事业默默奉献的志愿者们送上一份新春里的温情。

3 月 19 日

市红十字会 2021 年"红十字知识进校园"活动启动仪式在深中南山创新学校举办。

3 月 20 日

市红十字会举办红十字水上安全救生知识进校园课件研讨会，会议由市红十字会业务部四级调研员林瑜主持。

3 月 28 日

由深圳市委组织部、市扶贫办、腾讯公司联合开展的"我为群众办实事 深 i 老区圳在行"活动正式上线，深圳市红十字会是此次活动的执行单位。

3 月 29 日

市红十字心理救援志愿者服务队举办红十字心理健康知识进校园教学研讨会，通过体验式游戏互动的方式进行示范教学，探讨在传统的讲课基础上融入新的元素，形成创新的教学方法模式。

4月4日

市红十字会组织捐献者家属、志愿者到吉田永久墓园"光明树"下，开展"礼赞，生命的乐章——2021年深圳市红十字会人体器官捐献者缅怀活动"。

4月12日

市红十字会召开2021年机关党风廉政建设工作会议。

4月12日

黄丹在深圳成功捐献造血干细胞，成为全国第11092例、深圳第400例非亲缘造血干细胞捐献的志愿者。

4月18日

市红十字会应急救护讲师团走进深圳大学，为60多名红十字青少年带来红十字应急救护知识，重点围绕红十字运动知识、救护概论、心肺复苏及创伤救护4个方面进行培训。

4月24日

市红十字会联合晶报、深圳爱尔眼科医院开展"放学安全第一课"，传授眼睛意外伤急救、爱眼护眼知识讲解、眼部外伤包扎等知识和技能，小朋友们在开心体验的同时又学到了保护视力的实用知识。

4月29日

市红十字会与团体会员单位市医学信息中心共同组织在阳台山森林公园开展"为爱健步 帮扶老区"健步行走活动，共同助力老区帮扶，丰富干部职工生活，倡导徒步健康生活理念，致敬建党百年。

5月8日

市红十字会在南方科技大学医院举行第七十四个世界红十字日大型主题宣传活动。

5月9日

正值母亲节，市红十字会举办人体器官捐献者母亲慰问活动。活动邀请了5位器官捐献志愿者家庭的母亲表达了对器官捐献公益事业以及对生命观、生死观、人生价值观的理解。

5月10日

市红十字会党支部召开专题学习会议，传达学习市第七次党代会、市委七届一次全会会议精神，推动会议部署在市红十字会贯彻落实。

5月15日

在深圳大学开展第二期红十字青年领袖计划。2021年度，市红十字会共举办四场红十字青年领袖计划，共有201名红十字青少年获得证书。

5月24日

市红十字会召开专题学习会议，对学习好、宣传好、贯彻好、落实好市"两会"精神，以及下一阶段市"两会"精神如何在红十字会抓好贯彻落实进行再动员、再部署。

6月1日

市红十字会与市卫生健康委员会联合主办、市血液中心承办的"热血跑·沸全城"2021无偿献血线上健康公益跑活动举行新闻发布会。

6月7日

市红十字会发布2021年深圳纪念第十八个世界献血者日系列宣传海报。

6月8日

由市红十字会统筹制作的深圳市无偿献血公益广告正式发布。

6月9—15日

在京基100、平安金融中心、市民中心玻璃塔、汉国中心、深圳湾春笋、深圳湾一号这深圳六大地标齐为献血者亮灯，共同纪念世界献血者日的到来。

6月9日

市财政局批复同意将深圳市红十字会代持的禾正医院24%股权以无偿转让方式处置给市国资委。

7月5日

市红十字会召开深入学习贯彻习近平总书记在庆祝中国共产党成立100周年大会上重要讲话精神专题研讨会，重温习近平总书记的重要讲话。

7月12日

深圳市红十字心理救援志愿工作者服务队举办了以"从'心'出发,未来可期"为主题的十周年活动暨服务队换届仪式。

7月26日

市红十字会紧急召开会议,向河南省红十字会拨付40万元。

7月27日

市委组织部任命张英姬同志任中共深圳市红十字会党组书记。

7月31日

深圳市红十字会和晶报联合主办"2021暑假安全第一课",向亲子家庭普及心肺复苏和AED技术,让孩子学习急救知识,掌握心肺复苏技术和AED的使用。

8月29日

市红十字会组织志愿者及爱心企业举办情绪减压艺术沙龙及野外生存技能实践的公益亲子活动,为市红十字地中海贫血儿童志愿者服务队志愿者的家庭送去温暖。

9月9日

市红十字会上线"餐与爱心计划"与"天使爱妈妈关爱行动"两项募捐项目,参与99公益日线上筹资活动。

9月14日

市红十字会召开第五次会员代表大会。

9月17日

市红十字会副秘书长王元彬带队参加广东省红十字会2021年应急救护大赛,取得全省第一名,并代表广东省参加全国红十字应急救护大赛。

9月25日

市红十字会举行"天使爱妈妈"器官捐献家庭母亲慰问活动。

10月2—4日

市红十字会举行第15届"深、港、澳、穗、珠"五地红十字青少年交流营。受疫情影响,此次的开营仪式采用了线上线下结合的形式。

10 月 22 日

深圳市红十字会与深圳大学医学部联合开展全国人体器官捐献志愿登记宣传季系列活动，举办"生命之约·大爱传递——2021 年'无语体师'教学公开课"。

10 月 27 日

第十届海峡两岸红十字博爱论坛在线上举行。

10 月 28 日

市委组织部任命崔健同志为中共深圳市红十字会党组成员、副秘书长。

10 月 30 日

市红十字会举办全国人体器官捐献志愿登记宣传季——"生命之约·大爱传递"器官捐献徒步宣传活动。

11 月 4 日

市红十字会正式印发《深圳市红十字事业发展"十四五"规划（2021—2025 年）》。

11 月 14 日

市红十字会、市血液中心联合举办的 2021 年度深圳"热血英雄"捐血献髓及志愿服务颁奖典礼在深圳广电大厦举行，数百名捐血献髓及志愿服务的优秀代表出席活动并接受表彰。

12 月

中国红十字会总会印发中国红十字会"会员之星"名单，深圳市红十字会员利艳和丁思成等 500 名中国红十字会会员获得中国红十字会"会员之星"称号。

12 月 3—4 日

深圳市红十字会举办了 2021 年度志愿者培训班暨志愿工作总结会开班。

12 月 16 日

市委组织部任命王元彬同志为中共深圳市红十字会党组成员。

12 月 19 日

在大望博爱驿站举办"天使爱妈妈"项目系列器官捐献家庭慰问活动。

2022 年

1月14日

深圳市红色驿站红十字工作站、深圳市红十字会志愿服务 V 站、深圳市红色驿站红十字志愿者服务队在盐田区成立。

3月7—12日

市红十字心理救援志愿者服务队实施"疫心疫意"心理疏导项目，该队34名心理咨询师以"潜伏"居民微信群形式，顺利完成线上心理援助工作。

3月10日

举行深圳市公益救援志愿者联合会红十字会团体会员单位揭牌暨深圳市红十字会应急救援队授旗仪式。

3月10日

深圳市眼库完成了"志愿捐献角膜登记接受站"的挂牌。市红十字会和市眼科医院签署了《角膜捐献工作协议》。

3月10—14日

市红十字会成功转运两批全国红十字系统援港抗疫物资，包括30.06万个 KN95 口罩、150 万件医用外科口罩和医用隔离服。

3月19日

市红十字会、香港中文大学（深圳）医学院共同设立的香港中文大学（深圳）医学院志愿捐献遗体登记接受站正式挂牌成立。

3月30—31日

《深圳市红十字会新冠肺炎聚集性疫情应急处置预案》要求，开展疫情防控应急演练，提升应急处置能力。

4月14日

市红十字会、深圳大学医学部共同设立"志愿捐献遗体登记接受站"，负责遗体捐献的宣传登记、协调、接收、火化、安葬、缅怀纪念、捐献者家属的关爱慰问等工作。

4月27日

市红十字会第五届理事会全体会议选举通过，市政府副市长、党组成员陈清同志增补为深圳市红十字会第五届理事会理事、常务理事，当选为深圳市红十字会第五届理事会会长；林汉城同志增补为深圳市红十字会第五届理事会理事、常务理事，当选为深圳市红十字会兼职副会长。

5月11日

在世界红十字日主题活动现场举行了海裕社区红十字博爱家园揭牌仪式。海裕社区博爱家园作为深圳市首个"博爱家园"项目，将着力增强红十字基层阵地服务功能，为群众提供家门口的人道服务。

5月11日

在世界红十字日主题活动现场举行了深圳大学、南方科技大学红十字会揭牌仪式和深圳大学、南方科技大学红十字青少年志愿服务队授旗仪式。

5月31日

深圳市红十字会监事会组织召开第一届监事会第二次全体会议。监事会成员就有关工作提出建议，积极为红十字事业发展建言献策。

6月2日

2022年世界献血者日主题宣传活动暨南方科技大学红十字会第一次代表大会在南方科技大学举行。

6月24日

市红十字会党支部召开换届选举党员大会，选举产生了新一届机关党支部委员会。

6月30日

市红十字会举办2022年"红鹰行动——红十字应急救护知识与技能进党校"线上课程，为处级女干部研修班学员开展应急救护培训。

8月22日

2022年深圳市红十字会应急救护师资班开班，同时，举行深圳市红十字会应急救护志愿服务队龙华区卫生健康局分队授旗仪式。

9月6日

中国造血干细胞捐献者资料库广东省管理中心深圳工作站荣获"2021年度造血干细胞捐献工作优质工作站"称号。

10月20日

2022年深圳市红十字会应急救护师资复训班开班仪式在市红十字会人道传播及教育基地举办。

10月23日

市红十字会与深圳大学医学部联合举办了"生命之约·大爱传递——2022年'无语体师'教学公开课"活动。活动现场同时举行了市红十字器官捐献志愿服务队深大医学部分队成立仪式。

10月28日

深圳市福田区外国语高级中学红十字会揭牌暨红十字青少年志愿服务队授旗仪式在该校阶梯教室举行。

11月5—6日

2022年盐田区专业救援与深圳市红十字会应急救援联动综合演练在深圳东部通航直升机运行基地开展。

11月17日

龙岗中心医院中骏蓝湾社康中心红十字工作站、龙岗中心医院远洋新天地社康中心红十字工作站、龙岗区第四人民医院南岭社康中心红十字工作站和龙岗区第七人民医院龙丹社康中心红十字工作站授牌仪式在中骏蓝湾社康中心举行。

11月18日

市红十字会和香港中文大学（深圳）学生事务处联合举办人生阅览室第一期分享沙龙《生命的礼物》。

11月28日—12月3日

市红十字会开展为期6天、全脱产、封闭式管理的2022年红十字应急救护师资培训班。

附件二
深圳市红十字会相关工作制度

一、深圳市红十字会党政重大议事规则制度

为认真贯彻落实党的民主集中制原则，规范和监督领导班子的决策行为，增强领导班子的团结，提高决策的科学性，根据中共深圳市委办公厅、深圳市人民政府办公厅关于印发《深圳市市管单位领导集体决策重大问题议事规则（试行）》的通知以及中共深圳市委组织部关于切实推行《深圳市市管单位领导集体决策重大问题议事规则（试行）》的通知要求，结合我会的实际情况，特制定本规则。

一、适用范围

本单位党支部及行政领导集体

二、议事范围

（一）研究需向常务理事会报告的重大事项。包括本单位制定的重大方针政策，常务理事会的改选、会员代表大会召开。

（二）党支部工作年度计划和总结。

（三）审议、审批机关违纪党员、干部违反党纪的立案、调查和处分决定，及党风廉政建设工作的整体部署。

（四）审批新党员、党务干部的表彰、奖励，及其他有关评选先进事项的上报材料。

（五）研究党组织的设置与班子成员的配备。

（六）机关干部任免的推荐问题及年终考核。如有具体规定的，按规定执行。

（七）研究本单位行政部门的配置以及班子成员的配备。

（八）审批涉及金额为10万元以上的专项支出。

（九）审议本单位重大敏感事项的工作制度和程序。

三、程序及要求

根据议事范围，属党务工作的，由支部书记召开支部会议讨论决定；属于行政工作的，由行政负责人召开行政会议讨论决定，既有党务又有行政工作范围的由支部书记召集党政联席会议讨论。决策形式采取少数服从多数的原则进行，具体程序和要求按照中共深圳市委组织部关于切实推行《深圳市市管单位领导集体决策重大问题议事规则（试行）》的文件要求执行。

四、党支部班子和行政领导集体构成

（一）党支部班子：

支部书记，成员：支委委员

（二）行政领导集体：

行政首长，成员：各部室负责人

二、深圳市红十字会表彰奖励办法

第一条 为更好地发挥红十字会作为人道主义社会救助团体的作用，鼓励社会各界支持红十字会工作，表彰和奖励为深圳市红十字事业发展做出重要贡献的单位和个人，根据《中华人民共和国红十字会法》和《广东省红十字会条例》等有关法律规定，制定本办法。

第二条　除本办法规定的应由市红十字会统一表彰的奖项外，市红十字会下属各社团和志愿工作者服务队的表彰和奖励不再以本单位名义实施。区级红十字会的表彰奖励，可参照市红十字会的做法自行制定。

第三条　市红十字会下属各社团和志愿工作者服务队每年可视情况及其相关的管理办法进行表彰和奖励，并报市红十字会备案。

第四条　市红十字会原则上在每两年召开一次的红十字工作总结表彰会议上，表彰两年内对红十字事业做出重要贡献的个人和单位；在每五年召开一次红十字会员代表大会上，表彰长期对红十字事业做出突出贡献的个人和单位。特殊情况下（如发生自然灾害等），市红十字会可视情况召开相关的专题总结表彰会，奖励和表彰为特定时期或特定事件内为红十字工作做出重要贡献的单位和个人。

第五条　市红十字会表彰和奖励的对象包括对红十字事业做出突出贡献的会员、会员单位、志愿工作者、志愿工作者服务队、捐赠个人、捐赠单位、爱心个人和爱心单位等。

第六条　市红十字会原则上每两年进行一次的表彰和奖励。

市红十字会每两年进行一次全市性工作总结及表彰会议（或通报），向获奖者颁发以下奖项：

（一）优秀志愿工作者

1.评选对象：各志愿工作者服务队的注册志愿者。

2.评选条件：

（1）热心人道主义救助事业，积极支持和参加社会公益慈善活动，积极推动红十字事业发展；

（2）积极参加红十字志愿服务，为服务队的发展及市红十字志愿服务发展做出重要贡献者；

（3）两年内累计志愿服务工时总计达400小时；

（4）获得所在服务队评选的优秀志愿者称号；

（5）同等条件下，在参与志愿服务过程中有突出表现，在社会中取得较大影响，获得社会各界褒扬和嘉奖者优先考虑。

3. 评选方法

由志愿者个人自荐或所在服务队推荐，各服务队对符合条件的志愿者进行资格初审，确定候选人名单，并将相关的评选材料报志工委审核。志工委对候选人评选材料进行复核，最终确定获选志愿者名单并公示，公示期满后报市红十字会进行表彰。

（二）优秀红十字会会员

1. 评选对象：市红十字会成年会员

2. 评选条件：

（1）积极宣传和贯彻《中华人民共和国红十字会法》，传播"人道、博爱、奉献"的红十字精神；

（2）积极完成红十字会交办的任务，维护红十字会的合法权益和良好形象；

（3）热心人道主义救助事业，积极参加红十字会举办的各项公益活动；

（4）积极组织、策划和开展红十字公益活动；

（5）同等条件下，在参与红十字公益活动过程中获得社会各界褒扬和嘉奖者优先考虑。

3. 评选方法：

由会员个人自荐或所在团体会员单位推荐，将相关参选材料交至市红十字会，市红十字会对材料真实性进行审核，并根据参选条件评选出获奖者，并进行公示，公示期满后进行表彰。

（三）优秀红十字青少年

1. 评选对象：市红十字会青少年会员

2. 评选条件：

（1）认真学习和宣传《中华人民共和国红十字会法》，传播"人道、博爱、奉献"的红十字精神；

（2）热心人道主义救助事业，积极参加学校及红十字会举办的各项公益活动，在所在班级或学校中起带头模范作用；

（3）积极维护红十字会的合法权益和良好形象；

（4）同等条件下，有组织、策划和开展红十字公益活动者优先考虑；

（5）同等条件下，在参与红十字公益活动过程中获得社会各界褒扬和嘉奖者优先考虑。

3.评选方法：

由青少年会员个人自荐或所在学校推荐，将相关参选材料交至市红十字会，市红十字会对材料真实性进行审核，并根据参选条件评选出获奖者，并进行公示，公示期满后进行表彰。

（四）先进集体

1.评选对象：区红十字会、团体会员单位、志愿工作者服务队。

2.评选条件：

（1）积极贯彻和宣传《中华人民共和国红十字会法》和《中国红十字会章程》，传播"人道、博爱、奉献"的红十字精神；

（2）努力完成市红十字会交办的各项任务，积极配合和支持市红十字会开展各项红十字工作；

（3）根据红十字运动的目标和宗旨，积极开展各项人道主义救助和社会公益、慈善活动；

（4）在某一工作领域或范围内做出重要成就，得到社会各界的褒扬和嘉奖；

（5）对市红十字会的各项工作献计献策，并积极配合和支持，对红十字事业发展做出重要贡献。

3.评选方法：

采取自荐的方式，由符合条件的区红十字会、团体会员单位和志愿工作者服务队向市红十字会提供评选材料，市红十字会进行复查和审核，确定获奖名单并公示，公示期满后予以表彰。

（五）捐赠荣誉个人

1.评选对象：捐赠个人

2.评选条件：两年内个人累计捐赠金额（含外币折算和物资折算）达50万人民币以上。

3.评选方法：市红十字会根据捐赠统计情况，对符合条件的爱心人士进行表彰。

（六）捐赠荣誉单位

1.评选对象：捐赠单位

2.评选条件：两年内单位累计捐赠金额（含外币折算和物资折算）达500万人民币以上。

3.评选方法：市红十字会根据捐赠统计情况，对符合条件的爱心单位进行表彰。

（七）爱心个人

1.评选对象：社会爱心人士

2.评选条件：

（1）热心人道主义救助事业，积极关注和支持红十字会的工作，对红十字事业的发展做出重要贡献的个人；

（2）在某一时期内，对市红十字会的某项工作、某个项目或某次活动做出突出贡献者。

3.评选方法：

市红十字会根据实际情况，对符合条件的社会爱心人士给予感谢和表彰。

（八）爱心单位

1.评选对象：积极关注和支持红十字事业的相关单位

2.评选条件：

（1）热心人道主义救助事业，积极关注和支持红十字会的工作，对红十字事业的发展做出贡献；

（2）长期与市红十字会合作，给市红十字会的各项工作提供帮助和支持；

（3）积极配合市红十字会开展各项公益项目和慈善活动；

（4）对市红十字会的某项工作、某个项目或某次活动做出突出贡献，得到社会各界的褒扬和嘉奖。

3.评选方法：

市红十字会根据实际情况，对符合条件的相关合作单位给予感谢和表彰。

第七条 市红十字会五年一次的表彰和奖励

市红十字会每五年召开一次会员代表大会，会上将向获奖者颁发以下奖项：

（一）杰出服务奖

1.评选对象：各志愿工作者服务队的注册志愿者。

2.评选条件：

（1）热心人道主义救助事业，积极支持和参加社会公益慈善活动，积极推动红十字事业发展；

（2）积极参加红十字志愿服务，为服务队的发展及市红十字志愿服务发展做出重要贡献者；

（3）累计志愿服务工时总计达 1000 小时；

（4）曾获市红十字会评选的优秀志愿工作者称号；

（5）同等条件下，在参与志愿服务过程中有突出表现，在社会中取得较大影响，获得社会各界褒扬和嘉奖者优先考虑。

3.评选方法：

市红十字会根据两年一次的表彰情况，对符合条件的优秀志愿工作者予以表彰。

（二）杰出爱心奖

1.评选对象：捐赠个人、捐赠单位、爱心个人、爱心单位、红十字会员。

2.评选条件：

（1）个人累计捐款（含外币折算和物资折算）达 200 万人民币以上；

（2）单位累计捐款（含外币折算和物资折算）达 2000 万人民币以上；

（3）对推动红十字事业发展做出卓越贡献的红十字会员、爱心人士和爱心单位。

3.评选方法：

市红十字会根据捐赠统计数据及实际情况，对符合条件的个人和单位进行表彰。

第八条　市红十字会两年一次的表彰和奖励可重复获奖，市红十字会五年一次的表彰和奖励仅授一次，不再重复获奖。

第九条　市红十字会将推荐获奖者参加上级红十字会或政府相关部门的奖励和表彰。

第十条　本办法由深圳市红十字会负责解释。

第十一条　本办法自颁布之日起实施。

三、深圳市红十字会捐赠工作管理办法

第一章　总　则

第一条　为规范深圳市红十字会募捐与接受捐赠工作，加强救灾救助款物的管理和监督，确保救灾救助款物规范安全使用，促进公益事业健康发展，根据《中华人民共和国红十字会法》、《中华人民共和国公益事业捐赠法》、《广东省红十字会条例》等有关规定，结合我市实际情况，制定本办法。

第二条　本办法所称募捐是指红十字会根据宗旨依法募集资金、物资、财产权利的过程，一切具有财产价值的动产、不动产和权利均属于本办法所指的捐赠财产，包括资金、有价证券、实物、知识产权、服务、使用权等。但不包括人体组织、器官、血液、造血干细胞等其他捐赠。

第三条　本办法所称救灾救助款物包括救灾救助资金和救灾救助物资。救灾救助资金主要包括募捐、社会捐赠、上级红十字会拨付、政府拨款和其他合法收入等；救灾救助物资主要包括募捐、接收社会捐赠物资、上级红十字会拨付物资、海关罚没物资、其它公益组织拨入转交和本会自行采购的救灾救助物资。

第四条 本办法适用于接受、储备、分配和使用救灾救助款物的管理。

第二章 组织募捐

第五条 深圳市红十字会应主动结合"互联网＋"的时代现状，积极采用适应社会发展要求的筹资方式，加强推动网络募捐，推动募捐方式转型升级。拓展互联网、手机扫码等捐赠渠道，通过门户网站、公共媒体、短信平台、海报公告、社区宣传、会议活动等方式向社会公众公布捐赠信息。

第六条 募捐行为应符合法律、法规的规定，不得违背红十字运动的基本原则，不得损害红十字名誉。

第七条 可通过以下形式组织募捐：

（一）大型募捐：

开展大型赈灾募捐活动的捐款，由开户银行工作人员上门直接接受捐款人的捐款，当面清点并收取现金（包括审核确认银行票据），存入银行账户，财务核对无误后开具专用捐赠收据给捐款人，银行工作人员开具现金缴款单（银行进账单）。

（二）日常募捐：

日常零星捐款由出纳直接接收，包含捐赠支票，及时缴存银行。开具专用捐赠收据。

（三）邮寄：

通过邮寄方式的捐款由办公室进行登记，并指定专人取回捐款，交于财务开具专用捐赠收据。

（四）转账：

通过银行转账的捐款，财务人员核对记账，并开具专用捐赠收据。

（五）募捐箱捐款：

全市投放红十字募捐箱应按照《深圳市红十字会募捐箱管理办法》中相关规定执行。

（六）扫码捐款：

用于在红十字会募捐箱、市红十字会官网、公众号及宣传材料上印制专用二维码扫码捐赠。

第三章　救灾救助资金的接受和使用管理

第八条　救灾救助资实行专户专账管理，单独开设银行账户、设立专账，专款专用，严禁将救灾救助资金与其他资金统一账户核算、管理。建立和严格执行捐赠款物的申请、审批、支付等程序和手续。

第九条　募捐和接受捐赠款后，应及时向捐赠人出具合法、有效的捐赠票据。

第十条　出纳要对捐款现金日清月结，编制现金收支报表，对银行存款收、支余要核对清楚，捐款的收支相关票据及时收齐并交会计记账。

第十一条　募捐和接受的捐款要序时、逐日逐笔进行登记，会计与出纳核对，财务负责人核对票据和会计凭证，对错误记录及时纠正，保证每一分捐款的及时入账。

第十二条　募捐和接受的捐款要根据捐赠人的愿意使用，定向捐款要有定向定项使用意愿书，根据捐款的用途设置明细科目，核算捐款资金的收入、支出和结余情况。

第十三条　对接受无指定用途的捐款，深圳市红十字会根据相关规定统筹用于人道救灾、救助、救护相关项目。

第十四条　对接受指定用途的捐款，捐赠方须与深圳市红十字会签署定向捐赠协议，明确捐款的用途、受益对象或单位及协议履行方式及期限等。深圳市红十字会应按照捐赠协议约定及时拨付，并向捐赠人反馈捐款的使用情况，项目完成后捐款有剩余的，按照捐款协议办理，捐款协议未约定的，经捐赠人同意，可应当用于目的相同或相近的其他救灾救助项目，并向社会公开。

第十五条　开展公开募捐活动的，应当定期向社会公开其募捐情况和公益项目实施情况：

（一）公开募捐周期超过六个月的，至少每三个月公开一次募捐情况，公开募捐活动结束后三个月内应当全面公开募捐情况；

（二）公益项目实施周期超过六个月的，至少每三个月公开一次项目实施情况，项目结束后三个月内应当全面公开项目实施情况和募得款物使用情况；

（三）针对重大突发公共事件开展公开募捐活动的，应当及时、全面公开捐赠资金的接受使用情况。

第十五条　募捐和接受的捐款拨付使用的内容有：捐款直接拨付受灾地区；上缴上级红十字会统筹；政府协商指定的项目或统筹；发放救灾救助慰问款；捐赠人指定项目的支出；采购救灾救助物资；支付救灾救助物资运输费用；项目运行支持；捐款拨付使用的支出方式有：银行转账、现金支付（主要是发放救灾救助慰问款）。

第十六条　捐款拨付使用申请、审批、支付等程序和手续按照《深圳市红十字会费用开支审批程序管理规定》中相关规定执行。由救灾救助地红十字会发函或全国重大自然灾害发生时，10万元以下资金拨付由部门领导、分管领导、会领导审核批复。10万元（含10万元）以上资金拨付按照我会重大议事规则流程办理。

第十八条　资金支出原则上实行第三方银行转账支付，对确实因需要救灾救助现场慰问发放现金支出的，由财务按现金管理相关规定向银行提取现金，协同业务部门工作人员安全及时地发放，并做好相关现金发放签收手续。

第四章　救灾救助物资接受与使用管理

第十九条　救灾救助物资要建立登记、验收制度，实行财务、保管分账管理，严格执行出入库手续。

第二十条　由赈济救助部指派专人负责捐赠物资的筹集、储备和使用管理工作。

第二十一条　依照海关总署与中国红十字会总会签定的《关于将没收的侵权货物用于社会公益事业的合作备忘录》等有关文件，接收和处置海关等政府部门转交的侵权货物。

第二十一条 使用捐赠资金采购物资、工程和服务等行为，应遵循国家相关法律法规，捐赠人对采购的具体条件另有约定的可按其约定采购，但不能损害国家利益和社会公共利益。因严重自然灾害和其他不可抗力所实施的物资、工程和服务的紧急采购，按照国家有关紧急采购的规定办理。紧急采购工作完成后，其采购项目的品种、数量、单价等信息应向社会公告，接受社会监督。

第二十二条 捐赠方需提供有关凭据（如发票、物价部门指导价格证明、评估报告及相关商品销售协议等）就公允价的确定，公允价值证明。捐赠人提供捐赠物资的公允价值合法有效证明。如发票、捐赠人采购协议、捐赠人销售协议、中标价格证明、物价部门核定证明、标明价格的企业出库单等有效凭据。不能提供有效证明的，应当以公允价值确认捐赠物资计价，价值可以参考知名、普遍认可的网购平台或者其他活跃市场上的同类产品价格；在市场上无法找到同类产品的，可以由第三方机构出具评估证明或报告确认捐赠物资计价，第三方机构一般由捐赠人聘请；对捐赠物资无法可靠计量公允价值的，作为捐赠物资的计价依据。其中：

（一）捐赠方自行采购的物资，可以凭采购发票，确认捐赠物资计价。

（二）捐赠方作为生产厂家捐赠其自产的物资，以出厂价为捐赠物资的公允价值来确认捐赠物资计价。（此处出厂价指生产企业出售本企业生产的生产资料商品时使用的价格，即产品转变为商品后的第一次价格。）

（三）捐赠方作为批发或零售供应商将其批发或零售的物资进行捐赠时，其捐赠的物资有同类产品批发价或零售价的，以批发价确认捐赠物资计价。对于捐赠方既是零售供应商又是批发商，以批发价确认捐赠物资计价。

（四）物价部门提供指导价格的，以物价部门的指导价格确认捐赠物资计价。

对不能提供合理价格依据的捐赠物资，不开具捐赠票据，可以通过出具接收证明、证书、感谢信的方式对捐赠人予以鼓励和认可。

第二十三条 捐赠物资时，捐赠者须提供捐赠食品、药品、生物化学制品，应符合国家对于食品、药品的规定，有政府部门出具的合格证明，其有效期应当在可执行的合理期限内，严禁接收和使用不符合安全标准的物资进行救灾救助活动。

第二十四条　深圳市红十字会经研判，对于不符合救援救助工作需要的物资捐赠有权婉拒。捐赠人在发货前联系深圳市红十字会，如捐赠人计划捐赠物非当前救援救助工作所需物资，红十字会可对捐赠人做出解释说明，进行婉拒；红十字会收到未经协商或非当前救援救助工作需要的物资，可根据收到的物资类型和质量进行研判，决定是否接受物资。如不予接受，捐赠人应取回、移走或重新安置物资。由此产生的所有费用，包括物资仓储费等，应由捐赠人承担。

第二十五条　项目运行支持费是指在管理和执行救灾救助项目工作中的必要支出，包括在接收、运输、储存和分配、发放救灾救助物资以及救灾过程产生的检查监督、宣传等行政开支的直接费用，深圳市红十字会可根据法律法规按规定比例提取项目运行支持费，项目运行支持费不得重复列支。

第二十六条　仓库管理员认真做好物资的接收、仓储和使用管理，建立捐赠实物收支账簿，按捐赠物资的类别设置品种、数量及金额栏目。

第二十七条　接收捐赠实物的程序和手续：

（一）接收验收：接收物资时，捐赠方需提交《深圳市红十字会物资捐赠表》、《深圳市红十字会物资捐赠函》和物资相关材料。仓管员验收物资，按照《中国红十字会备灾救灾中心（物资库）规划建设管理办法》中第二十条规定准确清点，按有关规定要求填写接收登记表，开具接受捐赠物资收据，附上捐赠物资清单、合格证明、价格依据、捐赠意向书。

（二）入库登账：根据接收实物收据，填写捐赠物资收支统计表，结出收支余，物资收据一份留存，另一份随同入库单交财务入账。

（三）汇总核对：月末，核对收支及结余情况，汇总物资收付统计表，连同统计表格及相关单证，报至办公室财务进行记账。

第二十八条　捐赠物资使用必须尊重捐赠者意愿。对指定救灾救助的物资，必须及时用于救灾救助。由救灾救助地红十字会发函或全国重大自然灾害发生时，拨付物资10万元以下资金拨付由部门领导、分管领导、会领导审核批复。10万元（含10万元）以上资金拨付按照深圳市红十字会重大议事规则流程办理。

（一）拨出物资：根据审核批准的物资拨付通知，及时调运物资，填写出库单，开具深圳市红十字会系统通用的调拨单，经手人，仓管员、负责人签字。

（二）出库登账：根据实物出库单，登记物资账簿，结出收支余，附上接受物资单位的物资调拨和出库单。

（三）汇总核对：月末，核对物资收、支及结余，汇总捐赠物资收付统计表，连同统计表格及相关单证，报至办公室财务进行记账。

第二十九条 仓库管理员做好仓库安全措施，注意做好防火、防盗、防潮、防霉变、防腐蚀、防鼠、虫害等有关工作，随时了解物资的状态和结存情况上报部门领导。

第三十条 年末赈济救助部门做好仓库管理员对仓库物资进行清查盘点，核对账实是否相符，如发现盘盈、盘亏，必须查明原因，填写《物资盘点表》，列出清单，经部门人审核、会领导批准后方可做账务处理。

第五章 捐赠褒扬

第三十一条 通过捐赠证书、感谢信、感谢状等方式对捐赠人进行答谢。

第三十二条 通过官方网站、微信、报刊、广播电视等对捐赠人及所资助的公益项目进行宣传报道。

第三十三条 对支持红十字人道救助和人道服务贡献突出的捐赠人予以表彰。

第六章 监督检查

第三十四条 救灾救助款物的接受和使用情况依法接受上级红十字会、政府民政及审计部门、捐赠者的监督。

第三十五条 建立健全救灾救助款物的监督检查，在救灾救助物资的接受、分配、使用过程中，加强内部监督检查。

第三十六条 建立健全信息公开制度，规范信息发布，及时向社会公布救灾救助物资的接受和使用情况，接受社会监督，加强捐赠信息反馈，救灾救助工作完成后，及时主动向捐赠人反馈有关情况。

第三十七条 充分发挥外部审计的专业性及独立性，定期或不定期委托外部审计机构开展专项审计。

第七章 附 则

第三十八条 截留、挪用、侵占或者贪污捐赠财产的；滥用职权，玩忽职守，徇私舞弊，致使捐赠财产造成重大损失，构成犯罪的，依法移送司法机关追究刑事责任。依法追回的捐赠财产，应当用于原捐赠目的和用途。

第三十九条 本办法由深圳市红十字会负责解释，本办法从发布之日起施行。

四、深圳市红十字会会员管理办法

第一章 总 则

第一条 为加强我市红十字会会员管理，维护会员权利，充分发挥红十字会会员作用，促进红十字事业发展，根据《中华人民共和国红十字会法》、《中国红十字会章程》和《广东省红十字会条例》有关规定，制定本办法。

第二条 红十字会会员入会的基本条件，会员的基本权利、义务等，依据《中国红十字会章程》的相关规定执行。

第三条 红十字会会员发展和管理工作由区级以上红十字会具体负责组织实施。

第二章 会 员

第四条 居住我市的中国公民，不分民族、种族、性别、职业、宗教、信仰、教育程度，遵守《中华人民共和国红十字会法》、《中国红十字会章程》和红十字会相关规章制度的，可以申请加入红十字会。

第五条 红十字会会员分为个人会员和团体会员。公民以个人身份加入红十字会的为个人会员，在校学生加入红十字会的为红十字青少年会员；机关、企业事业单位、社会团体和其他社会组织以单位身份加入红十字会的为团体会员。

第六条 会员的权利：

（一）参加红十字会的有关活动、会议及相关培训；

（二）有选举权、被选举权和表决权；

（三）对红十字会工作提出建议和批评；

（四）佩带红十字标志；

（五）有退会的自由；

团体会员的权利由该单位法定代表人行使。

第七条 会员的义务：

（一）学习、宣传和贯彻《中华人民共和国红十字会法》和《中华人民共和国红十字标志使用办法》，传播国际人道法和红十字运动的基本知识；

（二）遵守《中国红十字会章程》；

（三）按期缴纳会费；

（四）完成红十字会交办的任务；

（五）维护红十字会的合法权益和良好形象。

第八条 团体会员单位职责：

（一）遵守《中华人民共和国红十字会法》，承认《中国红十字会章程》，享有红十字会团体会员的权利，履行红十字会团体会员的义务，积极为红十字事业作贡献；

（二）宣传、贯彻、执行《中华人民共和国红十字会法》等法律法规，传播"人道、博爱、奉献"的红十字精神，将红十字精神与单位文化有机结合，使之成为单位文化建设的重要内容；

（三）按期缴纳会费；

（四）按照《深圳市红十字志愿服务工作管理办法》，积极组织开展红十字志愿服务活动；

（五）积极支持和参与红十字会组织的各项活动；

（六）定期向红十字会报告开展红十字工作的情况，对红十字会工作提出意见和建议。

第三章　入会申请程序

第九条　个人会员入会申请程序：

（一）申请加入红十字会的个人，可到市或区红十字会领取并填写《深圳市红十字会个人会员登记表》，附一寸免冠照片两张和个人身份证复印件；

（二）市区红十字会负责会员管理的工作人员审核《登记表》信息，通过者批准入会；

（三）批准入会者按期缴纳当年红十字会会费；

（四）市区红十字会制作、发放会员证件，成为正式会员。

第十条　团体会员入会申请程序：

（一）申请加入红十字会的学校、医院、机关、企业、事业、社会团体和其他社会组织，须向市或区红十字会提交入会申请书，内容包括：本单位的基本情况介绍、入会目的及计划开展红十字工作内容和拟成立红十字会的组织架构等。

（二）市区红十字会负责会员管理的工作人员初步审核申请书内容，通过者领取并填写《深圳市红十字会团体会员登记表》（加盖本单位印章），附经过年检的企业法人营业执照或事业单位法人证书或社团法人登记证书副本的复印件（加盖本单位印章），以及本单位主要负责人身份证复印件；

（三）市区红十字会负责会员管理的工作人员将全部申请材料报会领导审批；

（四）会领导审批通过后，下发正式批复公文确定接纳申请单位为红十字会团体会员；

（五）获批团体会员单位按期缴纳当年会费；

（六）获批团体会员单位按中国红十字会总会统一样式制作和悬挂会员单位标牌。

第四章　会费交纳

第十一条　申请人（单位）自接到入会正式批准之日起，即获得红十字会会员（团体会员）资格，享有会员（团体会员）权利，履行会员（团体会员）义务，并按照《中国红十字会会费管理办法》规定，按期缴纳会费。

第十二条　个人会员的会费标准：

成人会员年度会费不低于10元，青少年会员年度会费不超过5元。个人特别会员需一次性缴纳或累计缴纳会费1000元以上，并能履行会员义务；个人永久会员需一次性缴纳会费或累计缴纳10000元以上。

第十三条　团体会员的会费标准：

单位职工人数200人以下的，年度会费不超过300元；200—500人的，年度会费不超过500元；500—1000人的，年度会费不超过1000元；1000—2000人，年度会费不超过1500元；2000人以上的，年度会费不超过2000元。团体普通会员年度会费不低于1000元；团体特别会员需一次性缴纳或累计缴纳会费10000元以上，并能履行会员义务；团体永久会员需一次性缴纳或累计缴纳会费10000元以上。

学校是特殊的团体会员单位，会费数额按每人2元交纳。

第十四条　个人会员和团体会员自愿缴纳会费超过年度会费标准的，应予以鼓励，并视情况给予奖励。

第十五条　个人会员会费由个人负担，团体会员会费应从单位管理经费或自有资金中开支。

第十六条　会费按年度进行交纳，入会时间不足1年的，按1年交纳。会员连续两年不按期缴纳会费的，视为自动退会，应予以注销。

第十七条　新入会的会员应在获得入会批准后的10个工作日内交纳当年会费。

第十八条　会员会费收缴应开具合法收据，会费的使用及管理按照《中国红十字会会费管理办法》执行。

第五章　管理、考核及奖励

第十九条　市红十字会负责全市个人会员及团体会员的发展、登记和日常管理工作；区级红十字会具体负责所辖区域个人会员和团体会员的管理工作。

第二十条　会员实行年度注册管理制度，每年交纳会费的同时进行注册。

第二十一条　个人会员及团体会员单位在市红十字会的指导下，积极协助开展与红十字会职责相关的各项活动；若自主策划开展相关活动，须在活动前将具体方案报市区红十字会审批、备案。

第二十二条　市红十字会每两年召开一次工作总结表彰会议，表现优异的个人会员和团体会员可分别参加优秀红十字会会员、优秀红十字青少年和先进集体等奖项的评选。具体办法参考《深圳市红十字会表彰奖励办法》。

第六章　会员退会

第二十三条　会员有退会的自由；会员要求退会的，应书面通知市区红十字会。

第二十四条　会员有下列原因之一可以视为自动退会：

（一）团体会员法人的撤销、合并、解散；

（二）连续两年不参加红十字会活动；

（三）连续两年不按期缴纳会费。

第二十五条　会员退会或自动退会的，市区红十字会应及时办理注销手续，收回会员证（标牌），并备案。

第二十六条　会员如有违反《中国红十字会章程》或红十字会相关规章制度，经查实后，视不同情况给予其警告、严重警告和取消会员资格的处理。

第七章 附 则

第二十七条 本办法由深圳市红十字会负责解释。

第二十八条 本办法自通过之日起实施。

五、深圳市红十字会成立团体会员工作流程

为规范市红十字会团体会员的申请、登记工作，根据《深圳市红十字会会员管理办法》，制定本工作流程。

一、递交入会申请书

申请加入红十字会的学校、医院、机关、企业、事业、社会团体和其他社会组织，须向市或区红十字会提交入会申请书。申请书内容包括：本单位的基本情况介绍、入会目的及计划开展红十字工作内容和拟成立红十字会的组织架构等。

基层红十字会的领导架构为理事会。根据各单位的实际情况，理事会由五至九组成，包括会长（单位一把手兼）、副会长（单位二把手等兼）、秘书长（一般由负责红十字会工作的人员兼）、理事（由各部门主管兼）。

二、资料初审

市红十字会负责会员管理的工作人员初步审核申请书内容，通过者领取并填写《深圳市红十字会团体会员登记表》（加盖本单位印章）。附经过年检的企业法人营业执照或事业单位法人证书或社团法人登记证书副本的复印件（加盖本单位印章），以及本单位主要负责人身份证复印件。

三、申请审批

市红十字会负责会员管理的工作人员将申请书、登记表及相关复印件等全部申请材料报会领导审批。

四、正式批复

会领导审批通过后，负责会员管理的工作人员及时通知申请单位，并下发正式批复确定接纳申请单位为红十字会团体会员。

五、缴纳当年会费

申请单位在获得入会批准后的 10 个工作日内交纳当年会费。

六、制作、悬挂团体会员标牌

获批团体会员单位按中国红十字会总会统一样式制作团体会员单位标牌。一般情况下会牌呈正方形，上方冠团体会员单位名称，如"XXXX（申请单位名称）红十字会"，中间为由五个相等正方形组成的红十字标志。

团体会员单位标牌与单位标牌同样悬挂在单位正门。

六、深圳市红十字会无偿献血志愿工作者服务队管理办法

（本管理办法于 2007 年 2 月经第二届队干部会审议通过，2019 年 10 月 11 日最后一次修订，并由第六届队干部会议讨论通过。）

本文所指的无偿献血，包括捐献全血、血小板和外周血造血干细胞等血液成分。

为促进无偿献血事业的健康持续发展，发挥志愿工作者参与无偿献血宣传、招募和志愿服务的身份优势，规范深圳市红十字会无偿献血志愿工作者服务队（以下简称：本队）的内部管理，根据《中华人民共和国红十字会法》、《中华人民共和国献血法》、《中国红十字会章程》、《广东省红十字会条例》、《深圳市义工条例》、《深圳市红十字会志愿工作委员会章程》和《深圳市红十字会志愿工作管理办法》等法律和规章，制订本管理办法。

无偿献血志愿工作者简称捐血志工或志工，包括自愿参与无偿献血宣

传、招募和志愿服务的无偿献血者及热心无偿献血事业的各界人士。

第一章 总 则

第一条 本队由深圳市红十字会批准成立并命名,是深圳市红十字会直接领导和管理的非注册的公益性人道主义志愿工作者组织。本队的主管单位是深圳市红十字会。全称为"深圳市红十字会无偿献血志愿工作者服务队"(简称:捐血志工服务队或服务队)。队名英译为:Shenzhen Red Cross Blood Donation Volunteer Service Team;队名英译的缩写为:BVST

第二条 本队由多次无偿献血者、造血干细胞捐献者和热心无偿献血事业的各界爱心人士组成。

第三条 本队遵循红十字运动的七项基本原则,以推动无偿献血事业发展为宗旨,提倡和发扬红十字人道主义精神,开展无偿献血宣传、招募和志愿服务,保护人的生命和健康、传播文明、促进社会和谐进步。

第四条 本队的标志是血滴形的衬底托着一个红十字镶嵌于一颗底朝上,尖向下的红心上。红心的心尖两侧标有红色英文:GIVE BLOOD SAVE LIFE,外围饰有本队黑色中文名称:"中国深圳市红十字会无偿献血志愿工作者服务队"环绕排列,意在标明组织所处地域和名称。中文外围由草绿色线条框起,象征着红十字无偿献血志愿工作者,在红十字人道主义和爱心奉献精神的影响下,自愿无偿开展无偿献血宣传、招募和志愿服务。(详见图样)

第二章 志工管理

第五条 承认本管理办法的无偿献血者和热心无偿献血事业的各界爱心人士均可申请成为注册志工。

志工注册流程为:查找深圳市血液中心微信公众号→关注并注册→点击"我的"→志愿服务→志愿者申请→按要求填写申请表→提交申请→在线培训→在线考核(达到80分为合格)→经审核合格→邀请面试→按计划接受注册志愿者培训→实习考查20小时→经评估能够胜任无偿献血宣传、招募、服务等志愿服务工作→注册登记为服务队队员。

第六条、志工注册应具备下列条件：

（一）多次无偿献血或捐献过造血干细胞，热心无偿献血社会公益事业，愿意为无偿献血事业无私奉献。

（二）具有完全法人行为及相应民事能力者。

（三）遵守红十字运动的七项基本原则，热爱无偿献血事业。

（四）自愿无偿付出个人资源，参与无偿献血宣传、招募及志愿服务等人道主义社会公益活动。

第七条　志工享有的权利：

（一）有自愿加入和退出服务队的权利。

（二）有权参加本队组织的各项志愿服务、相关活动及培训交流。

（三）有权对本队或队员进行监督，并提出意见、建议和批评。

（四）有参加队内各项选举或被选举的权利。

第八条　志工应履行的义务：

（一）遵守本管理办法，执行本队的各种规章、制度和决议。

（二）积极参加本队组织或提倡的各项活动和志愿服务，完成已承诺的工作任务。

（三）宣传红十字会及本队的宗旨，维护本队的公益形象及声誉，以实际行动为促进无偿献血事业发展贡献力量。

（四）认真学习与无偿献血及红十字运动相关的法律法规和科普知识，学习志愿服务技巧，不断提高自己的理论水平和实际操作能力。

（五）在率先定期无偿献血和成为造血干细胞志愿捐献者的基础上，积极传播献血救人无损健康的理念，传播"我健康、我捐血、我快乐"个人体验，努力动员更多的健康适龄爱心人士加入无偿献血队伍，使亟待输血延续生命的伤病患者得到充足、安全、及时、有效的输血救治。

第九条　志工行为规范

（一）志愿服务时不得推介与无偿献血及红十字事业无关的业务或不科学的理念，不得通过志愿服务谋取私利。

（二）不询问服务对象的隐私，如无意涉及到服务对象的隐私时，要予以保密和保护。

（三）在参加志愿服务或集体活动时必须穿统一的志工服或按要求着装，佩戴统一制作的志愿服务卡或星级志工卡，服务时必须使用规范文明用语，服从安排、听从指挥、顾全大局，注意个人及群体形象，维护自身安全。

第十条　志工如想离队，应向服务队办公室递交书面离队申请。本队办公室接到离队申请后，安排队干部会进行确认，并于收到书面申请五个工作日内给予答复，并办理有关离队手续及备案。在申请受理期间，原则上不再安排离队申请人进行志愿服务及相关活动。

第三章　队干部管理

第十一条　本队内设服务队办公室、若干区域分队及功能分队。

区域分队以固定捐血站点为依托，每个捐血站点为一个分队。

功能分队有 Rh 阴性和稀有血型志愿捐血者联谊分队、造血干细胞捐献宣传招募服务分队和培训分队。

第十二条　队干部的聘任和考评

（一）本队设队长 1 人，副队长若干人；各分队设队长 1 名，分队副队长 1—2 名。

（二）本队队干部每届任期两年。若队干部提出辞职，空缺岗位进行可按规定进行补选。

（三）队长由深圳市红十字会选聘任命。

（四）服务队办公室设办公室主任 1 名，由深圳市血液中心推荐，报主管部门准批聘任。

（五）副队长按照队干部换届选举办法选举产生。选举出的副队长报深圳市红十字会确认及聘任。分队长由副队长推荐，经换届选举工作小组确认后，由服务队聘任。分队副队长由分队长推荐，经换届选举工作小组确认后，由服务队聘任。分队长及分队副队长均上报深圳市红十字会备案。

（六）授予荣誉：对卸任的队干部，根据本人意愿和实际工作情况，酌情授予顾问、荣誉顾问、荣誉队长和名誉队长等荣誉称号，并逐级备案。

第十三条　队干部每两年进行一次换届选举，由本队成立换届选举工作小组负责选举工作。

第四章　志愿服务

第十四条　志工应根据自己的年龄、身体状况及特长等情况选择适合自己的活动形式。一般情况下，每位队干部每年应参加不少于 200 小时的志愿服务活动，或者每年度组织成功捐血人数不少于 50 人的团体捐血活动。

志愿服务活动形式主要有以下几种：

（一）定点服务：利用业余时间到捐血点或指定地点参加志愿服务。

（二）社会服务：利用各种机会，传播捐血无损身体的健康理念，唤起更多健康适龄者加入无偿献血者队伍；策划并组织无偿献血宣传活动；在单位或社区及组织集体捐血等。

（三）参加由服务队组织的其他社会公益活动。

第十五条　志工到捐血点进行志愿服务时，原则上是自行选择时间和服务地点，报服务分队或办公室进行排班备案，或由分队按需求征询志工同意后统一安排。

第五章　志工培训和工时管理

第十六条　志工的培训采取分级培训的模式。分为注册培训、中级培训、高级培训、研讨会、交流学习等形式。通过培训，以达到提高志工综合素质、理论水平、服务质量及提高工作效率等目的。志工注册前，必须接受至少一次集中授课形式的注册培训，并必须完成至少 20 小时的志愿服务现场实习。

第十七条　志愿服务工时是指志工在进行社会服务、到捐血点服务和集体活动时，志工实际付出的个人时间。

（一）社会服务工时记录程序：在捐血站点参加志愿服务采取微信扫码

签到签退的形式记录服务工时；开展其他志愿服务活动需要记录服务工时的，在活动开展前必须向服务队办公室申请，经审核通过后才能方可记录服务工时，服务工时记录应当使用微信扫码签到签退的方式进行；如果服务现场不具备微信扫码签到签退的条件，当服务结束时，由服务场所的负责人或同行的本队骨干队员负责分别在该志工的《志愿服务日志》和《志工服务工时记录登记簿》上记录并签字。由参加此次活动的志工负责人将《志工服务工时记录登记簿》交办公室录入并存档。

（二）志工在捐血站点服务工时记录程序：参加志愿服务必须使用微信扫码记录工时，对于不能扫码记录工时的应及时申请报备；志工到达服务点时扫码签到，服务结束时扫码签退，相关负责人对志工当天的服务质量做出评价；对于只有签到无签退的情况，由值日长或当班工作人员向服务队办公室工作员报备，工作人员核实后进行补录，一般情况下不接受当事志愿者本人的补录要求。

（三）志工服务工时是志愿服务考核的重要指标。累计工时是晋升星级和评优的主要依据之一。

（四）工时统计管理办法另行制定。

第十八条 各分队应于每年 12 月 20 日前，向队办公室提交本年度工作总结和下一年度工作计划。队办公室负责编制上一年度工作总结和下一年度的工作计划，并将有价值的统计、考核和总结资料整理存档。

第六章　奖　惩

第十九条 本队对在无偿献血和志愿服务中表现优异的志工，以授星和评优等方式报市红十字会进行表彰。对达到上级各种奖项标准者，逐级申报表彰奖励。授星和评优方法另行制定。

第二十条 对表现优异的离队注册志工，酌情授予荣誉队员等荣誉称号。

第二十一条 志工有违法倾向或损害志工及本队形象的行为，本队给予警告和帮助教育；情节严重的，本队将撤销其志愿服务资格，情节特别严重的，注销其志工身份。注销注册志工身份，需经队干部会议集体讨论决定。

第七章　附　则

第二十二条　本管理办法由本队办公室负责解释。

第二十三条　本管理办法自市红十字会审核批准之日起施行。

七、深圳市红十字会器官捐献志愿工作者服务队管理办法

第一章　总　则

第一条　为推进器官捐献事业的长期、良性发展，鼓励志愿者积极参与人体器官捐献的宣传、招募与推广工作，进一步规范深圳市红十字会器官捐献志愿工作者服务队的内部管理，根据《中华人民共和国红十字会法》、《中国红十字会章程》、《人体器官移植条例》、《广东省红十字会条例》、《深圳经济特区人体器官捐献移植条例》、《深圳市红十字会志愿工作者委员会章程》、《深圳市红十字会志愿工作管理办法》和《深圳市红十字会志愿工作者服务队管理制度》等法律、法规和相关管理办法，特制订本管理办法。

第二条　本队由深圳市红十字会批准成立并命名，是在市红十字会直接领导和管理下的非注册法人的公益性人道主义志愿者工作组织。

本队的主管单位是深圳市红十字会，全称为"深圳市红十字会器官捐献志愿工作者服务队"（简称：器官捐献志愿者服务队；队名英译为：Organ donation Volunteer Service，Red Cross Society of China Shenzhen Branch；队名英译的缩写为：ODVS）

第三条　本队由器官捐献者家属及热心器官捐献事业的各界爱心人士组成。

第四条　本队遵循红十字运动的七项基本原则（人道、公正、中立、独立、志愿服务、统一、普遍），以推动器官捐献事业发展为宗旨，提倡和发扬红十字人道主义精神，开展器官捐献宣传、推广、招募和服务工作，传播

文明、促进社会和谐进步。

第五条 本队的队徽是一个围绕在红十字周围的爱心，象征器官捐献者和受益者在爱心的接力中永恒生命的延续，外围饰有本队黑色中文名称："深圳市红十字会器官捐献志愿工作者服务队"环绕排列，意在标明组织所处地域和名称。中文外围由草绿色线条框起（详见图样），爱心的两边象征着器官捐献、传递生命。象征着器官捐献者，在红十字人道主义和志愿者爱心奉献精神的影响下，自愿无偿捐献器官挽救他人生命。

第二章　志愿者

认可本管理办法的社会各界热心人士均可申请成为器官捐献志愿者。志愿者需注册。志愿者注册是指本人提出书面申请，并填写《深圳市红十字会志愿工作者注册登记表》，经审查合格，并按计划接受初级培训、注册的队员；或在各志愿者组织吸收志愿者加入。

第六条 志愿者注册应具备下列条件：

（一）具有完全法人行为及相应民事能力者；

（二）已填写《深圳市红十字会器官捐献志愿书》；

（三）遵守红十字运动的七项基本原则，认同器官捐献事业，有志于器官捐献事业，并为器官捐献做出过一定贡献的各界人士；

（四）自愿无偿付出个人资源，参与器官捐献宣传、推广并能参与人道主义和社会公益活动。

第七条 志愿者享有的权利：

（一）自愿加入及退出自由；

（二）有权参加本队组织的各项志愿者服务、相关活动及培训交流；

（三）有权对本队或队员进行监督，并提出意见、建议和批评；

（四）有权参加本队内部的选举或被选举。

第八条 志愿者应履行的义务：

（一）遵守本管理办法，执行本队的各种管理办法、规章、制度和决议；

（二）积极参加本组织提倡的各项活动和志愿者服务，完成已承诺的工作任务；

（三）宣传红十字会及本队的宗旨，维护志愿者及本队的形象及声誉，以实际行动为促进器官捐献事业的发展贡献力量；

（四）认真学习与器官捐献相关的知识、法规及红十字运动相关的法律规章和科普知识，服务技巧、不断提高自己的理论水平和实际操作能力；

（五）在率先进行定期宣传活动与个案服务的基础上，积极传播器官捐献传递生命的意义，推进市民对器官捐献的认知与认同；

（六）志愿者在开展服务活动时不得推介与器官捐献及红十字运动无关的业务或不科学的理念，不得通过志愿者服务谋取私利；

（七）不询问服务对象的隐私，如无意间涉及到服务对象的隐私时，要予以保密和保护；

（八）在参加志愿者服务或集体活动时必须穿统一的志愿者服或按要求着装，佩戴统一制作的志愿者服务卡或星级志愿者卡，服从组织、听从指挥、顾全大局、注意个人及团队形象、维护自身安全；

（九）无理由缺席，且事前不请假的，超过三次以上取消本服务队队员资格。

第九条　志愿者之间享有同等的权利和义务。

第十条　志愿者如预离队，应写书面离队申请由其本人递交或请他人转交到本队办公室。本队办公室接到离队申请后，应组织有关队干部研究，并于收到书面申请七个工作日内给予答复，并办理有关离队手续及备案。在受理申请期间，原则上不再安排申请人进行志愿者服务等活动。

第三章　志愿者的管理

第十一条　本服务队下设4个分队，分别为：行政事务部，宣传策划部，志愿者管理部和生命长青志友队，各部下设小组若干。

第十二条　队干部的聘任和考评：

（一）服务队设队长1人，副队长2人；每一部门设部长1名，副部长

2名；每1小组设组长1名，副组长2名；联络员若干名。

（二）本队队干部每届任期5年，可以连任；

（三）队长由主管部门直接选聘；

（四）副队长、部长、副部长等职务，采取自荐、推荐和竞选的方式产生候选人，副队长报主管部门审批聘任；组长、副组长由服务队聘任，报主管部门备案。

第四章　志愿者服务

第十三条　志愿者应根据自己的年龄、身体状况及特长等情况选择适合自己的活动形式。一般情况下，每位队干部每月应参加不少于一个工作日的志愿者服务活动。

志愿者活动形式主要有以下几种：

（一）定点服务：指利用业余时间到服务对象住地或指定地点参加志愿者服务等。

（二）社会服务：指在社会活动中利用各种机会，宣传器官捐献、传递生命的理念，唤起更多的市民对器官捐献的认同；策划并组织宣传活动；在单位或人口密集区域进行推广活动等。

第十四条　志愿者进行服务活动时，原则上按各服务点实际情况自行选择服务时间和地点，报服务分队或办公室进行排班备案，或由各服务分队按需求征询志愿者同意后统一安排。

第五章　培训和考核

第十五条　志愿者的培训分初级培训、中级培训、高级培训和研究讨论、参观交流等形式进行。通过培训，提高志愿者综合素质、理论水平、服务质量及工作效率。

志愿者注册或到各服务点进行志愿者服务前，必须接受至少一次集中授课形式的初级培训和一个工作日以上的现场实习。

第十六条　志愿者服务工时记录包括志愿者的社会服务、到各服务点服务和集体活动等。

（一）在社会服务的工时记录程序：当服务结束时，由服务场所的负责人或同行的本队骨干队员负责分别在活动现场的《深圳市红十字会志愿工作者志愿服务工时记录表》和志愿者随身携带的《深圳市红十字志愿工作者志愿服务日志》上记录并签字。由参加此次活动的志愿者专人负责将《志愿服务工时记录表》交办公室统计存档；

（二）志愿者在器官捐献服务时的工时记录程序：服务前先向服务场所负责人报到，服务结束时由服务场所的负责人在《志愿服务工时记录表》上记录并签字；

（三）志愿者服务工时每年统计一次，统计结果交办公室存档，作为志愿者服务考核的重要指标。累计工时是晋升星级和评优的主要依据之一。

（四）工时统计管理办法另行制定。

第十七条　各分队应于每年十二月二十日前，向队办公室提交本年度工作总结和下一年度工作计划。队办公室负责编制上一年度工作总结和下一年度的工作计划，并将有价值的统计、考核和总结资料整理存档。

第六章　表彰奖励

第十八条　本队对在器官捐献服务活动中表现优异的志愿者，以授星和评优等方式报市红十字会进行表彰。对达到上级各种奖项标准者，逐级申报表彰奖励。授星和评优方法另行制定。

第十九条　对表现优异的离队注册志愿者，酌情授予荣誉队员等荣誉称号。

第二十条　志愿者有违法倾向或损害志愿者及本队形象的行为，本队给予警告和帮助教育；情节严重的，本队将适时取消其服务资格，直至注销其志愿者资格。

第七章　附　则

第二十一条　本管理办法由本队办公室负责解释。

第二十二条 本管理办法自市红十字会（志工委）审核批准之日起施行。

八、深圳市红十字会应急救护服务队管理办法

为完善深圳市红十字志愿服务体系，进一步整合社会资源，提高应急救护宣传服务工作，保护更多人的生命和安全。深圳市红十字会经研究决定，成立"深圳市红十字应急救护志愿服务队"。

一、服务队性质和任务

深圳市红十字应急救护志愿服务队是由热心公益事业，愿意用自己的时间、知识、技能、体能和资源，无偿为社会和他人提供人道服务，协助并参与深圳市红十字会组织的，以应急救护为主要任务的志愿服务集体。

二、服务队宗旨

服务队以弘扬"人道、博爱、奉献"的红十字精神，保护人的生命和健康，维护人的尊严，促进人类和平进步事业为宗旨。

第一章 总 则

第一条 为规范深圳市红十字应急救护志愿服务队的管理，保障红十字应急救援志愿服务的顺利实施和志愿者的合法权益，根据《中华人民共和国红十字会法》、《中国红十字会志愿服务管理办法》、《广东省志愿服务条例》有关规定，制定本办法。

第二条 深圳市红十字应急救护志愿服务队（以下简称服务队）是由热心公益事业，愿意用自己的时间、知识、技能、体能和资源，无偿为社会和他人提供人道服务，协助并参与深圳市红十字会组织的，以应急救护宣传为主要任务的志愿服务集体。

第三条 服务队以弘扬"人道、博爱、奉献"的红十字精神，保护人的

生命和健康，维护人的尊严，促进人类和平进步事业为宗旨。

第二章　志愿者

第四条　志愿者的招募和注册条件：

（一）招募。组织招募红十字志愿者，明确招募对象和任务，公布志愿服务项目和志愿者的条件、数量和服务内容等，并对在志愿服务过程中可能出现的风险作必要告知和说明。招募通知可通过媒体、网络和其他有效方式公布；

（二）凡热心公益、品行端正，年满十六岁，已获得市红十字会救护员培训证书及水上安全救生资格证书，经本队依程序审核合格，皆可申请加入成为本队志愿者；通过 20 小时的体验式志愿服务阶段可成为正式注册志愿者；

（三）按《深圳市红十字志愿者工作委员会章程》、《深圳市红十字志愿服务工作管理办法》等相关规定给予注册。

第五条　志愿者的权利：

（一）自愿加入和退出服务队的权利；

（二）参加志愿者大会，选举权和被选举权；

（三）参加本服务队组织的各项志愿服务及培训、学习等活动的权利；

（四）享有本服务队志愿者应享有的一切权利。

第六条　志愿者的义务：

（一）遵循红十字运动宗旨，充分利用自身专业知识、能力、时间，积极参与红十字志愿服务活动；

（二）遵守市红十字会及本服务队的各项管理办法、章程和制度；

（三）正确使用红十字标识；

（四）参与志愿服务和活动时，严格服从红十字会及本服务队的管理、指挥和安排，不得自作主张；

（五）不得以红十字志愿者身份从事营利或其它违背社会公德的行为，不得向志愿服务对象收取或者变相收取报酬。

第三章 管 理

第七条 本服务队内设护士协会分队、南丁格尔志愿者服务分队、鹏城男护士志愿者服务分队等。

第八条 本服务队工作内容：

（一）以"人人学急救 急救为人人"为宗旨，推广应急救护知识；

（二）培训红十字应急救护师资；

（三）对红十字志愿者、社区、学校、企事业单位进行公益培训。培训内容包括心肺复苏和四项技术；

（四）提供相关赛事、活动的应急救护志愿服务；

（五）配合政府相关部门，开展应急救护救生工作；

（六）完成市红十字会指派的工作。

第九条 队干部的聘任和考评：

（一）本队设队长1人，副队长若干人；各分队设队长1名，分队副队长若干名；联络员若干名；

（二）本队队干部每届任期五年，可以连任；

（三）队长由深圳市红十字直接选聘；

（四）副队长、分队长、分队副队长等职务，采取自荐、推荐和竞选的方式产生候选人。副队长报主深圳市红十字会审批聘任，分队长、分队副队长由服务队聘任，报深圳市红十字会备案。

第十条 志愿者在参加志愿服务时，要统一穿着红十字服装；在提供服务后，由领队负责登记志愿服务内容、时间等并报市红十字会备案。

第十一条 表彰与奖励。服务队参照《深圳市红十字会表彰奖励办法》，对队员的表现进行年度评估，在队委会上报的基础上，市红十字会将定期组织或参加红十字志愿服务先进评比表彰活动。

第十二条 服务队在开展志愿服务的过程中，必要的费用开支由深圳市红十字会负责。

第四章 附 则

第十三条 本办法的修改、变更由深圳市红十字会和志工委员会负责修订。

第十四条 本办法自发布之日起施行。

九、深圳市红十字心理救援志愿者服务队管理细则

第一章 总 则

第一条 为弘扬红十字的人道救助精神,保护人的生命和健康,维护人的尊严,促进个体的自我关系、家庭关系、环境关系、人际关系、社会关系的和谐以及快乐生活、愉快工作以及健康的心理发展。进一步规范深圳市红十字会心理救援志愿者服务队的内部管理,根据《广东省红十字会突发公共事件应急预案》、《广东省红十字会灾害心理救援队工作方案(试行)》及《深圳市红十字会志愿工作者委员会章程》、《深圳市红十字会志愿服务工作管理办法》规定,特制订本管理细则。

第二条 深圳红十字会心理救援志愿者服务队(以下简称心理救援队)由深圳红十字会批准成立并命名,是市红十字会(志工委)直接领导和管理的非注册法人的公益性人道主义志愿工作组织。

第三条 心理救援队志愿者由热爱社会公益事业具有心理学资质人士及具有心理学知识的热心人士组成。

第四条: 心理救援队遵循以弘扬"人道、博爱、奉献"的红十字精神,保护人的生命和健康,维护人的尊严为宗旨,推动和开展心理救援服务,呵护个体的心灵健康、促进个体的自我和谐、家庭关系的和谐、与环境关系的和谐,促进和谐社会、快乐生活、愉快工作。

第二章　志愿者

第五条　承认本管理办法的热爱公益事业的心理学爱好者均可申请成为心理救援队志愿者，志愿者需注册。注册是指本人提出书面或者网络申请，并填写《深圳市红十字会志愿工作者注册登记表》，经审查合格，并按计划接受初级心理学知识及服务相关事项培训的注册队员。

第六条　注册条件

（一）乐于奉献，身心理健康，有专业的心理学知识，或热心公益事业的心理学爱好者。

（二）有团队合作精神及集体荣誉感。

（三）有高度的社会责任感，具有完全法人行为及相应民事能力者。

（四）遵守红十字运动的七项基本原则，热爱心理救援公益事业。

（五）自愿无偿付出个人时间和精力，参与心理救援志愿者服务队相关社会、企业、学校、灾害、危机干预等相关社会公益活动。

第七条　注册程序

报名申请—填写注册登记表—服务队审核通过—签订服务承诺书—参加培训—考试通过—注册成功—领取志愿者证。

第八条　培训

（一）志愿者有参加培训的权利和义务。

（二）培训分为红十字知识培训和心理学专业知识培训。形式为集中授课并实行登记管理，可作为注册的必备条件和授予评优的重要依据。

（三）心理救援队根据本服务队的实际情况开展相关的培训，并报市红十字会审核批准后开展。

（四）培训师资由市红十字会工作人员和心理救援队志愿者以及资深心理专业的专家和顾问组成。

（五）培训大纲由心理救援队专业人员根据服务队的工作性质制定和编写。

第九条　志愿者享有的权利：

（一）自愿加入及退出的自由。

（二）有权选择参加救援队的各项志愿服务，相关活动及培训交流。

（三）有权对本队或队员进行监督，提出意见、建议和批评。

（四）有权参加救援队志愿者的内部选举或被选举。

第十条 志愿者应履行的义务：

（一）遵守本管理办法，执行本队的各种管理办法、规范、制度和决议，服从救援队的工作安排。

（二）积极参加本队组织或提倡的各项活动和志愿服务，完成承诺的工作。

（三）宣传红十字会及心理救援队的宗旨，维护志愿者及心理救援队的形象和声誉，以实际行动为促进社会大众心理健康、和谐社会的发展贡献力量。

（四）认真学习心理救援队的各项规章制度及相关学习资料，服务要求，不断提高自己的心理学知识水平和专业服务的能力。

（五）在不断提高自我心理健康的基础上，积极传播心理健康常识和理念，影响身边的人及社会的人关注自我及他人的心理健康，关爱生命质量，用心呵护心灵，愉快工作，快乐生活。

（六）志愿服务时不得私自以个人名义参与与红十字会无关的业务或从事与心理救援队宗旨相违背的业务，不得通过志愿者服务谋取私利。一经发现，注销志愿者资格。

（七）尊重服务对象，遵循对服务对象的隐私进行保密的要求。

（八）在参加志愿者服务或集体活动时必须穿统一的志愿者服装，佩戴统一制作的救援队标志，服从领导，听从指挥，顾全大局，注意个人及志愿队形象、对自身安全负责。

（九）志愿者之间享有同等的权利和义务

（十）志愿者如离队，应写书面离队申请，由本人或委托其他人递交到心理救援队办公室。接到申请后，心理救援队组织有关干部讨论研究，并于收到书面申请十五个工作日内给予答复，并办理有关离队手续及备案，收回志愿者相关统一服装及标示。在受理申请期间，原则上不再安排申请人进行志愿服务活动。

第十一条 志愿者的注销：

凡具有以下行为之一的心理救援队志愿者，由队委会注销其志愿者资格，并报市红十字会备案。

（一）违反国家有关法律法规、章程和本办法的；

（二）未履行志愿服务义务，利用志愿者的身份从事营利或非法活动的；

（三）连续3次报名参加活动没有出席的；

（四）自愿退出的。

第三章　服务队管理

第十二条 心理救援队组织结构

（一）专家顾问组：由国内和深圳市心理学以及相关领域专家教授组成。

（二）领导小组：由市红十字会及相关办公室领导和心理救援队专家组成。

（三）心理救援队

本队设队长1名，副队长两人，各分队队长各1名，联络员一名，队员若干名。

（四）分工：

1.队长：由市红十字会委任或由服务队选举产生，负责服务队的组织、协调、管理工作。

2.副队长：协助队长做好灾害心理救援工作的具体组织和服务，等各项工作。

3.各分队长：在服务队队长统一安排下，组织领导各分队队员开展业务。

4.队员：服从救援队领导小组安排，在队领导带领下，积极参加救援队灾害心理救援工作，应对突发公共事件尤其是重大自然灾害人群的心理救援和咨询辅导等工作。根据需要，指导和参与社会心理支持及学校和社区的心理健康咨询活动。

第十三条 救援队干部与负责人考评奖励

（一）本队干部每届任期五年，可以连任。

（二）分队长由服务队聘任，报深圳市红十字会备案。

（三）救援队每年对队干部进行一次民主考评，由本队办公室组织志愿者代表，对队干部进行无记名投票考评。考评结果作为队干部换届的重要参考依据。

（四）对于卸任或辞职的队干部，逐级备案。

（五）对于工作优秀，有突出贡献的干部及志愿者给予表彰，并推荐参加市红十字会相关表彰。

第四章　志愿服务

第十四条 志愿者服务总要求

志愿者应根据自己的年龄、身体状况及心理健康、可分配的时间等情况选择合适自己的活动形式和活动时间，如有特殊情况或健康状况不能按预先报名参加活动，需提前一天通知救援队分队长及相关负责人，不得隐瞒病情。

志愿者在服务全程必须按统一要求活动，不得私自安排其他活动。以高度的责任感和团队精神为服务对象提供帮助。

第十五条 活动形式

（一）定点服务。利用业余时间到指定地点参加志愿服务等。

（二）社会服务：在社会活动中利用各种机会，传播心理健康的常识识和理念，唤起大众对心理健康的重视，促进心理呵护的活动，热爱生活。

第十六条 会议制度

（一）会议的形式

队长、分队长及分队成员整体集中，统一部署，共同策划等形式组织会议。

心理救援队活动策划会议，由心理救援队队长、副队长及各分队长参加，共同策划各项活动的详细方案，实施流程等。

各分队长组织本队相关负责人及志愿者代表制定本队的详细工作方案和实施流程，要求及注意事项等。

（二）会议记录

每次会议要求有会议摘要记录，工作的部署安排等项目，救援队定期检查记录及调查志愿者了解相关工作落实情况。

（三）档案管理

救援队的每一项活动策划、安排、流程等相关资料一并存档供红十字会检查验收工作。

（四）组织互动与建设

建立心理救援队QQ群，救援队的所有成员注册后均可申请加入，群里及时发布活动通知，及时与志愿者交流，让志愿者在帮助他人的同时有归属感和力量感，更好的互相帮助，互相提高，增强组织意识，为心理救援志愿者服务队贡献力量。

（五）会议日程安排

救援队干部会议每个月集中开会一次，志愿者每个季度集中一次，召开救援队要务会议。每次活动前各相关人员集中开会，领会精神，明确活动目的和流程。活动后各队长及队员代表开会，汇报活动过程及效果，组长听取反馈意见，进一步改进和完善活动注意事项。

第十七条 服务队架构及职责：

（一）灾害心理危机救援服务分队

主要职责：针对突发公共事件、重大自然灾害等情况发生时处于灾害中心人员的心理危机干预以及灾害后的心理疏导、咨询等工作。当有灾害发生时，在红十字会统一领导和指导下，组织专业心理工作者奔赴灾区进行危机干预。

（二）青少年心理健康辅导服务分队

主要职责：针对学生、教师以及学生家长的心理健康、亲子教育进行辅导与培训，提高学生的综合素质，形成完善人格，开发学生潜能和创造力，促进学生全面发展。

（三）员工心理帮助辅导服务分队

主要职责：关注企业员工的心理健康，为企业提供 EAP 服务，从根本上把心理健康从个体层面提升到组织和社会层面。提高员工绩效，提升企业形象，维护社会和企业稳定。

（四）和谐家庭关系辅导服务分队

主要职责：以社区为单位开展心理健康教育与咨询，协助社区解决家庭矛盾与纠纷中出现的心理问题以及提供危机干预服务，构建和谐社区。

各服务分队在心理救援志愿者服务队的总指挥下，统一思想、统一精神，按照规定的职责做好本职工作。各分队负责人以总目标为导向，以志愿服务制度为指导，以高度的责任感和奉献精神确保心理救援系列活动的顺利进行，真正的受益于大众，让深圳红十字会心理救援志愿者服务队赢得社会的认可。

第五章　附　则

第十八条　本细则由本服务队负责解释。

第十九条　本细则修订后报市红十字会（志工委）备案后施行。

十、深圳市红十字水上安全救生志愿者服务队管理办法

第一章　总　则

第一条　为加强和规范深圳市红十字水上安全救生志愿者服务队（以下简称：水救队）的建设管理，全面提升水救队的应急处置能力和水平，依据《中华人民共和国红十字会法》、《中国红十字会志愿者管理办法》、《中国红

十字救援队管理办法》《中国红十字会水上救援队工作手册》等规定，制定本管理办法。

第二条 本办法所称的水救队于2012年5月22日，深圳市红十字会正式成立水上安全救生志愿者服务队，隶属于广东省红十字水上应急救援服务队，具有一定规模和实战经验的红十字水上应急救援专业志愿者队伍。

第三条 水救队按照"因地制宜、规模适度；志愿服务、一专多能；统筹规划，分步实施"的原则建设和管理。并承担以下工作：传播红十字运动精神、涉水自然灾害救援、推广普及水上安全救生知识、溺水高危地区志愿服务、水上安全救生师资培训与管理、培训水上安全救生员、大型水上活动安全保障。

第二章　组织架构

第四条 本服务队设队长一名，副队长两名，资格如下：

（一）具有救生员资格及红十字救护员证书，实际参与本队救生训练等活动，有二分之一以上出勤时间；

（二）担任本队组长以上之职责者；

（三）队长由深圳市红十字会直接任免，副队长由志愿者投票产生，任期两年，连选得连任。

第五条 队长、副队长职责：

（一）队长：

1.对外代表本队；

2.根据本队宗旨，筹备年度工作计划，负责队务运作之推展；

3.指定各组组长人选。

（二）副队长：

1.协助队长推展队务工作；

2.队长因故无法执行职权时，由副队长代理。

第六条 本服务队分设行政、培训、后勤等小组，每组设组长一名，由队长及副队长提名推荐，由队长聘任。

第七条 各组组织及工作分配细则

（一）行政外联组：设组长、副组长各一人。分别管理下列事项：

1. 志愿者资料卡的建立，队员证制作、发放；

2. 志愿者服务工时的登记；

3. 对外联系、合作事宜；

4. 与各媒体联系宣传事宜；（主要由深圳市红十字会办公室负责宣传工作部门对接）

5. 其他不属于各组主管之事宜。

（二）培训组设组长、副组长各一人。分别管理下列事项：

1. 公益培训课程及深度培训课程的编排及训练；

2. 各项训练，推广的策划、推动与管理；

3. 年度训练计划及汇编；

4. 其他有关事项。

（三）后勤组设组长、副组长各一人。分别管理下列事项：

1. 简报、活动新闻稿撰写；

2. 档案的保管，整理及调阅；

3. 各项会议记录及整理；

4. 全队动产、不动产清点、保管、借出等事宜；

5. 相关培训、志愿服务需用餐饮、运输、文宣、保险等办理；

6. 其他相关事项。

第三章　队员管理

第八条 申请加入红十字水上救援队的条件。

（一）认同红十字理念，遵循红十字运动七项基本原则和宗旨。

（二）年满 18 周岁，具有完全民事行为能力，热心公益，品行端正。

（三）取得红十字会水上安全救生员证和救护员证书。

（四）本人自愿申请加入，并完成 20 个小时体验式志愿服务。

（五）满足上述条件，经队骨干审核通过后即可成为正式队员。

（六）积极参加活动但未达到上述要求的志愿者可以作为预备队员，预备队员不能直接参与水上救援工作。

（七）有特殊才能，愿意为本队服务，已取得救护员证但未取得救生员证书者，经队骨干讨论后可成为正式队员，但不能直接参与水上救援工作。比例不超过正式队员总数的 10%。

第九条　志愿服务时数统计规则。参加各种救援、演练、保障、普及和队内日常训练等活动的时间都可累计为志愿服务时数，半天的活动按 4 小时计，一天按 8 小时计，到外地参加服务，将来回路程时间计算在内。以学员身份参加总会或省市红十字会组织的正规培训班的时间不算做服务时数。队员服务时数由所在大队统计，所在市红十字会审核，每年 11 月 10 日前报总队备案。

第十条　正式队员每年度至少参加 20 小时志愿服务，年度统计时间为前一年 11 月 1 日至当年 10 月 31 日，未达标者下一年度自动转为预备队员，正式队员优先享有参加培训学习和对外交流的机会。市队每年组织一次优秀队员评比，颁发证书并给予奖励。教练和高级教练服务时数要求参看水上救援队教练管理细则。

第十一条　队员权利和义务

正式队员享有以下权利：

（一）本队内的选举权和被选举权。

（二）对本队工作的建议权和监督权。

（三）参加本队救援或公益活动。

（四）获得救援服务相关的保障，购买意外险等。

（五）获得本队各种培训和学习的机会。

（六）获得本队内管理岗位的锻炼机会。

（七）加入自愿，退出自由。

正式队员应履行以下义务：

（一）遵循红十字运动宗旨，以本身专业知识能力时间，积极参加志愿服务，每年服务时数不少于 20 小时。

（二）遵守本队之规章及会议决议事项。

第十二条　退队条件。

（一）有违法违反队规的行为，造成不良影响，经队委会讨论后除名。

（二）利用志愿者身份从事营利或非法活动，经队委会讨论后除名。

（三）一年内未参加队内活动，无合理解释，经队委会讨论后除名。

（四）因个人原因，主动提出退队申请者可以退队。

第四章　装备管理

第十三条　队内装备可以以下方式采购：

（一）由政府财政或市级红十字会出资购买；

（二）队员捐赠款或劳务收入购买；

（三）社会爱心捐赠；

队员个人或社会各界实物捐赠，通过红十字会捐赠的，由接收捐赠物的红十字会开具捐赠票据。

第十四条　队内公用装备，包括船艇、浮标、抛绳袋、救生衣等由市红十字会指定专人保管，并登记装备使用及保养情况，水上救援队公共装备只能用于队内训练演习或救援时使用，不得擅自借出私自使用。如有违反要追究保管人和使用人的责任，视情节严重程度给予警告、开除服务队，严重者可追究法律责任。制定应急预案，保证出现突发状况时救援装备能及时投入使用。个人装备（防晒衣、泳帽等）可以由队员自行保管，有活动时自带。

第五章　财务管理

第十五条　收入来源包括：

（一）政府专项拨款；

（二）红十字会专项经费支持；

（三）队员或社会捐赠；

（四）队员为大型水上活动进行保障的劳务收入。

第十六条　队费由三人以上共同管理，负责后勤的副总队长为财务主管，另设会计和出纳各1人。出纳负责队费保管和收支，并提供相应的票据给会计记账，会计负责队费账目记录，并保管好相关票据备案，票据最少保留3年，捐赠款和劳务收入分开两本账目记录。省（市）红十字会负责监管审查账目。

第十七条　费用报销程序：

（一）正规发票或收据由经办人签名再经总队长或1名副总队长签名确认后即可入账。

（二）特殊情况下无法提供正规票据，支出金额较小（少于500元）时，可以接受白条入账。白条入账必须由两名以上经办人共同签名，再由主管财务的队长和队长（或总教练）共同签名确认后方可入账。

（三）队员劳务费或救援时私人车辆损耗费用可以用支付单的形式入账，单人单次不得超过500元。领款人签名，主管财务的副队长和队长（或总教练）共同签名确认即可。

第十八条　队员劳务费或救援时私人车辆损耗费用可用支付单的形式入账，单人单次不得超过500元。领款人签名，主管财务的副总队长和总队长（或总教练）共同签名确认即可。

第六章　培训和演练

第十九条　初训：可自行组织队员初训，初训课程内容参照《深圳市红十字水上安全救生志愿者服务队救生员管理办法》，培训结束后由总队派教练进行考核。

教练班培训、复训由主管培训工作的总队长具体负责，并对教练团队进行管理考核，教练考核管理细则另附。

第二十条　市红十字会每年至少组织1次水上救援综合演练，定期开展救援演练。

第七章　救援行动组织

第二十一条　水救队进入灾区或事故发生地前，应先进行灾情评估，评估工作由市红十字会组织，水救队协助执行，并迅速上报市红十字会。评估主要内容包括：

（一）受困、遇险、遇难、失踪人员数量及状况，现有自救互救能力。

（二）转移、疏散、搜寻行动所需的资源，灾区急需的救灾物资品种。

（三）灾区次生灾害发生的危险级别，救援人员安全状况。

第二十二条　依据评估报告制订救援计划，如需派出水救队要报市红十字会批准。需要省协助时由队长向市红十字会提出申请。情况紧急时，可先出队后补报批手续。灾情特别严重时，可由市红十字会向省红十字会申请派其他省的水上救援队协助救灾。进入灾区队员必须遵循自愿原则，并由市红十字会购买意外保险。

第二十三条　水救队执行救灾任务时，由市红十字会指派领队1人并指派队长1人。领队为救援行动现场的最高指挥官，队长和所有队员必须服从领队统一管理，不得擅自行动。领队的指挥存在明显安全隐患时，可以由队长向总队负责救援工作的副总队长提出咨询。领队要每天向市红十字会汇报救援情况，并提出下一步救援计划及需求。

第二十四条　如救援行动持续超过10天，应派第二梯队进入灾区轮换，新老领队要做好救援情况及物资装备交接登记。领队有权依据现场实际情况向深圳市红十字会提出结束救援行动的建议，经市红十字会批准后，方可撤离。领队要在救援行动结束后3天内提交书面总结报告。报告内容必须包括救助人员数量、救灾物资发放情况、救援装备损耗情况、救援队员身体及心理健康情况、灾区后续需求情况，报告要附有照片或视频资料。

第八章　附　则

第二十五条　水上救援风险较高，所有队员加入本队前请认真考虑。本队和深圳市红十字会应在队员参加活动时为其购买意外保险，如发生意外情况由保险公司负责赔偿。本队和市红十字会不承担包括人身伤亡、经济损失、误工费等额外赔偿责任。

第二十六条　本办法适用于深圳市红十字水上安全救生志愿者服务队的

管理，各中队可根据实际情况，参照本办法制定管理细则或规定。

第二十七条

（一）本办法的修改、变更、解释权属于深圳市红十字会。

（二）本办法自公布之日起施行。

十一、深圳市红十字心理救援志愿者服务队管理细则

第一章　总　则

第一条　为弘扬红十字的人道救助精神，保护人的生命和健康，维护人的尊严，促进个体的自我关系、家庭关系、环境关系、人际关系、社会关系的和谐以及快乐生活、愉快工作以及健康的心理发展。进一步规范深圳市红十字会心理救援志愿者服务队的内部管理，根据《广东省红十字会突发公共事件应急预案》、《广东省红十字会灾害心理救援队工作方案（试行）》及《深圳市红十字会志愿工作者委员会章程》、《深圳市红十字会志愿服务工作管理办法》规定，特制订本管理细则。

第二条　深圳红十字会心理救援志愿者服务队（以下简称心理救援队）由深圳红十字会批准成立并命名，是市红十字会（志工委）直接领导和管理的非注册法人的公益性人道主义志愿工作组织。

第三条　心理救援队志愿者由热爱社会公益事业具有心理学资质人士及具有心理学知识的热心人士组成。

第四条：心理救援队遵循以弘扬"人道、博爱、奉献"的红十字精神，保护人的生命和健康，维护人的尊严为宗旨，推动和开展心理救援服务，呵护个体的心灵健康、促进个体的自我和谐、家庭关系的和谐、与环境关系的和谐，促进和谐社会、快乐生活、愉快工作。

第二章　志愿者

第五条　承认本管理办法的热爱公益事业的心理学爱好者均可申请成为

心理救援队志愿者，志愿者需注册。注册是指本人提出书面或者网络申请，并填写《深圳市红十字会志愿工作者注册登记表》，经审查合格，并按计划接受初级心理学知识及服务相关事项培训的注册队员。

第六条　注册条件

（一）乐于奉献，身心理健康，有专业的心理学知识，或热心公益事业的心理学爱好者。

（二）有团队合作精神及集体荣誉感。

（三）有高度的社会责任感，具有完全法人行为及相应民事能力者。

（四）遵守红十字运动的七项基本原则，热爱心理救援公益事业。

（五）自愿无偿付出个人时间和精力，参与心理救援志愿者服务队相关社会、企业、学校、灾害、危机干预等相关社会公益活动。

第七条　注册程序

报名申请—填写注册登记表—服务队审核通过—签订服务承诺书—参加培训—考试通过—注册成功—领取志愿者证。

第八条　培训

（一）志愿者有参加培训的权利和义务。

（二）培训分为红十字知识培训和心理学专业知识培训。形式为集中授课并实行登记管理，可作为注册的必备条件和授予评优的重要依据。

（三）心理救援队根据本服务队的实际情况开展相关的培训，并报市红十字会审核批准后开展。

（四）培训师资由市红十字会工作人员和心理救援队志愿者以及资深心理专业的专家和顾问组成。

（五）培训大纲由心理救援队专业人员根据服务队的工作性质制定和编写。

第九条　志愿者享有的权利：

（一）自愿加入及退出的自由。

（二）有权选择参加救援队的各项志愿服务，相关活动及培训交流。

（三）有权对本队或队员进行监督，提出意见、建议和批评。

（四）有权参加救援队志愿者的内部选举或被选举。

第十条 志愿者应履行的义务：

（一）遵守本管理办法，执行本队的各种管理办法、规范、制度和决议，服从救援队的工作安排。

（二）积极参加本队组织或提倡的各项活动和志愿服务，完成承诺的工作。

（三）宣传红十字会及心理救援队的宗旨，维护志愿者及心理救援队的形象和声誉，以实际行动为促进社会大众心理健康、和谐社会的发展贡献力量。

（四）认真学习心理救援队的各项规章制度及相关学习资料，服务要求，不断提高自己的心理学知识水平和专业服务的能力。

（五）在不断提高自我心理健康的基础上，积极传播心理健康常识和理念，影响身边的人及社会的人关注自我及他人的心理健康，关爱生命质量，用心呵护心灵，愉快工作，快乐生活。

（六）志愿服务时不得私自以个人名义参与与红十字会无关的业务或从事与心理救援队宗旨相违背的业务，不得通过志愿者服务谋取私利。一经发现，注销志愿者资格。

（七）尊重服务对象，遵循对服务对象的隐私进行保密的要求。

（八）在参加志愿者服务或集体活动时必须穿统一的志愿者服装，佩戴统一制作的救援队标志，服从领导，听从指挥，顾全大局，注意个人及志愿队形象、对自身安全负责。

（九）志愿者之间享有同等的权利和义务

（十）志愿者如离队，应写书面离队申请，由本人或委托其他人递交到心理救援队办公室。接到申请后，心理救援队组织有关干部讨论研究，并于收到书面申请十五个工作日内给予答复，并办理有关离队手续及备案，收回志愿者相关统一服装及标示。在受理申请期间，原则上不再安排申请人进行志愿服务活动。

第十一条 志愿者的注销：

凡具有以下行为之一的心理救援队志愿者，由队委会注销其志愿者资格，并报市红十字会备案。

（一）违反国家有关法律法规、章程和本办法的；

（二）未履行志愿服务义务，利用志愿者的身份从事营利或非法活动的；

（三）连续3次报名参加活动没有出席的；

（四）自愿退出的。

第三章　服务队管理

第十二条　心理救援队组织结构

（一）专家顾问组：由国内和深圳市心理学以及相关领域专家教授组成。

（二）领导小组：由市红十字会及相关办公室领导和心理救援队专家组成。

（三）心理救援队

本队设队长1名，副队长两人，各分队队长各1名，联络员一名，队员若干名。

（四）分工：

1.队长：由市红十字会委任或由服务队选举产生，负责服务队的组织、协调、管理工作。

2.副队长：协助队长做好灾害心理救援工作的具体组织和服务，等各项工作。

3.各分队长：在服务队队长统一安排下，组织领导各分队队员开展业务。

4.队员：服从救援队领导小组安排，在队领导带领下，积极参加救援队灾害心理救援工作，应对突发公共事件尤其是重大自然灾害人群的心理救援和咨询辅导等工作。根据需要，指导和参与社会心理支持及学校和社区的心理健康咨询活动。

第十三条 救援队干部与负责人考评奖励

（一）本队干部每届任期五年，可以连任。

（二）分队长由服务队聘任，报深圳市红十字会备案。

（三）救援队每年对队干部进行一次民主考评，由本队办公室组织志愿者代表，对队干部进行无记名投票考评。考评结果作为队干部换届的重要参考依据。

（四）对于卸任或辞职的队干部，逐级备案。

（五）对于工作优秀，有突出贡献的干部及志愿者给予表彰，并推荐参加市红十字会相关表彰。

第四章 志愿服务

第十四条 志愿者服务总要求

志愿者应根据自己的年龄、身体状况及心理健康、可分配的时间等情况选择合适自己的活动形式和活动时间，如有特殊情况或健康状况不能按预先报名参加活动，需提前一天通知救援队分队长及相关负责人，不得隐瞒病情。

志愿者在服务全程必须按统一要求活动，不得私自安排其他活动。以高度的责任感和团队精神为服务对象提供帮助。

第十五条 活动形式

（一）定点服务。利用业余时间到指定地点参加志愿服务等。

（二）社会服务：在社会活动中利用各种机会，传播心理健康的常识识和理念，唤起大众对心理健康的重视，促进心理呵护的活动，热爱生活。

第十六条 会议制度

（一）会议的形式

队长、分队长及分队成员整体集中，统一部署，共同策划等形式组织会议。

心理救援队活动策划会议，由心理救援队队长、副队长及各分队长参加，共同策划各项活动的详细方案，实施流程等。

各分队长组织本队相关负责人及志愿者代表制定本队的详细工作方案和实施流程，要求及注意事项等。

（二）会议记录

每次会议要求有会议摘要记录，工作的部署安排等项目，救援队定期检查记录及调查志愿者了解相关工作落实情况。

（三）档案管理

救援队的每一项活动策划、安排、流程等相关资料一并存档供红十字会检查验收工作。

（四）组织互动与建设

建立心理救援队ＱＱ群，救援队的所有成员注册后均可申请加入，群里及时发布活动通知，及时与志愿者交流，让志愿者在帮助他人的同时有归属感和力量感，更好的互相帮助，互相提高，增强组织意识，为心理救援志愿者服务队贡献力量。

（五）会议日程安排

救援队干部会议每个月集中开会一次，志愿者每个季度集中一次，召开救援队要务会议。每次活动前各相关人员集中开会，领会精神，明确活动目的和流程。活动后各队长及队员代表开会，汇报活动过程及效果，组长听取反馈意见，进一步改进和完善活动注意事项。

第十七条 服务队架构及职责：

（一）灾害心理危机救援服务分队

主要职责：针对突发公共事件、重大自然灾害等情况发生时处于灾害中心人员的心理危机干预以及灾害后的心理疏导、咨询等工作。当有灾害发生时，在红十字会统一领导和指导下，组织专业心理工作者奔赴灾区进行危机干预。

（二）青少年心理健康辅导服务分队

主要职责：针对学生、教师以及学生家长的心理健康、亲子教育进行辅导与培训，提高学生的综合素质，形成完善人格，开发学生潜能和创造力，促进学生全面发展。

（三）员工心理帮助辅导服务分队

主要职责：关注企业员工的心理健康，为企业提供EAP服务，从根本上把心理健康从个体层面提升到组织和社会层面。提高员工绩效，提升企业形象，维护社会和企业稳定。

（四）和谐家庭关系辅导服务分队

主要职责：以社区为单位开展心理健康教育与咨询，协助社区解决家庭矛盾与纠纷中出现的心理问题以及提供危机干预服务，构建和谐社区。

各服务分队在心理救援志愿者服务队的总指挥下，统一思想、统一精神，按照规定的职责做好本职工作。各分队负责人以总目标为导向，以志愿服务制度为指导，以高度的责任感和奉献精神确保心理救援系列活动的顺利进行，真正的受益于大众，让深圳红十字会心理救援志愿者服务队赢得社会的认可。

第五章　附　则

第十八条　本细则由本服务队负责解释。

第十九条　本细则修订后报市红十字会（志工委）备案后施行。

参考文献

［1］北京天使妈妈基金会，北京师范大学中国公益研究院编 . 中国地中海贫血蓝皮书 [M]. 北京：中国社会出版社，2021 年 .

［2］池子华 . 红十字运动：历史与发展研究 [M]. 合肥：合肥工业大学出版社，2013.

［3］郝如一 . "大慈善" 还是 "大人道" [M]// 池子华 . 红十字运动研究（2009年卷）. 合肥：安徽人民出版社，2009.

［4］黄光，叶慧玲，周延风，罗文恩 . 我国慈善组织品牌导向的维度构建研究 [J]. 管理学报，2016，13（9）：1296-1304.

［5］李小甘 . 猴子·孺子牛与大鹏鸟 [EB/OL].（2013-04-24）[2023-02-06]. http://www.szzx.gov.cn/content/2013-04/24/content_8987141.htm.

［6］石国亮 . 慈善组织公信力重塑过程中第三方评估机制研究 [J]. 中国行政管理，2012，（9）：64-70.

［7］孙博 . 红十字文化在社会主义核心价值观建设中的价值 [M]// 北京师范大学中国公益研究院 . 红十字人道主义精神与首都治理体系现代化 . 北京：社会科学文献出版社，2016.

［8］泰安兰 . 慈善组织公信力修复与重建研究 [M]. 北京：光明日报出版社，2019.

［9］中国造血干细胞捐献者资料库管理中心 . 造血干细胞捐献者，你还好吗？[M]. 北京：商务印书馆,2019.

［10］宝安区社康急救能力提升三年行动计划启动》[EB/OL].（2022-08-15）

[2023-03-16].http://sztqb.sznews.com/MB/content/202208/15/content_1239338.html.

[11]发挥监督作用 提升治理效能——浅谈红十字会监事会制度优化与完善建议[EB/OL].（2022-09-24）[2023-10-09].https://www.redcross.org.cn/html/2022-09/88587.html.

[12]关爱地贫儿[EB/OL].[2023-03-01].http://m.igongyi.org.cn/Project/Detail/Index/52.

[13]广东首位造血干细胞捐献者潘庆伟：帮助别人让生命 有了特殊的精彩[EB/OL].[2023-08-23].https://news.southcn.com/node_54a44f01a2/08def6c1dd.shtml.

[14]好消息！福田区69所学校红十字会集体成立[EB/OL].（2023-03-13）[2023-05-15].https://mp.weixin.qq.com/s/taFVYpI9c2FRQF6PTfb9Og.

[15]红十字会简介－大事记[EB/OL].[2023-03-14].https://www.szredcross.org.cn/cms/MemorabiliaInfo/index.html.

[16]急救设备AED普及加速，"深圳模式"走向全国[EB/OL].（2022-08-31）[2023-07-28].https://news.sina.com.cn/sx/2022-08-31/detail-imizirraw0505937.shtml.

[17]连主持人都感动落泪！深圳3327位"热血英雄"荣获表彰[EB/OL].（2021-11-14）[2022-09-30].https://www.szredcross.org.cn/cms/ActivityReview/ 5469.html.

[18]六届市委第九轮巡察18个被巡察党组织公开整改情况[EB/OL].（2019-12-20）[2023-03-22].https://m.thepaper.cn/baijiahao_5296178.

[19]南方科技大学有了新身份[EB/OL].（2023-07-10）[2023-07-28].https://mp.weixin.qq.com/s/8dTB3xvxsUZcPhszGSgmaw.

[20]抢抓心源性猝死"急救三分钟"[EB/OL].（2022-02-27）[2023-03-14].http://finance.sina.com.cn/jjxw/2022-02-27/doc-imcwipih5558464.shtml.

[21]全省红十字系统先进集体深圳市候选单位公示[EB/OL].[2023-02-22].http://www.baoan.gov.cn/zxbs/yl/gsgg/content/post_10241150.html.

［22］深圳基本水情 [EB/OL].[2023-07-27].http://swj.sz.gov.cn/xxgk/zfxxgkml/szswgk/szjbsq/index.html.

［23］深圳市宝安区人民政府关于印发深圳市宝安区卫生健康事业发展"十四五"规划的通知 [EB/OL].（2022-04-25）[2023-03-16].http://www.baoan.gov.cn/zwzt/kjssw/zxgh/content/post_10339293.html.

［24］深圳市第七次全国人口普查主要数据解读 [EB/OL].（2021-05-17）[2022-11-17].http://tjj.sz.gov.cn/ztzl/zt/szsdqcqgrkpc/szrp/content/post_9138049.html.

［25］深圳市红十字会新型冠伏病毒肺炎疫悄防控社会捐赠款物收支情况审计报告（2021年1月1日—2022年5月31日）[EB/OL].（2022-07-31）[2022-10-26].https://www.szredcross.org.cn/cms/DonateTrends/5782.html.

［26］深圳市关爱办引领，深圳晚报倡议发起的关爱地贫儿公益行动爱心接力20年筹款超千万元助600多患儿点燃希望 [EB/OL].（2023-02-28）[2023-07-25].http://k.sina.com.cn/article_1895096900_70f4e24402001jbtj.html.

［27］深圳市文明委公布1998—1999年精神文明建设10件大事 [EB/OL].（2000-09-05）[2022-11-17].https://gdxk.southcn.com/sz/dsj/content/post_763738.html.

［28］深圳"AED 一键查"地图上线！每1万人有8台 [EB/OL].（2011-11-22）[2023-02-28].https://m.thepaper.cn/baijiahao_20709668.

［29］深圳：注册志愿者突破351万"志愿者之城"再升级 [EB/OL].（2022-12-05）[2023-03-27].https://baijiahao.baidu.com/s?id=1751357998335960268&wfr=spider&for=pc.

［30］生命教育，救在身边｜纪念深圳市红十字会成立40周年暨第76个世界红十字日主题宣传活动 [EB/OL].（2023-05-08）[2023-05-15].https://mp.weixin.qq.com/s/rBiGUJ6bWtHuK3_WAsBhOw.

［31］推动无偿献血成为文明新风尚 [EB/OL].（2021-11-23）[2022-09-30].https://www.szredcross.org.cn/cms/hostNews/5463.html.

［32］血液里的秘密——造血干细胞 [EB/OL].（2020-01-03）[2023-08-22].

https://www.sohu.com/a/364512092_120406390.

[33]以大爱诠释文明典范之城 深圳非亲缘造血干细胞捐献突破600例[EB/OL].（2023-04-04）[2023-08-22].http://wjw.sz.gov.cn/szsxyzx/xxgk/xwdt/content/post_10525124.html.

[34]"热血英雄"——深圳市红十字会2020年度捐血献髓及志愿服务颁奖典礼圆满举办[EB/OL].（2020-12-28）[2022-09-29].https://city.shenchuang.com/yl/20201228/1571419.shtml.

后 记

在深圳红十字会即将走过不惑之年，并随着深圳市进入"双区建设"新的历史时期，我们以此书对深圳市红十字会40年发展历程进行系统梳理，对其取得的成就与经验进行总结，并对深圳市红十字会未来发展进行展望，以期能在深圳市红十字会建设中国特色的特大城市红十字事业发展的先行示范过程中做出贡献。

本书经过策划与定位，框架的起草、讨论、修改和确定，实地调研与访谈，书稿的撰写、修改和审定，编辑出版等过程，历时一年半。本书包括总报告和5个分报告，分别是深圳红十字会40年发展历程、深圳红十字事业特色、治理体系、疫情防控工作、公信力建设，10个典型案例，将从1983年至2022年的大事记和深圳市红十字会相关的工作制度作为附件。

本书各章节执笔人为：序言由张英姬执笔，总报告由赵延会、尹力子执笔，分报告一、五由尹力子执笔，分报告二由孙晓舒执笔，分报告三由赵延会执笔，分报告四由张宇执笔，案例由胡可馨、吴佳嘉、陈沛羽整理。张英姬、王振耀对本书提纲和书稿进行审定，王元彬、崔健、高华俊、尚德、柳永法、黄浩明、来伟伟、钟智、黄浠鸣对报告提纲提出修改意见，柳永法、崔健、钟智对全文提出修改意见。

本书采用文献、调研、访谈等研究方法。深圳市红十字会提供了丰富的工作材料，包括政策文件、工作总结、大事记等，并对调研工作进行协调。

研究过程中，北京师范大学中国公益研究院研究团队实地调研了深圳市红十字会、深圳市血液中心、深圳市红十字会应急救护培训基地（深圳市卫生健康能力建设和继续教育中心）、宝安区红十字会、南头街道田厦社区红十字工作站、深圳市公益救援志愿者联合会；线上线下访谈36人次，包括深圳市红十字会原专职副会长赵丽珍，深圳市红十字会专职工作人员和社会工作者10人，监事3人，深圳市血液中心3人，深圳市第三人民医院1人，深圳市卫生健康能力建设和继续教育中心2人，宝安区红十字会和南山区红十字会4人次，深圳市红十字会应急救援志愿服务队、水上安全救生志愿服务队、心理救援志愿服务队、无偿献血志愿服务队、关怀地中海贫血患儿志愿服务队、青少年志愿服务队南方科技大学分队的志愿者，器官捐献协调员共11人。他们为本书贡献了对红十字工作的总结、观察思考和宝贵建议，致以衷心感谢。

本书如存在偏误与不足，敬请指正。

《深圳红十字会40年》编委会

2023年11月